Gustave Le Bon

Psychologie politique et défense sociale

essai

ISBN : 978-1518644566

10 9 8 7 6 5 4 3 2 1

Gustave Le Bon

Psychologie politique et défense sociale

essai

Table de Matières

Livre I : But et methode

CHAPITRE I
La psychologie politique

La première manifestation des progrès d'une science est de renoncer aux explications simples dont se contentent ses débuts. Ce qui paraissait d'abord facile à comprendre devient plus tard très difficile à expliquer.

Les études relatives à l'Évolution de la vie des nations ont subi la même loi. Après avoir essayé de tout interpréter, les historiens entrevoient maintenant qu'ils dissertaient souvent sur des illusions nées dans leur esprit.

Les phénomènes sociaux apparaissent aujourd'hui comme des mécanismes extrêmement compliqués, étroitement hiérarchisés et où la simplicité ne s'observe guère. L'évolution des peuples est aussi complexe que celle des êtres vivants.

La science cherche encore les lois qui déterminent les transformations des espèces et conditionnent leurs formes successives. Les lois de l'évolution sociale restent aussi peu connues. Quelques-unes seulement sont entrevues.

L'analyse des divers éléments dont l'agrégat constitue une société n'étant pas sortie de la phase des généralisations vagues et des assertions conjecturales, la vision des choses dont se contentent les théoriciens de l'inconnu demeurent très fragmentaires encore. Dans l'enchevêtrement des nécessités dirigeant la trajectoire de la vie d'un peuple, ils choisissent celles qui frappent leur esprit et négligent les autres. C'est pourquoi le récit des actes des souverains et surtout de leurs batailles semblait devoir constituer l'unique intérêt de l'Histoire. Tout ce qui concernait l'existence des peuples était il y a peu de temps encore, dédaigné ou ignoré.

La science ne se contente plus des réponses sommaires faites jadis au «pourquoi» qui se hérissent de toutes parts et dont la vie politique des nations est remplie. Pourquoi tant de peuples surgis brusquement du néant, et remplissant le monde du bruit de leur grandeur ? Pourquoi ont-ils sombré ensuite dans un oubli si profond que pendant des siècles tout fut ignoré d'eux ? Comment naissent, évoluent et meurent les dieux, les institutions, les langues et les arts ? Conditionnent-ils les sociétés humaines, ou sont-ils au contraire conditionnés par elles ? Pourquoi certaines croyances comme l'Islamisme purent-elles s'édifier presque instantanément alors que d'autres mirent des siècles à s'établir ? Pourquoi le même Islamisme survécut-il à la puissance politique qui lui servait de support et s'étend-il toujours alors que d'autres religions comme le christianisme et le bouddhisme semblent décliner et côtoyer leur fin ?

À tous ces « pourquoi » et à bien d'autres, les réponses ne manquèrent jamais. Nous ressemblons à l'enfant auquel il en faut toujours. Mais les explications dont pouvait se contenter une science très jeune, sa maturité ne les accepte plus.

L'âge est passé où les dieux conduisaient l'histoire. La providence bienveillante qui guidait nos pas incertains et réparait nos erreurs, s'est évanouie sans retour. Abandonné à lui-même, l'homme doit s'orienter seul dans l'effrayant chaos des forces ignorées qui l'étreignent. Elles le dominent encore, mais il apprend chaque jour à les dominer à son tour. C'est cette domination sans cesse plus accentuée sur la nature que désigne le mot progrès.

Maîtriser la nature ne suffit pas. Vivant en société, l'homme doit apprendre à se maîtriser lui-même et subir des lois communes. C'est aux chefs placés à la tête des nations qu'incombent la tâche d'édicter ces lois et de les faire respecter.

La connaissance des moyens permettant de gouverner utilement les peuples, c'est-à-dire la psychologie politique a toujours constitué un difficile problème. Il l'est bien davantage aujourd'hui où des nécessités économiques nouvelles, nées des progrès scientifiques et industriels, pèsent lourdement sur les peuples et échappent à l'action de leurs gouvernements.

La psychologie politique participe de l'incertitude des sciences sociales indiquée plus haut. Il faut bien cependant l'utiliser telle qu'elle est, car les événements nous poussent et n'attendent pas. Les décisions que ces derniers provoquent ont souvent une importance considérable, car les conséquences d'une erreur peuvent s'appesantir sur plusieurs générations. Le siècle qui précéda le nôtre en fournit de nombreux exemples.

Les plus importantes des règles du gouvernement des hommes sont celles relatives à l'action. Quand agir, comment agir et dans quelles limites agir ? La réponse à ces questions constitue tout l'art de la politique.

Une analyse attentive des fautes politiques dont est parsemée la trame de l'histoire montre qu'elles eurent généralement pour causes des erreurs de psychologie.

Les arts et les sciences sont soumis à certaines règles qu'on ne peut impunément violer. Il en existe d'aussi précises pour gouverner les hommes. Leur découverte est fort difficile, sans doute, puisque très peu jusqu'ici ont été nettement formulées.

Le seul véritable traité de psychologie politique connu fut publié il y a plus de quatre siècles par un illustre Florentin que son œuvre rendit immortel.

Le marbre luxueux qui protège son sommeil éternel est édifié sous les voûtes de la célèbre église Santa-Croce à Florence. Ce panthéon des gloires de l'Italie renferme de magnifiques monuments élevés à la mémoire des hommes qui firent sa grandeur Michel-Ange, Galilée, Dante, etc. Les mérites de ces demi-dieux de la pensée y sont gravés en lettres d'or.

Dans cette galerie d'illustres ombres il n'est guère qu'un tombeau sur lequel de longues inscriptions aient été jugées inutiles. Une seule indication y figure :

MACHIAVEL, 1527

Tanto nomini nullum par elogium

(nul éloge n'égale un tel nom)

L'œuvre qui valut à son auteur une épitaphe si glorieuse et si brève est le petit volume intitulé *Le Prince*, auquel je faisais allusion plus haut. L'illustre écrivain y formulait des règles précises sur l'art de gouverner les hommes de son temps.

De son temps et non d'un autre. C'est pour avoir oublié cette condition essentielle que le livre tant admiré d'abord fut décrié plus tard lorsque les idées et les mœurs ayant évolué, il cessa de traduire les nécessités des âgesnouveaux.

Alors seulement Machiavel devint machiavélique.

Possédant le sens des réalités, l'éminent psychologue ne cherchait pas le meilleur, mais seulement le possible. Pour pénétrer son génie on doit se reporter à cette période brillante et perverse, où la vie d'autrui ne comptait guère et où le fait d'emporter son vin avec soi pour ne pas être empoisonné lorsqu'on allait dîner chez un cardinal ou simplement chez un ami était considéré comme très naturel. Juger la politique de cet âge avec les idées du nôtre, serait aussi illogique que de vouloir interpréter les croisades, les guerres de religion, la Saint-Barthélémy, à la lumière des conceptions actuelles.

Machiavel n'était pas un simple théoricien. Mêlé intimement par ses fonctions à la politique active de son pays, il avait souffert des dissensions qui bouleversaient les républiques italiennes, alors en plein régime syndicaliste et sans cesse troublées par les plus sanglantes discordes. Il avait vu en 1502, Florence réduite à créer un gonfalonat à vie qui n'était qu'une véritable dictature perpétuelle, c'est-à-dire du Césarisme pur. Cette dernière forme de gouvernement lui paraissait une phase fatale de l'anarchie qu'ont toujours engendrée les gouvernements populaires. Il ne se trompait guère, puisque toutes les républiques italiennes finirent, ainsi d'ailleurs que les républiques athénienne et romaine, de la même façon.

La plupart des règles relatives à l'art de conduire les hommes, enseignées par Machiavel, sont depuis longtemps inutilisables, et cependant, quatre siècles ont passé sur la poussière de ce grand mort, sans que nul ait tenté de refaire son œuvre.

La psychologie politique, ou science de gouverner, est pourtant si nécessaire que les hommes d'État ne sauraient s'en passer. Ils ne s'en passent donc pas, mais faute de lois formulées, les impulsions du moment et quelques règles traditionnelles fort sommaires, constituent leurs seuls guides.

De tels guides conduisent fréquemment à de coûteuses erreurs. Napoléon, si conscient de la psychologie des Français, ignora profondément celle des Russes et des Espagnols. Cette ignorance le jeta dans des guerres où tout son génie de conquérant échoua contre un patriotisme insoupçonné qu'aucune force n'aurait pu vaincre. Très mal conseillé, l'héritier de son nom accumula en Crimée, au Mexique, en Italie et ailleurs, des erreurs de psychologie fort graves qui nous valurent finalement une nouvelle invasion.

Les grands manieurs d'hommes sont nécessairement de grands psychologues. Sans la connaissance intime de la mentalité des individus et des peuples que possédait si bien Bismarck, la supériorité des armées germaniques n'aurait certainement pas suffi à fonder l'unité de l'Allemagne.

La psychologie politique s'édifie avec des matériaux divers dont les principaux sont la psychologie individuelle, la psychologie des foules et enfin, celle des races.

Les maîtres de notre enseignement considèrent évidemment ces connaissances comme fort inutiles, puisqu'on ne les trouve mentionnées dans aucun de leurs programmes. À l'École des sciences politiques, on semble même ignorer leur existence. N'est-il pas étrange qu'on puisse être reçu « docteur ès sciences politiques », sans avoir jamais entendu parler de connaissances qui sont pourtant les vraies bases de la politique ?

Quelques notions traditionnelles constituant le seul bagage psychologique des hommes d'État médiocres, ils se trouvent absolument désorientés devant certains problèmes nouveaux, dont la routine ne dit pas la solution. Les impulsions mobiles des partis devenant leurs guides, les erreurs alors commises sont innombrables.

Très longue en serait la liste, même limitée à ces dernières années. Erreur dangereuse de psychologie, cette séparation de l'Église et de l'État accordant au clergé une indépendance et une puissance que les plus catholiques de nos rois n'auraient jamais tolérées. Erreurs fondamentales de psychologie, nos principes d'éducation, si différents de ceux qui conduisirent l'Allemagne à réaliser tous ses progrès scientifiques, industriels et économiques. Erreurs de psychologie les idées d'assimilation auxquelles nos colonies doivent leur décadence. Erreur de psychologie, la mesure introduisant dans l'armée des apaches, jadis confinés dans des bataillons spéciaux composés d'autres apaches et où, par conséquent, leur contact ne pouvait contaminer personne. Erreur de psychologie aussi lourde, la capitulation du gouvernement dans la première grève des postiers. Erreurs de psychologie encore, un grand nombre de nos lois prétendues humanitaires. Erreur de psychologie toujours, cet utopique espoir de refaire les sociétés à coups de décrets et la croyance qu'un peuple peut se soustraire entièrement à l'influence de son passé.

Les forces qui déterminent les actions d'un peuple sont assurément complexes : forces naturelles, forces économiques, forces historiques, forces politiques, etc. Elles produisent finalement une certaine orientation de nos pensées et par conséquent de notre conduite. Ces forces si diverses se trouvent ainsi finalement transformées en forces psychologiques. C'est donc à ces dernières que toutes les autres se ramènent.

Les difficultés entre peuples sont quelquefois assez graves pour n'être résolues qu'à coups de canon. L'unique droit à invoquer alors est la loi du plus fort. Tels furent les différends de la Prusse et de l'Autriche, du Transvaal et de l'Angleterre, du Japon et de la Russie. Mais quand il s'agit de questions secondaires, les influences psychologiques habilement maniées réussissent parfois à remplacer les arguments militaires. Seul un adversaire très supérieur en puissance peut les dédaigner. Il frappera le sol de son épée comme le firent Napoléon et Bismarck et l'adversaire n'aura qu'à se taire en attendant l'heure de la revanche qui sonnera toujours.

Personne ne semble assez fort aujourd'hui pour employer ces procédés sommaires. Les enchevêtrements d'alliances ne permettent plus à aucun souverain de parler comme s'il était l'unique maître. L'aventure du Maroc a enseigné aux peuples le sort qui les attend s'ils ne savent pas solidariser leurs faiblesses pour se défendre.

C'est donc entre forces à peu près égales que s'engagent maintenant les discussions provoquées par les incidents de la vie quotidienne. Alors la psychologie reprend son rôle et l'action des diplomates peut devenir importante.

Il est indubitable cependant que cette action n'est plus aujourd'hui ce qu'elle était jadis. Instruit par le télégraphe, le téléphone, les journaux, le public discute passionnément les moindres événements politiques, pendant que les diplomates échangent lentement leurs notes obscures. Habitués autrefois à négocier dans l'ombre, il leur faut actuellement discuter en pleine lumière et suivre l'opinion au lieu de la précéder.

Et cependant leur rôle, injustement dédaigné, garde une certaine utilité. Des événements récents l'ont mise en évidence.

Plusieurs questions importantes furent en effet solutionnées grâce à des interventions diplomatiques. Bombardement des bateaux pêcheurs anglais par des cuirassés russes au début de la guerre avec le Japon, affaire de Casablanca, différend austro-russe à propos de la Serbie, etc. Si nous avions, à la veille de 1870, possédé des diplomates moins au-dessous de la plus navrante médiocrité, la guerre eût été ajournée à un moment où nous eussions pu préparer des alliances et non à celui choisi par l'ennemi.

C'est la psychologie politique encore qui apprend à résoudre des problèmes posés chaque jour. Discerner, par exemple, quand il faut céder ou résister aux exigences populaires. Selon leur tempérament, les hommes d'État cèdent indéfiniment ou résistent toujours. Détestable principe. Suivant les circonstances, il faut savoir résister ou au contraire céder. Aucune partie de la psychologie politique n'est plus difficile, et les conséquences des erreurs plus graves. La Révolution française eût été peut-être évitée, sûrement atténuée, si à l'époque de la crise agricole et financière de 1788 qui avait accru la misère des classes ouvrières par la disette et le chômage, la classe aristocratique n'eût pas persisté à refuser l'égalité fiscale.

Il en résulta une haine intense contre les classes privilégiées et les émeutes qui engendrèrent la désagrégation d'un long passé.

Frappé autrefois de l'absence d'ouvrages spéciaux sur la psychologie politique, j'espérais toujours voir combler cette lacune.

Après dix années presque exclusivement consacrées aux expériences de physique d'où mon livre sur *l'Évolution de la matière* est sorti, ces recherches devinrent trop coûteuses pour être continuées. Je dus donc les abandonner et me résignai à reprendre d'anciennes études. Désireux d'appliquer à la politique les principes exposés dans plusieurs de mes précédents ouvrages, je priai mon éminent ami, le professeur Ribot, de m'indiquer les traités de psychologie politique publiés récemment. Sa réponse m'apprit qu'il n'en existait pas. Mon étonnement fut le même que lorsque 15 années auparavant voulant entreprendre l'étude de la psychologie des foules, je constatai qu'aucun écrit n'avait paru sur ce sujet.

Ce n'est pas, certe, que les dissertations politiques aient jamais manqué. Elles abondent au contraire depuis Aristote et Platon, mais leurs auteurs furent le plus souvent des théoriciens, étrangers aux réalités de leur temps et ne connaissant que l'homme chimérique enfanté par des rêves. Ni la psychologie, ni l'art de gouverner n'ont rien à leur demander.

L'absence d'ouvrages classiques sur un tel sujet et la non-existence de chaires consacrées à son enseignement prouvent que son utilité n'apparaît pas clairement. Il était donc nécessaire de la démontrer. Ce sera un des buts de ce livre.

La psychologie politique s'édifie, je l'ai dit plus haut, sur des matériaux tirés de l'étude de la psychologie individuelle, de celle des foules, de celle des peuples et enfin des enseignements de l'histoire. Plusieurs de ces matériaux commencent à être connus, mais ils ne sont pas le monument lui-même.

Dans l'état actuel de nos connaissances, la politique ne peut être qu'une adaptation journalière de la conduite à des nécessités. Rationnelles ou non, il n'importe si ce sont des nécessités. Les préjugés héréditaires d'un peuple et ses croyances religieuses peuvent être déclarées absurdes par la raison, mais un véritable homme d'État ne tentera jamais de les combattre, sachant qu'il ne peut le faire utilement. Seuls, des théoriciens, ignorants des réalités, croient que la raison pure gouvernera le monde et transformera les hommes. En réalité, l'intelligence prépare lentement les changements qui, à la longue, transformeront nos âmes, mais son action immédiate est très faible. Fort peu de choses peuvent être changées par elle brusquement.

La psychologie politique est encore, nous l'avons dit, dans l'âge des incertitudes. Cependant des règles (empiriques souvent, mais pourtant très sûres), se dégagent chaque jour. Ce n'est pas en les formulant qu'on saurait prouver leur valeur, mais bien en montrant les conséquences de leur ignorance. Ce sera encore un des buts que je me propose. Le développement des principes qui m'ont servi de guide exigerait des commentaires que les dimensions de ce livre ne comportent pas. On les trouvera, longuement exposés dans mes ouvrages antérieurs.[1]

1   Pour les principes généraux, voir :»L'homme et les sociétés, leurs origines et leur histoire»
«Lois psychologiques de l'évolution des peuples»

Je me suis presque exclusivement confiné dans ce livre à l'application des règles déterminables de la psychologie politique aux événements contemporains. Même limite à cette période très circonscrite, le sujet était encore si vaste qu'il m'a fallu souvent me contenter d'indications sommaires. Examiner le rôle de la psychologie politique dans l'histoire des peuples, dans la formation de leurs croyances, dans les luttes guerrières qui forment la trame de leur passé aurait nécessité plusieurs volumes.

Ayant à traiter des sujets un peu arides, capables par conséquent, d'effrayer le lecteur et d'épuiser facilement son attention, j'ai cherché à éviter les formes trop didactiques. Les propositions les plus sérieuses gagnent souvent à être présentées dans un cadre peu sévère.

Un des chapitres de cet ouvrage, consacré à décrire les facteurs de la persuasion, montre le rôle prépondérant de la répétition. C'est la conviction de son utilité qui m'a incité à répéter parfois les mêmes choses en termes peu différents. Je regrette que le défaut de place m'ait empêché de le faire davantage. Napoléon n'exagérait pas en disant que la répétition est la principale figure de rhétorique. Il est au moins permis d'affirmer qu'elle constitue un des plus actifs facteurs des convictions. Tous les grands hommes d'État ont été conscients de sa puissance. C'est au moyen de répétitions innombrables que l'empereur d'Allemagne réussit à persuader ses sujets de l'utilité des sacrifices nécessaires à la construction d'une grande flotte de guerre. L'ancien Président des États-Unis, monsieur Theodor Roosevelt, écrit donc très justement : « Toutes les grandes vérités fondamentales risquent de sonner comme des choses rebattues et pourtant, toutes rebattues qu'elles soient, elles ont besoin d'être réitérées encore et toujours » .

Si les répétitions sont nécessaires pour répandre des vérités

---

«Psychologie des foules»
«Psychologie du socialisme»
«Psychologie de l'éducation»
Pour les applications de la psychologie à l'histoire, voir
«Les premières civilisations de l'Orient» «La civilisation des Arabes»
«Les civilisations de l'Inde»
«Les opinions et les croyances»
«La Révolution française et la psychologie des révolutions»
«La vie des vérités»

Gustave Le Bon

connues, combien n'en faut-il pas pour faire accepter des vérités neuves. Je l'ai plus d'une fois expérimenté. Les apôtres qui, dans le cours des âges transformèrent nos conceptions et nos croyances n'y ont réussi que par des répétitions incessantes.

C'est qu'en effet le vrai mécanisme des convictions diffère profondément de celui qu'enseignent les livres. Fort utile pour des démonstrations scientifiques, le raisonnement ne joue qu'un rôle très faible dans la genèse de nos croyances. Les idées ne s'imposent nullement par leur exactitude, elles s'imposent seulement lorsque par le double mécanisme de la répétition et de la contagion, elles ont envahi ces régions de l'inconscient où s'élaborent les mobiles générateurs de notre conduite. Persuader ne consiste pas simplement à prouver la justesse d'une raison, mais bien à faire agir d'après cette raison.

CHAPITRE II
Les nécessités économiques et les théories politiques

Les images évoquées dans l'esprit par des récits impressionnent médiocrement et c'est pourquoi les différences du passé et du présent n'apparaissent jamais bien clairement.

On ne se représente nettement les choses abstraites qu'en les comparant à des impressions concrètes déjà ressenties. Qui a vu une bataille ou un naufrage sera toujours impressionné par le récit d'événements semblables.

Cette représentation du passé par voie de comparaison concrète me fut rendue très frappante un jour dans les circonstances que voici :

Les hasards d'une excursion m'avaient conduit à traverser en automobile le pont jeté sur le fleuve qui divise en deux villes l'antique cité de Huy, en Belgique. Un brouillard tellement intense l'enveloppait qu'il fallut s'arrêter. Je descendis et m'accoudai au parapet.

Sous l'épais manteau de brume enveloppant les choses on entrevoyait des masses monumentales imposantes. C'était pour moi l'inconnu. J'attendis qu'il se dévoilât.

Soudain, un clair rayon de soleil dissipa les nuages et, dans une vision imprévue, surgirent, séparés par le fleuve, deux mondes, deux expressions de l'humanité dressées en face l'une de l'autre et qu'au premier coup d'œil on devinait menaçantes, inconciliables et terribles.

Sur la rive gauche un agrégat d'antiques édifices.

Dominant leur ensemble, un gigantesque château-fort aux lignes rigides et une majestueuse cathédrale, dont la piété ardente de nombreuses générations avait pendant des siècles lentement festonné les contours.

Sur la rive droite, faisant face à ces grandes synthèses d'un autre âge, se développaient les murs tristes et nus d'une immense usine de briques grisâtres, surmontée de hautes cheminées, vomissant des torrents de fumée noire sillonnée de flammes.

À intervalles réguliers une porte s'ouvrait, livrant pas à de longues théories d'hommes hirsutes, couverts de sueur, la mine harassée, l'œil sombre. Fils d'ancêtres dominés par les dieux et les rois, ils n'avaient changé de maîtres que pour devenir les serviteurs du fer.

Et c'étaient bien deux mondes, deux civilisations en présence, obéissant à des mobiles différents, animés d'autres espoirs. D'un côté, un passé déjà mort mais dont nous subissons les volontés encore. De l'autre un présent chargé de mystères et portant dans ses flancs un avenir inconnu.

Ils existèrent toujours, ces deux mondes, et constamment hostiles, mais des sentiments semblables, une foi commune, comblait souvent l'abîme qui les séparait. Aujourd'hui, foi et sentiments ont disparu ne laissant debout que l'atavique hostilité du pauvre contre le riche. Libérés graduellement des croyances et des liens sociaux du passé, les travailleurs modernes se révèlent de plus en plus agressifs et oppressifs, menaçant les civilisations de tyrannies collectives qui feront peut-être regretter celle des pires despotes. Ils parlent en maître à des législateurs qui les flattent servilement et subissent tous leurs caprices. Le poids du nombre cherche chaque jour davantage à se substituer au poids de l'intelligence.

La vie politique est une adaptation des sentiments de l'homme au milieu qui l'entoure. Ces sentiments varient peu, car la nature humaine se transforme fort lentement, tandis que le milieu moderne évolue rapidement en raison des progrès continuels de la science et de l'industrie.

Quand l'ambiance extérieure se modifie trop vite, l'adaptation est difficile et il en résulte le malaise général observé aujourd'hui. Faire cadrer la nature de l'homme avec les nécessités de tout ordre qui l'étreignent, et dont il n'est pas maître, constitue un problème sans cesse renaissant et toujours plus ardu.

Le monde ancien et le monde moderne diffèrent profondément par leurs pensées et leurs modes d'existence. Les éléments nouveaux qui nous mènent ne dérivent pas de raisonnements abstraits et n'oscillent nullement au gré de nos espérances ou de nos conceptions logiques. Ils sont les résultats de nécessités que nous subissons, et ne créons pas.

L'âge actuel ne diffère point de ceux qui l'ont précédé, par les rivalités et les luttes, car ces dernières naissent de passions qui ne varient guère. La différence réelle porte principalement sur la dissemblance des facteurs qui font aujourd'hui évoluer les peuples. C'est ce point essentiel que je vais essayer de marquer maintenant.

Les véritables caractéristiques de ce siècle sont : d'abord, la substitution de la puissance des facteurs économiques à celle des rois et des lois. En second lieu, l'enchevêtrement des intérêts entre peuples jadis séparés et n'ayant rien à s'emprunter.

Ce dernier phénomène, d'origine relativement récente, a une importance considérable. Les peuples ne sont plus comme jadis isolés et à peu près dénués de relations commerciales. Ils vivent tous les uns des autres et ne pourraient subsister les uns sans les autres. L'Angleterre serait vite réduite à la famine si elle était entourée d'un mur empêchant l'arrivée des matières alimentaires qu'elle va chercher au dehors et paie avec d'autres marchandises.

Ces conditions nouvelles d'existence permettent de pressentir que dans tous les grands mouvements industriels et commerciaux qui transforment la vie des nations, créent la richesse sur un point, la pauvreté sur d'autres, l'influence des gouvernements, si considérable autrefois, devient chaque jour plus faible. Convaincus eux-mêmes de leur impuissance, ils suivent les mouvements et ne les dirigent plus. Les forces économiques sont les vrais maîtres et dictent les volontés populaires auxquelles on ne résiste guère.

Il y a 60 ans (1850), un souverain était encore assez puissant pour décréter le libre-échange dans son pays. Aucun n'oserait même le tenter aujourd'hui. Que la protection condamnée par la plupart des économistes, soit bonne ou nuisible, il importe peu. Elle répond aux volontés populaires de l'heure présente et cette heure est entourée de nécessités trop accablantes pour que les hommes d'État songent beaucoup à l'avenir.

Ils se font d'ailleurs souvent illusion sur les conséquences de leur intervention. Ces chefs dociles d'armées très indociles, obéissent toujours et ne commandent plus.

Dans une séance du 11 mars 1910, monsieur Méline assurait devant le Sénat que le libre-échange avait ruiné l'agriculture anglaise, dont la production de blé a baissé de plus de la moitié en un demi-siècle, alors que sous le régime de la protection, la France qui, en 1892, avait un déficit alimentaire de 695 millions l'a vu disparaître et remplacé par un excédent de 5 millions, permettant d'exporter du blé au lieu d'en importer.Le célèbre économiste attribue naturellement au régime de la protection, dont il fut l'apôtre, les 700 millions que les agriculteurs retirent maintenant du sol.

On peut cependant assurer, sans crainte d'erreur, que depuis l'origine du monde aucune loi n'eut un tel pouvoir créateur. En fait, la nouvelle production agricole résulte uniquement des immenses progrès scientifiques réalisés par une agriculture qui se sentait très menacée.

Et si les Anglais n'ont pas accompli les mêmes progrès ce n'est nullement parce que le libre-échange les empêchait de lutter contre la concurrence étrangère, mais simplement parce qu'ils ont trouvé beaucoup plus rémunérateur de fabriquer des produits industriels, de la vente desquels ils retirent plus d'argent qu'il ne leur en faut pour acheter tout le blé nécessaire.

Que le régime protectionniste soit utile ou nuisible n'est d'ailleurs pas à considérer ici. Dans la politique actuelle, et c'est là justement ce que je voulais montrer, il ne s'agit pas de rechercher le meilleur, mais uniquement l'accessible. De nos jours aucun despote ne serait assez fort, je le répète, pour imposer le libre-échange ou la protection à un pays qui n'en voudrait pas. Quand les peuples se trompent, tant pis pour eux. L'expérience le leur fait savoir. Quelques hommes de génie, aidés par les circonstances arrivent parfois à remonter des courants mais leur nombre fut toujours fort petit.

Ce qui précède montre bien à quel point les facteurs de l'heure présente diffèrent de ceux du passé et permet de pressentir le peu d'influence des théories politiques sur l'évolution des peuples. Avec les progrès de la science, de l'industrie et des relations internationales, sont nés d'invisibles mais tout puissants maîtres auxquels les peuples et leurs souverains eux-mêmes doivent obéir.

Les éléments économiques de la vie des peuples constituent donc des nécessités auxquels ils sont forcés de s'adapter puisqu'ils ne peuvent s'y soustraire. À ces nécessités naturelles s'en joignent d'autres, très artificielles, qu'essaient de créer les théoriciens de la politique et les gouvernements qui les suivent. Étudions leur rôle.

Malgré toutes les ressources de leurs laboratoires, les biologistes n'ont jamais réussi à transformer une seule espèce vivante. Les légères modifications extérieures que réussit à créer l'art de l'éleveur sont sans durée et sans force.

Est-il plus facile de transformer un organisme social qu'un être vivant ? La réponse affirmative à cette question a dirigé toute notre politique depuis plus d'un siècle et la dirige encore.

La possibilité de refaire les sociétés au moyen d'institutions nouvelles sembla toujours évidente aux révolutionnaires de tous les âges, ceux de notre grande Révolution surtout. Elle apparaît aussi certaine aux socialistes. Tous aspirent à rebâtir les sociétés sur des plans dictés par la raison pure.

Mais à mesure qu'elle progresse, la science contredit de plus en plus cette doctrine. Appuyée sur la biologie, la psychologie et l'histoire, elle montre que nos limites d'action sur une société sont fort restreintes, que les transformations profondes ne se réalisent jamais sans l'action du temps, que les institutions sont l'enveloppe extérieure d'une âme intérieure. Ces dernières constituent une sorte de vêtement capable de s'adapter à une forme intérieure mais impuissant à la créer, et c'est pourquoi des institutions excellentes pour un peuple peuvent être détestables pour un autre. Loin d'être le point de départ d'une évolution politique, une institution en est simplement le terme.

Certes, le rôle des institutions et des hommes sur les événements n'est pas nul. L'histoire le montre à chaque page, mais elle exagère leur puissance et ne s'aperçoit pas qu'ils sont le plus souvent l'éclosion d'un long passé. S'ils n'arrivent pas au moment nécessaire, leur action est simplement destructrice comme celle des conquérants.

Croire qu'on modifie l'âme d'un peuple en changeant ses institutions et ses lois est resté un dogme que nous aurons à combattre fréquemment dans cet ouvrage et dont il faudra bien revenir un jour.

Les peuples latins n'en sont pas revenus encore, et c'est ce qui fait leur faiblesse. Leurs illusions sur la puissance des institutions nous a coûté la plus sanglante révolution qu'ait connue l'histoire, la mort violente de plusieurs millions d'hommes, la décadence profonde de toutes nos colonies et les progrès menaçants du socialisme. Rien n'a pu l'ébranler, ce terrible dogme et nous ne cessons de l'appliquer rigoureusement chaque jour aux malheureux indigènes tombés entre nos mains et que nous conduisons ainsi à la haine et à la révolte.

Les journaux ont fourni récemment un nouvel exemple de cet aveuglement général en reproduisant quelques extraits d'une circulaire du gouverneur de la Côte d'Ivoire à ses administrateurs. Son résultat final a été le soulèvement du pays, le massacre de plusieurs officiers et la très coûteuse nécessité d'envoyer de la métropole, des troupes nombreuses pour rétablir l'ordre. Si les Anglais ou les Hollandais gouvernaient leurs colonies avec de tels principes, depuis longtemps elles seraient perdues.

Ce document, dont je vais donner les plus saillants passages, illustre nettement notre irréductible incapacité à comprendre que l'âme d'un peuple ne se transforme pas avec des décrets et que des institutions excellentes pour un peuple peuvent être très mauvaises pour un autre et, en tout cas, inapplicables toujours.

« Il faudra, écrit ce gouverneur, que nos sujets viennent au progrès malgré eux… C'est à l'autorité à obtenir ce qui serait refusé à la persuasion… Il faudra modifier du tout au tout la mentalité noire pour nous faire comprendre… Ce que je ne veux pas, c'est que nous fassions étalage d'une sensibilité sans résultat. Dussions-nous ne pas sembler tenir compte, dès l'abord, des désirs de l'indigène, il importe que nous suivions sans faiblesse l'unique voie susceptible de nous mener au but… Je ne crois nullement qu'il faille redouter les conséquences de notre action, même lorsque celle-ci ne respectera pas des usages dont le mieux qu'on en puisse penser est qu'ils sont opposés à tout progrès. »

Ce n'est pas la mentalité noire qu'il serait urgent de modifier (si la chose dépendait de notre volonté), mais celles des administrateurs capables de signer les lignes précédentes.

Quant à l'illusion du brave gouverneur « ne redoutant nullement les conséquences de son intervention », les événements lui ont donné une rude leçon qui, malheureusement, ne profitera guère. Le propre d'une croyance fut toujours de n'être modifiable ni par l'observation, ni par le raisonnement, ni par l'expérience. Les croyances politiques ont la même ténacité que les dogmes religieux, bien qu'ils n'en possèdent pas toujours la durée.

Ce dogme de la transformation de l'âme des peuples sous l'influence des institutions est d'ailleurs indiscuté en France par tous les partis, y compris les plus conservateurs.

Les progrès de la psychologie moderne permettent d'expliquer le rôle joué par la raison dans l'organisation des sociétés, leurs croyances et leur conduite. Il est très faible bien que tous les gouvernements prétendent s'appuyer sur elle.

J'ai montré dans un autre ouvrage (Les opinions et les croyances), que contrairement aux enseignements de la philosophie classique, il existe des formes de logique fort distinctes de la logique rationnelle : la logique mystique et la logique affective notamment. Elles sont tellement séparées qu'on ne peut jamais passer de l'une à l'autre et, par conséquent, exprimer l'une en langage de l'autre.

Sur la logique rationnelle s'édifient toutes les formes de la connaissance, les sciences exactes notamment. Avec les logiques affective et mystique se bâtissent nos croyances, c'est-à-dire les facteurs de la conduite des individus et des peuples.

La logique rationnelle régit le domaine du conscient où se fabriquent les interprétations de nos actes. C'est dans le domaine du subconscient, gouverné par des influences affectives et mystiques, que s'élaborent leurs vraies causes.

L'observation montre que les sociétés sont guidées surtout par les logiques affective et mystique que la logique rationnelle ne saurait guère les influencer et encore moins les transformer.

L'âme simple des réformateurs est trop inaccessible à la genèse des choses pour comprendre que les institutions ne s'édifient pas avec des raisonnements logiques, mais cette notion est devenue évidente aujourd'hui aux hommes d'État anglais. Un de leurs ministres disait récemment, en plein Parlement, que le grand mérite de la Constitution anglaise était de n'être pas rationnelle. C'est, en effet, sa force, alors que la faiblesse des innombrables constitutions engendrées par nos révolutions, depuis un siècle, en France, est justement de n'être basées que sur la raison pure.

Cette idée restant incompréhensible à des cerveaux latins, il serait inutile d'y insister ici. Je me bornerai donc à rappeler que les religions, les gouvernements, les actes politiques, en un mot tout ce qui constitue la trame de l'existence d'un peuple, n'est jamais fondé sur des raisons. Savoir manier les sentiments pour influencer l'opinion est le vrai rôle des hommes d'État. Les apparences semblent prouver parfois qu'ils agissent souvent par la logique de leurs discours. Tout autre, en réalité, nous le verrons dans cet ouvrage, est le mécanisme de la persuasion. Les multitudes ne sont jamais impressionnées par la vigueur logique d'un discours, mais bien par les images sentimentales que certains mots et associations de mots font naître. Les propositions enchaînées au moyen de la logique rationnelle servent uniquement à les encadrer. En admettant qu'un discours simplement logique produise une conviction, elle sera toujours éphémère et ne constituera jamais un mobile d'action.

Mais si ce n'est pas la logique rationnelle qui conduit les hommes et fait évoluer leurs croyances, comment expliquer qu'au moment de la Révolution des théories uniquement déduites de la raison pure produisirent si rapidement de profonds bouleversements ?

Avant de montrer que cette contradiction n'est qu'apparente, rappelons tout d'abord que la Révolution n'eut, en réalité, qu'un seul théoricien influent, Rousseau.

L'action de Montesquieu, notable à ses débuts, devint vite très faible. Ce dernier cherchait surtout à expliquer des organisations sociales déjà existantes. Rousseau proposait de refaire une société nouvelle. Ce doux halluciné croyait que l'homme, heureux à l'état de nature, avait été dépravé et rendu misérable par les institutions. La raison exigeait donc qu'on les refît. Il était également convaincu que le vice essentiel des sociétés est l'inégalité, et que l'origine du mal social est l'antithèse de la richesse et de la pauvreté. Nécessité, par conséquent, de changer tout cela en établissant d'abord la souveraineté populaire. C'est précisément ce que ses disciples tentèrent par les moyens énergiques que l'on connaît, dès que les résistances du roi, de la noblesse et du clergé engendrèrent des violences qui les amenèrent au pouvoir. Robespierre, Saint-Just et les Jacobins cherchèrent uniquement à appliquer les théories de leur maître.

L'influence de Rousseau ne disparut nullement avec la Révolution. Monsieur Lanson fait justement remarquer que « depuis un siècle, tous les progrès de la démocratie, égalité, suffrage universel, l'écrasement des minorités, les revendications des partis extrêmes, la guerre à la richesse et à la propriété ont été dans le sens de son œuvre » .

Nous verrons qu'en réalité il fut beaucoup moins un inspirateur qu'un prétexte.

La rapidité avec laquelle se propagèrent les idées de Rousseau au moment de la Révolution est frappante. Nous savons par les cahiers généraux de 1789, ce que la majorité des Français demandait alors : abolition des privilèges féodaux, lois fixes, justice uniforme, etc., c'est-à-dire à peu près ce que Napoléon réalisa par son Code. La royauté était encore universellement respectée et personne ne demandait à la supprimer.

Et cependant, trois ans plus tard les théories énoncées plus haut régnaient souverainement et la Terreur supprimait ceux qui ne les vénéraient pas.

Il semble donc qu'il y ait contradiction évidente entre ce que nous avons dit du peu d'influence des théories déduites de la raison pure, sur la marche des événements et l'action si rapide que ces théories semblèrent exercer pendant la Révolution.

Nous accentuerons encore cette contradiction en affirmant que les hommes de chaque âge sont gouvernés par un très petit nombre d'idées directrices qui s'établissent fort lentement et ne deviennent des mobiles d'actions qu'après s'être transformées en sentiments.

En réalité, la contradiction, malgré sa netteté apparente, n'existe pas. Si en effet, les idées des théoriciens de la Révolution s'implantèrent facilement dans l'âme des foules, ce n'est nullement parce qu'elles étaient nouvelles, mais uniquement parce qu'elles étaient au contraire fort anciennes. Les théories révolutionnaires ne firent que prêter l'appui des lois à des passions n'ayant jamais cessé d'exister et à des aspirations, que les nécessités sociales peuvent réprimer ou endormir, mais qui ne s'éteignent jamais.

Le peuple avait accepté la puissance royale et les inégalités de conditions, parce que maintenues par une antique armature sociale elles semblaient d'indestructibles nécessités naturelles. Dès qu'il entendit des gouvernants, auxquels le pouvoir suprême conférait un grand prestige, son despotisme devait remplacer celui des rois, que les inégalités de fortune étaient une injustice et qu'on allait lui distribuer les biens de ses anciens maîtres, il devait fatalement adopter avec enthousiasme de telles idées et considérer comme des ennemis dignes du dernier supplice ceux qui auraient pu s'opposer à la réalisation de ses appétits. Si, de nos jours, un gouvernement s'appuyant sur l'autorité de philosophes réputés, édictait des lois autorisant le meurtre et le pillage, il compterait bientôt un grand nombre de sectateurs et serait aussi applaudi que lorsqu'il proposa de s'emparer du milliard des congrégations pour le distribuer aux ouvriers et à des amis. Certes la pratique de pareilles doctrines ne subsiste pas longtemps car on découvre vite, comme il arriva après quelques années de révolution, que l'anarchie ruine et n'enrichit pas. Et alors, toujours ainsi qu'à cette époque, la nation chercherait un dictateur énergique capable de la soustraire au désordre.

On s'illusionne souvent sur le rôle utile des gouvernements et les limites de ce rôle, parce que leur puissance, très faible pour le bien, est au contraire très grande pour le mal. Il fut toujours aisé de détruire et difficile de rebâtir. Aujourd'hui, nous n'avons pas à nous défendre seulement contre les rigides nécessités économiques de l'heure présente, mais encore contre le zèle désastreux de législateurs légiférant au hasard, comme nous le montrerons bientôt, suivant les impulsions du moment. Lois, dites sociales, qui gênent de plus en plus l'industrie et n'enrichissent personne. Lois entravant l'apprentissage au point d'avoir chassé les apprentis des usines et transformé un grand nombre d'entre eux en chômeurs, voleurs et criminels, ainsi que le prouvent les rapides progrès de la criminalité infantile. Persécutions religieuses incessantes et expropriations dont le résultat final a été de diviser la France en deux peuples ennemis. Lois douanières qui, par les représailles qu'elles provoquent continuellement, finiront par supprimer entièrement notre commerce avec l'étranger, etc. Toutes ces lois créées par une raison trop courte sont des calamités artificielles qui s'ajoutent aux maux naturels dont nous sommes bien obligés de supporter le poids.

Nous n'avions, certes, pas l'idée de faire ici le procès de la raison, mais de ceux prétendant l'employer à modifier des phénomènes qu'elle ne saurait régir. C'est exclusivement sur la raison que s'édifient la science et toutes les formes de la connaissance. C'est surtout avec des sentiments et des croyances que se gouvernent les hommes et se fait l'histoire.

CHAPITRE III
Méthodes d'étude de la psychologie politique

En psychologie politique, comme d'ailleurs dans les autres sciences, ce sont les faits d'abord, puis leur interprétation qui permettent de dégager des lois.

En politique, l'observation des faits est beaucoup plus facile que leur interprétation, c'est-à-dire que la détermination de leurs causes et la prévision de leurs conséquences. Nos armées ont été battues en 1870. Voilà un fait connu de chacun. Mais pourquoi ont-elles été battues ? Quelles réformes devraient-elles subir afin d'éviter une nouvelle défaite ? Ici les difficultés s'accumulent et les explications varient considérablement. Pour s'en convaincre, il suffit d'examiner les théories contradictoires, révélées par la série de réglements militaires édictés pendant vingt ans, ou simplement les écrits des spécialistes. Si d'ailleurs l'interprétation des phénomènes sociaux était aisée, nous serions d'accord sur tout, alors qu'en réalité nous ne le sommes sur rien.

Donc, quoique les faits politiques faisant partie de la vie journalière soient d'une observation facile, la détermination de leurs causes est au contraire difficile. Elle l'est d'autant plus que les parties d'un événement dont nous prenons conscience ne sont généralement qu'un très faible fragment de l'événement lui-même.

Dans une pareille étude, la simple intuition ne saurait suffire. Des méthodes rigoureuses deviennent nécessaires. Elles sont de même ordre que celles employées dans les sciences, l'histoire naturelle notamment.

Le psychologue doit opérer un peu comme le naturaliste qui, mettant en relief par une analyse attentive les réalités cachées sous de trompeuses apparences, réunit ensemble des phénomènes d'aspect dissemblable. Ainsi arrive-t-il à classer la baleine avec les mammifères au lieu de la considérer comme un poisson. Pour l'observateur superficiel, la baleine parait évidemment plus rapproché du requin que d'un écureuil et c'est cependant avec ce dernier qu'on doit la comparer. En politique, malheureusement, les apparences seules frappent et non les relations cachées.

Les généralités qui précèdent montrent que la première difficulté de la psychologie politique est de découvrir les facteurs rapprochés ou lointains des événements et de ne pas attribuer à une seule cause, comme on le fait généralement, ce qui est le résultat de plusieurs.

Je ne saurais trop insister sur cette difficulté. Pour en prouver l'importance, je vais prendre un cas concret relativement assez simple, l'extension du socialisme, et par la seule énumération de quelques-uns des facteurs ayant déterminé cette extension, mettre en évidence leur complexité.

À la base du socialisme, on trouve d'abord un élément fondamental : l'Espérance. Espérance d'améliorer son sort et de se créer un avenir heureux.

Un tel facteur possède assurément une grande puissance. À lui seul, pourtant, il ne fournirait qu'une explication bien incomplète du problème, l'espoir d'améliorer sa destinée ayant constitué de tout temps un des principaux mobiles de l'activité des hommes.

Nous irons plus loin en remarquant qu'autrefois il était beaucoup moins nécessaire qu'aujourd'hui d'améliorer sa vie, puisqu'elle devait l'être dans un monde futur, sur la réalité duquel on ne gardait aucun doute, alors qu'on n'y croit guère aujourd'hui. Ce que l'homme espérait d'une autre existence n'est recherché maintenant qu'ici-bas. L'explication de l'extension du socialisme commence ainsi à se préciser davantage.

Un nouvel élément d'interprétation apparaîtra si l'on observe que le socialisme, dont la forme humanitaire s'accentue chaque jour, devient une religion remplaçant celles en voie de disparaître. La psychologie moderne enseigne que le sentiment religieux, c'est-à-dire la vénération du mystère et le besoin de se soumettre à un credo capable d'orienter nos pensées, est une tendance irréductible de l'esprit.

L'apôtre socialiste est un clérical ayant changé le nom de ses dieux. Son âme demeure saturée d'une religiosité ardente. Le journal L'Humanité du 30 novembre 1909, nous apprend que le jeune professeur à la Sorbonne qui ouvrit, récemment, la première séance de l'École socialiste, « adressa, comme il convenait, une invocation émue à la déesse Raison ! »

Les facteurs psychologiques que nous venons d'indiquer présentent un caractère général les rendant applicables à tous les peuples. Or, il est visible que le socialisme prend, d'un pays à l'autre, des formes diverses. Certains éléments d'interprétation doivent donc s'ajouter encore aux précédents.

Nous trouverons tout d'abord le rôle de la race, c'est-à-dire des dispositions héréditaires des nations. Elles diffèrent profondément et c'est pourquoi le mot socialisme est une étiquette commune traduisant des aspirations très dissemblables. Comment pourraient-elles être de même nature chez des peuples d'instincts opposés, ceux des États-Unis, par exemple, comptant exclusivement sur leur énergie, leur initiative individuelle, et ceux dominés, comme les Latins, par l'irrésistible et perpétuel besoin de la protection d'un maître ?

En dehors des aptitudes de race, un autre facteur psychologique capital intervient encore : le passé. Il est évident que des peuples centralisés depuis des siècles sous la main d'un État réglementant les moindres détails de leur vie sociale, industrielle, commerciale et même religieuse, ne sauraient posséder les mêmes aspirations, les mêmes tendances, que de jeunes nations n'ayant derrière elles qu'un passé politique très court, incapable par conséquent, de peser lourdement sur elles.

Le collectivisme étatiste, qui nous enserre de plus en plus, fut pratiqué en réalité de tout temps par nos monarchies, et c'est pourquoi les peuples latins y reviennent facilement. Les minutieuses réglementations de Colbert formeraient un excellent chapitre d'un traité de socialisme étatiste.

L'État étant considéré aujourd'hui comme une divinité protectrice, tous les partis, toutes les classes, devaient naturellement lui demander d'intervenir dans leurs affaires et défendre leurs intérêts. Ce furent d'abord les industriels qui le prièrent de les protéger, afin de les enrichir, par des droits de douanes, des primes, des subventions, etc. On détruisait évidemment ainsi la concurrence, mais en paralysant du même coup toute initiative et, par conséquent, tout progrès.

Devenues puissantes par le nombre, les classes ouvrières réclamèrent à leur tour la protection de l'État, mais, cette fois, contre les maîtres de l'industrie. En leur cédant, on entra davantage dans la voie socialiste ouverte par le protectionnisme.

Pour satisfaire de croissantes exigences, l'État s'engagea dans le chemin de l'arbitraire despotique et des spoliations : retraites ouvrières obligatoirement payées par les patrons, c'est-à-dire charité forcée à leurs dépens, rachat des chemins de fer, et extension progressive des monopoles, de façon à transformer les ouvriers en fonctionnaires entretenus par l'État, etc.

Mais tout cela coûtant fort cher et l'engrenage des répercussions se déroulant fatalement, les législateurs en sont maintenant conduits à essayer de dépouiller les possédants par de lourds impôts progressifs, sans comprendre, d'ailleurs, que le petit nombre de ces privilégiés rendra dérisoires les sommes obtenues. Leur spoliation devant avoir pour conséquence ultime la ruine des grandes industries, on n'arrivera finalement ainsi qu'à l'égalité dans la misère. Ce sera le nivellement rêvé par tant d'âmes que domine la haine des supériorités.

Bien que déjà longue, notre énumération des facteurs de l'évolution socialiste ne les contient pas tous. Il faudrait rechercher encore comment les doctrines se propagent dans les multitudes, pourquoi des mots et des formules très vagues possèdent parfois tant de puissance. On se trouve alors en présence de nouveaux facteurs importants créés par la spéciale mentalité des foules.

Mais l'examen des causes de l'extension du socialisme ne serait nullement terminé par cette étude, puisqu'il sévit non seulement dans les multitudes illettrées, mais encore parmi des professeurs et des bourgeois aisés, satisfaits de leur sort.

Il devient alors nécessaire de faire intervenir d'autres facteurs psychologiques et notamment, la contagion mentale par imitation. Elle se retrouve toujours à l'aube des grandes croyances et explique leur propagation.

Si tant de facteurs agissent dans un phénomène social, il doit paraître bien difficile de doser leurs influences respectives. Le problème est ardu, en effet.

Comment le résoudre ? On le peut par deux méthodes différentes, l'une très simple, l'autre assez compliquée.

La méthode simple, et pour cette raison d'un usage général, consiste à supposer les phénomènes engendrés par une cause unique et de compréhension facile. Trouver des remèdes apparents à tous les maux devient alors aisé. Les ouvriers d'un pays se déclarent-ils mécontents de leur sort ? Décrétons un impôt sur le revenu qui permettra de dépouiller les riches pour enrichir les travailleurs. La population d'un pays est-elle stationnaire ? Établissons de lourdes charges sur les citoyens qui n'ont pas assez d'enfants. En auront-ils davantage ? Des économistes endurcis pourraient seuls en douter.

Ainsi raisonnent les politiciens à mentalité courte et leurs simplisme, que j'ai dû condenser un peu dans mes exemples, nous a valu de détestables lois.

Voyons maintenant quelle méthode doit suivre l'observateur qui veut utiliser les enseignements de la psychologie politique.

Un événement social quelconque résultant le plus souvent d'un grand nombre de facteurs immédiats ou lointains, la première règle est d'apprendre à les séparer, la seconde d'évaluer exactement la valeur respective de chacun d'eux.

Ainsi opère le physicien en présence d'un phénomène pouvant dériver de plusieurs causes. Sa tâche est relativement facile, parce que des expériences répétées lui permettent de vérifier ses premières déductions. Mais, pour les phénomènes politiques, l'observation seule et non l'expérience constitue l'unique guide. Certes, les expériences sociales ne manquent pas. Elles sont même innombrables, mais indépendantes de nous et de nos volontés. Ne pouvant les renouveler, nous en sommes réduits à les interpréter. On sait trop à quelles divergences conduisent ces interprétations et dans quel discrédit la sociologie est pour cette raison tombée.

Il ne devient vraiment possible de doser la valeur d'un facteur déterminé qu'en le voyant agir d'une façon semblable dans des temps divers et chez des peuples différents, alors que tous les autres facteurs sont restés invariables. C'est un peu, on le voit, une application de la méthode dite des variations concomitantes. N'étant applicable qu'à des cas très simples on n'en dégage le plus souvent que des banalités d'utilité restreinte : l'anarchie engendre le césarisme, les peuples faibles sont conquis par les peuples forts, etc.

La dissociation des éléments générateurs d'un événement est cependant facilitée par la constatation que chaque phénomene social est habituellement le résultat de deux catégories de facteurs très distincts : les uns permanents, les autres transitoires.

Les premiers agissent d'une façon constante dans tous les phénomènes. Telle, par exemple, la race, c'est-à-dire les dispositions héréditaires. Tel aussi le passé social qui comprend les sentiments religieux, politiques ou sociaux fixés dans l'âme des peuples et rendus stables par un long passé.

Les facteurs transitoires changent au contraire fréquemment, mais, agissant sur le fond peu mobile du résidu ancestral, ils en reçoivent toujours l'empreinte. C'est pour cette raison, que des peuples de races différentes soumis en même temps aux mêmes facteurs transitoires réagissent de façons diverses. Certes, l'histoire paraît souvent montrer qu'un peuple peut, au moins en apparence, transformer ses croyances, ses institutions et ses arts, mais sous les changements extérieurs le passé reparaît toujours et modifie bientôt les formes que les révolutions violentes avaient fait momentanément adopter.

Les influences de la race et du passé, habituellement négligées, parce qu'invisibles, sont en réalité les plus nécessaires à étudier. Elles dominent effectivement toute l'évolution d'un peuple. C'est ainsi, par exemple, qu'en France, sous des agitations politiques variées, nous retrouvons deux principes fixes, communs à tous les peuples latins et ayant invariablement dirigé leurs actes :

1°/ La croyance dans le pouvoir transformateur de l'État.

2°/ La confiance inébranlable dans la puissance absolue des lois.

De ces deux principes, que nous étudierons dans plusieurs chapitres, sont nés l'extension de l'Étatisme et le développement du socialisme collectiviste qui n'en est que la floraison.

Il apparaît donc indispensable pour juger des événements relatifs à un peuple de connaître les caractères de sa race et de son histoire.

En ce qui concerne la race, cette étude n'est pas très compliquée, les caractéristiques fondamentales générales étant peu nombreuses. On sait déjà beaucoup des Américains des États-Unis et de leur avenir possible lorsqu'on a observé quelques-uns de leurs caractères essentiels tels que l'énergie, la confiance dans ses propres forces, l'optimisme, le besoin de justice et de liberté personnelle, l'habitude de l'initiative suppléant l'intervention du gouvernement. Alors que certains peuples ne peuvent être étudiés sans la connaissance préalable de leur gouvernement, le citoyen des États-Unis doit au contraire être observé surtout en dehors de son gouvernement. Réduit à ses seules ressources, il progresse sans aucune aide et, à lui seul, ce caractère psychologique aurait suffi pour tracer sa destinée.

Un examen analogue des tristes républiques latines de l'Amérique, impuissantes à sortir de l'anarchie où elles végètent, montrerait également un très petit nombre de caractères psychologiques fondamentaux dominant toute leur histoire. Un peuple de métis est ingouvernable.

Donc, la connaissance des grands facteurs généraux qui déterminent, ou tout au moins orientent les autres, simplifie un peu le problème de la psychologie politique.

Il est encore très difficile cependant. Les facteurs transitoires agissant à côté des facteurs permanents sont en effet si nombreux que leur complication déroute parfois toute logique. Comment déterminer leur rôle ?

En observant qu'outre les grands facteurs irréductibles dont je viens de marquer l'action, il existe pour chaque époque un petit nombre de principes directeurs canalisant les pensées et les actes dans un même sens. C'est ainsi, par exemple, que la politique du second Empire fut orientée par le principe dit des nationalités, que le socialisme actuel évolue sous l'influence d'une idée maîtresse : l'égalisation des situations sociales sous la tutelle de l'État, etc.

Il résulte de toutes ces considérations que, dans la genèse d'un événement, figurent toujours des éléments nombreux mais d'inégale importance. Le rôle de la psychologie politique consiste précisément à savoir doser cette importance, discerner le principal et éliminer l'accessoire.

L'élimination des facteurs secondaires est aussi malaisée en politique que dans une science quelconque, la physique ou l'astronomie notamment. Elle est pourtant aussi nécessaire.

Avec les progrès scientifiques actuels, la genèse de tout phénomène apparaît infiniment complexe. La simplicité des causes n'est créée que par l'insuffisance de nos moyens d'observation. Un poids placé sur le plateau d'une balance n'est pas attiré seulement par la terre, puisque la lune et tous les autres astres du firmament agissent sur lui. Mais leurs milliers d'attractions sont si minimes en comparaison de celle exercée par notre planète qu'on n'en tient aucun compte.

Toute la sagacité du savant consiste à savoir dégager les facteurs principaux d'un phénomène et négliger les autres. Képler ne réussit à formuler ses lois qu'en mettant de côté les perturbations accessoires modifiant faiblement le cours des planètes.

Le véritable homme d'État ne procède pas différemment, mais semblable au savant encore, il doit se rappeler que tel facteur, sans importance à un moment donné, peut en acquérir à un autre. Le physicien considère comme vraie la loi de Mariotte parce qu'il néglige des éléments trop accessoires pour la modifier visiblement dans les conditions habituelles de température, mais il sait aussi que lorsque les gaz se trouvent au voisinage de leur point critique, des facteurs justement négligés d'abord deviennent maintenant prépondérants. La loi est alors inexacte et il faut lui en substituer une autre.

La notion de loi absolue, chère aux savants du dernier siècle, tend à disparaître graduellement de la science. Les principes de la psychologie politique ne sauraient assurément prétendre à plus de fixité que les lois physiques. Ils sont d'ailleurs troublés sans cesse par l'intervention d'éléments imprévus. C'est ainsi qu'à certains moments l'influence des facteurs habituels disparaît devant de brusques courants d'opinion. Si l'homme d'État en connaît le mécanisme, il peut les faire naître ou tout au moins les orienter comme y réussit Bismarck en 1870.

Ces subits mouvements d'opinion constituent une force morale, si irrésistible parfois, que nulle puissance ne parviendrait à les endiguer. Napoléon, lui-même, savait que certains courants ne se remontent pas. Plusieurs de ses lettres sont caractéristiques sur ce point. « Ce sont, écrivait-il, les faits qui parlent. C'est la direction de l'esprit public qui entraîne… Je n'ai jamais été mon maître. J'ai toujours été gouverné par les circonstances. »

La puissance, comme aussi la mobilité de ces mouvements populaires, se révèle à chaque page de notre histoire. Ils sont nombreux dans un seul siècle. L'Épopée impériale, la Restauration monarchique, le romantisme, le second Empire, l'aventure boulangiste, etc., en donnent autant d'exemples. Le **Prince** de Machiavel s'appelle aujourd'hui la multitude. Son pouvoir devient formidable dès que toutes les volontés s'orientent dans une seule direction. Une telle orientation ne dure d'ailleurs jamais longtemps et l'homme d'État doit le savoir encore.

Les courants populaires d'une époque sont souvent mal saisis par les hommes de cette époque. Au début de la Révolution, personne ne prévoyait l'avenir terrible qui se préparait. On l'a dit avec raison : pendant que le navire sombrait, les passagers se congratulaient du naufrage. Madame de Genlis menait les princes d'Orléans, dont elle était gouvernante, voir la démolition de la Bastille. La noblesse regardait tout ce mouvement avec autant de sympathie que notre aveugle bourgeoisie a contemplé la première grève des postiers. Alors, comme aujourd'hui, personne ne comprenait que les phénomènes psychologiques ont un enchaînement nécessaire et que chacun d'eux devient cause à son tour. Toutes ces causes accumulées dans le même sens produisent, comme en mécanique, une accélération fatale.

Nous voyons à quel point est difficile la tâche actuelle des chefs qui veulent sagement gouverner. Elle l'est d'autant plus qu'ayant une mentalité différente de la foule et obéissant à d'autres mobiles, ils ne savent pas toujours la comprendre et lui parler.

On ne connaît bien les hommes d'une classe que si l'on appartient à cette classe. C'est pourquoi les meneurs de la Confédération Générale du Travail, sortis des couches populaires, se font si parfaitement obéir. Des grands principes, des belles théories humanitaires, ils n'ont nul souci, sachant bien que les foules ne s'en préoccupent pas davantage. Inaccessibles à tout raisonnement elles acceptent sans discussion des croyances condensées en formules brèves et violentes et se soumettent sans murmures aux ordres les plus impérieux à condition qu'ils soient édictés par des hommes ou des comités revêtus de prestige.

Certes, ces meneurs ne possèdent qu'une psychologie fort sommaire, mais admirablement adaptée à la mentalité des âmes simples qu'ils ont su asservir. Leur horizon est étroit mais ils le connaissent. Ils savent où ils vont et ce qu'ils veulent. Les erreurs des politiciens ne leur échappent pas et « de l'autre côté de la barrière » leurs conseils seraient fort utiles à nos gouvernants. C'est ainsi, par exemple, qu'à l'heure où le gouvernement cédait aux menaces des postiers, un des chefs du syndicalisme montra très justement dans un article que les dirigeants « commettaient une faute impardonnable en laissant prendre conscience de leur force à des gens qui ne s'en doutaient guère ».

La réunion de tous ces facteurs lointains ou rapprochés, stables ou transitoires, représente ce que l'on pourrait appeler l'équation sociale d'une époque. De la solution correcte de cette équation dépend souvent l'avenir d'un peuple. La nécessité suffirait généralement à la résoudre, si les législateurs n'intervenaient pas pour troubler le jeu des facteurs que les lois naturelles tendent toujours à équilibrer.

L'énumération des éléments générateurs de l'évolution d'un phénomène social nous en a montré la variété. Nous avons vu également que les plus actifs étaient souvent les moins aperçus. Leur ensemble constitue un faisceau de forces invisibles qui dirigent la destinée d'un peuple. Il s'agite, elles le mènent. L'homme ressemble souvent au pantin ignorant les fils qui le font mouvoir.

Si puissantes cependant que soient ces forces, nous ne devons pas les subir avec une résignation morne. Dominée par un tel sentiment, l'humanité ne serait jamais sortie de la sauvagerie primitive, et n'aurait pu vaincre la nature qui l'avait d'abord si étroitement asservie.

Et ceci nous conduira à une autre étude qui fait encore partie de la psychologie politique.

Réduite à une simple science de constatation elle serait un peu vaine. Mais elle enseigne aussi l'art de prévoir c'est-à-dire, en langage mathématique, l'art d'extrapoler des courbes dont on a su déterminer un nombre suffisantd'éléments.

La psychologie politique présente un autre avantage encore. Prévoir est utile, prévenir l'est davantage. Prévoir c'est éliminer les surprises de l'avenir. Prévenir, c'est annuler leur action.

Comment y parvenir ? La science confirmant les plus vieilles traditions religieuses de l'humanité semble nous confiner chaque jour davantage dans un fatalisme étroit. Nous verrons cependant dans un des derniers chapitres de cet ouvrage qu'il est possible de dissocier les éléments dont toute fatalité se compose. Or, désagréger les facteurs d'une fatalité, c'est apprendre à s'y soustraire.

Livre II : Facteurs psychologiques de la vie politique

CHAPITRE I
L'origine des lois et les illusions législatives

Beaucoup d'événements politiques représentent l'éclosion d'un petit nombre de principes solidement ancrés dans les âmes. La croyance en la puissance souveraine des lois est un des plus actifs.

On rencontre en France une foule de gens se disant dégagés de toute croyance religieuse. Ils ne croient plus aux dieux, méprisent les superstitions et ne redoutent guère que les révélations des somnambules ou l'action magique du nombre treize.

Mais dans ce pays de libre pensée on trouverait difficilement des citoyens manifestant le plus léger doute à l'égard de la puissance infaillible des constitutions et des lois. Nous sommes tous solidement persuadés que des textes législatifs peuvent remanier à volonté l'état social d'un peuple. Avec des lois toutes les réformes sont possibles. II ne tient qu'à elles d'enrichir le pauvre aux dépens du riche, d'égaliser les conditions et d'assurer un bonheur universel.

Ce dogme sacré de la puissance des lois est à peu près le seul resté debout et que les théoriciens vénèrent. Si l'idéal d'un parti politique permettait de le définir, on pourrait dire qu'il n'existe en France qu'un seul parti. Tous possèdent, en effet, un même idéal : réformer la société à coup de décrets et demander à l'État son intervention constante dans la vie sociale des citoyens. On ne sait pas, quand on rencontre un Français, s'il est clérical ou anticlérical, ce qui d'ailleurs représente souvent la même chose, mais on peut être bien certain qu'il est Étatiste.

La doctrine de l'action souveraine des lois a toujours constitué un des plus puissants facteurs de notre histoire Les hommes de la Révolution étaient persuadés qu'une société se refait avec des institutions et ils finirent par déifier la raison au nom de laquelle étaient promulgués leurs décrets.

Bien des motifs ont contribué, chez les peuples dont la mentalité religieuse est très développée, à rechercher législativement les moyens de remédier aux maux qui les affligent. Ne pouvant plus demander de miracles au ciel, on les demande au législateur. Le pouvoir des lois a remplacé celui des dieux.

Ces miracles législatifs paraissent d'une réalisation facile, car si les raisons lointaines des choses sont malaisées à percevoir leurs causes fictives, très apparentes, semblent aisées à atteindre.

L'insuccès des lois votées sous la pression des volontés populaires n'ébranle nullement d'ailleurs la croyance en leur puissance. Elles gardent l'influence des dogmes religieux. Les prescriptions impératives et brèves des codes exercent toujours un prestige mystérieux. Comme les divinités, les lois ordonnent et n'expliquent pas. Leurs auteurs ont très bien compris qu'un pouvoir discuté n'est bientôt plus un pouvoir respecté. La vraie puissance ne réside pas, en effet, dans la force de celui qui commande, mais dans la soumission volontaire de celui qui obéit.

Cette idée, si répandue chez les peuples latins, que les organisations sociales se réforment avec des lois, est nous l'avons dit déjà, une des plus funestes erreurs qu'ait enregistrées l'histoire.Pour la défendre, des millions d'hommes sont morts misérablement, des cités florissantes sont tombées en ruines, de grands empires descendent la pente de la décadence. La fatale chimère est cependant plus puissante qu'elle ne le fut jamais.

Quelques rares philosophes ont bien essayé de montrer la dangereuse absurdité de cette doctrine, je l'ai moi-même tenté dans plusieurs ouvrages et notamment dans mon livre sur les Lois psychologiques de l'évolution despeuples. Mais que peuvent des écrits sur les impressions mobiles des foules ? Elles n'écoutent guère que les démagogues flattant servilement leurs instincts. Ne nous lassons pas cependant de répéter sans cesse les mêmes vérités. Les idées finissent quelquefois par rencontrer le terrain où elles peuvent germer.

Persuadé lui-même de la toute puissance des lois, le législateur légifère pour remédier aux maux visibles dont lui demeurent cachées les causes. Il légifère sans trêve, tout étonné de voir les lois votées rester inefficaces ou produire des effets contraires à ceux espérés. Il s'irrite alors, légifère de nouveau, interpelle les ministres, nomme des commissions pour surveiller l'exécution des décrets, et intervient inlassablement dans tous les rouages de l'administration. C'est ainsi que le régime parlementaire tend chez nous à se transformer en un régime qui rappelle celui de la Convention. A peine sortis du despotisme, les peuples latins y reviennent toujours. Le despotisme collectif remplace progressivement chez eux le despotisme individuel. Tout fait croire qu'il sera aussi tyrannique.

Notre histoire est remplie des conséquences désastreuses de lois promulguées dans les meilleures intentions. La République de 1848 crut faire œuvre bienfaisante en édictant de nombreuses lois ouvrières et en créant des ateliers nationaux pour donner du travail à tous les citoyens. Quand les nécessités économiques, qui dominent de très haut les volontés du législateur, obligèrent à fermer ces ateliers, il en résulta une révolution et d'épouvantables massacres. La conséquence finale fut le rétablissement de l'Empire et ses suites, y compris Sedan et l'invasion.

Elle est très funeste, la race des philanthropes. Sous leur impulsion, s'édictent les lois dites humanitaires, dont les effets sont si souvent désastreux.

Les mesures législatives ayant produit un résultat contraire à celui qu'elles se proposaient d'atteindre sont innombrables. C'est ainsi, par exemple, que les lois sur les primes à la navigation ont été une des causes actives de la lamentable décadence de notre marine marchande.

Nous le montrerons bientôt.

C'est ainsi encore, qu'en vertu du principe de la puissance souveraine attribuée aux lois, nous prétendons imposer nos institutions à tous les peuples conquis par nous, sans comprendre qu'une telle méthode devait bientôt déterminer la ruine de nos colonies.

Le dogme latin du pouvoir transformateur des décrets conduit, sous la pression des mobiles volontés du peuple, à voter les lois les plus violentes sans se préoccuper de leur injustice.

Après avoir fait miroiter aux yeux des classes ouvrières le milliard des congrégations, il fallut bien, devant les grondements populaires, édicter des lois pour s'emparer de ce milliard. Cet acte d'iniquité sauvage, dont l'injustice n'a pas frappé les législateurs, a créé un précédent redoutable. Que les hasards d'un vote confèrent pour un jour le pouvoir aux socialistes révolutionnaires, ils sauront comment exproprier une nouvelle classe de citoyens au profit d'une autre, sans invoquer d'autres raisons que le droit souverain de l'Etat, c'est-à-dire la raison du plus fort.

Notre société n'est un peu sauvée de la désorganisation produite par les décrets de ses législateurs que par l'impossibilité de toujours les appliquer. Chaque loi entraîne la création d'une nuée de fonctionnaires destinés à la faire exécuter, mais parfois il faut reculer devant l'énormité de la dépense. On a hésité jusqu'ici à instituer une armée de 500.000 inspecteurs pour faire observer les lois sur le travail. Cette impossibilité seule a sauvé notre industrie de la décadence profonde qu'aurait engendrée l'ingérence constante des fonctionnaires dans les manufactures.

L'Etat finit d'ailleurs par renoncer de lui-même aux lois inapplicables, parce que tout le monde les viole.

Un délit généralisé se transforme bientôt en droit.

Pour cette raison, les décrets édictés dans le but de contrecarrer les spéculations financières, les sociétés anonymes et toutes les formes de contrats, nés de l'évolution économique moderne, ont misérablement échoué. En étudiant la véritable genèse des lois, nous comprendrons facilement pourquoi.

Conclurons-nous des considérations précédentes qu'il ne faut jamais promulguer de réformes par voie législative et qu'on doit se croiser les bras. Evidemment les législateurs de 1848, auxquels nous faisions allusion plus haut, auraient été plus utiles en se croisant les bras qu'en votant des lois si dangereuses, mais cette conclusion pessimiste n'est pas applicable à tous les cas. Beaucoup de lois sont utiles lorsqu'elles naissent sous l'influence de certaines nécessités que nous allons examiner maintenant et qui sont étrangères le plus souvent à la volonté des législateurs.

Pour savoir ce qu'il faut faire et surtout ne pas faire en matière de lois, on doit d'abord tâcher de comprendre leur genèse. Soyons avant tout bien convaincus qu'une nation ne peut utiliser les constitutions et les lois d'un peuple de mentalité différente, si parfaites soient-elles. Quand, des juristes essaient de nous persuader que le droit romain a été adopté par certains pays et la constitution anglaise par d'autres, ils font preuve d'une pauvre psychologie.

Lorsque le droit romain fut adopté par un peuple quelconque, les Allemands, par exemple, il devint aussitôt un droit allemand. Jamais, sans qu'on puisse citer une seule exception, la constitution anglaise n'a été pratiquée par d'autres peuples que les Anglais, bien qu'acceptée par plusieurs.

Trois phases se succédèrent dans la genèse d'un droit. 1°/ la coutume, 2°/ la jurisprudence, 3°/ la loi. Le législateur ne saurait intervenir utilement que dans la dernière de ces phases.

La loi doit se borner le plus souvent à codifier la coutume. Là est son vrai rôle. Notre Code civil que beaucop s'imaginent construit de toutes pièces par un conseil de légistes dirigé par Napoléon, ne fit en réalité que condenser les coutumes les plus généralement admises dans les diverses parties de la France. Il termina ainsi une unification juridique commencée depuis longtemps. Ce ne fut pas le code du présent, mais celui d'un passé.

La coutume résulte des nécessités sociales, industrielles, économiques de chaque jour. La jurisprudence les fixe. La loi les sanctionne.

Mais ce que la loi sanctionne c'est l'état social du moment. Les civilisations, surtout aujourd'hui, évoluent plus vite que les lois. La jurisprudence intervient alors pour les modifier d'après les nouvelles coutumes qui s'établissent.

Dans les pays où le juge, manquant d'indépendance, semble plus habitué à rendre des services que des arrêts, les lois doivent promptement enregistrer la coutume et c'est pourquoi elles changent vite. Dans les pays où, comme en Angleterre, le juge demeure fort indépendant, nul besoin de toucher aux lois, c'est le magistrat lui-même qui les transforme.

Mais chez toutes les nations et par le fait seul que les besoins sociaux évoluent plus rapidement que les codes, la jurisprudence qui fixe les coutumes fut toujours plus puissante que les lois. Il n'y eut jamais de peuple aussi respectueux des textes écrits que les Romains. «Nulle part cependant plus qu'à Rome, écrit justement Cruet, le droit sanctionné par la pratique judiciaire n'a aussi largement dépassé, aussi largement contredit le droit expressément écrit dans les textes législatifs. Cela n'empêche pas que ce droit national d'une société morte a été longtemps considéré comme le prototype d'une législation universelle et immortelle!»

En fait, une société dont le droit n'évoluerait pas et resterait cristallisé dans des règles immuables cesserait bientôt d'exister.

Un tel cas d'ailleurs ne s'est jamais présenté. Le droit musulman lui-même, jadis fixé dans le Coran, a fini par en sortir presque entièrement. Comment une loi pourrait- elle rester stable, quand tout change autour d'elle ? A un moment donné, son application devient impossible. On peut continuer à respecter son texte, mais on ne l'observe plus. Les Romains vénéraient beaucoup la loi des XII tables, seulement ils ne l'appliquaient pas. Les musulmans respectent le Coran, mais le transforment complètement par leur interprétation.

Ainsi, par suite de l'évolution des coutumes, la jurisprudence évolue en dehors de la loi et parfois même contre elle. La loi n'a jamais été assez puissante pour lutter contre la coutume. «Si la vie de famille nous inclinait à l'inceste, écrit le professeur Durkheim, les défenses du législateur resteraient impuissantes.»

Rien n'est plus évident. Quel tribunal oserait aujourd'hui condamner aux travaux forcés pour meurtre, comme la loi l'y oblige, l'individu qui a tué en duel son adversaire ? La loi interdit l'avortement, mais le jury acquittant toujours la coupable le juge finira nécessairement par ne plus poursuivre. Il n'a pas, en effet, à nous imposer son droit, mais à subir celui que le sentiment social lui impose.

Sans la jurisprudence qui suit toutes les oscillations de la coutume, le code finirait par devenir un tissu d'iniquités. C'est la jurisprudence, notamment, qui affranchit la femme du marin disparu dans un lointain voyage du veuvage éternel auquel la loi écrite la condamne par suite de l'impossibilité pour elle de présenter l'acte de décès de son mari. C'est la jurisprudence encore qui, malgré l'interdiction légale de la recherche de la paternité, oblige maintenant le séducteur à indemniser la femme séduite et entretenir son enfant.

De tels faits expliquent la genèse des lois et déterminent le vrai rôle du législateur. Il devrait consister uniquement à sanctionner les lois quand elles sont déjà faites c'est-à-dire créées par la coutume et fixées par la jurisprudence. Toute loi surgie inopinément sans avoir passé par ces deux étapes, est frappée de mort le jour même ou on la promulgue.

Comme exemple d'un droit nouveau en voie de se former sous l'influence de la coutume et de la jurisprudence, citons le pouvoir prépondérant et croissant chaque jour dans des proportions colossales, de notre Conseil d'Etat. Jadis rouage administratif secondaire confiné dans des fonctions assez subalternes, il est devenu progressivement, sans réglements nouveaux, un pouvoir qui fait plier tous les autres. Il juge sans appel dans les cas les plus différents, révoque les arrêtes des préfets et des ministres, réintègre des officiers de marine retraités, annule des nominations de fonctionnaires, etc.

D'où provient une telle autorité ? Toujours de la même source. De coutumes créées par la nécessité et fixées par la jurisprudence. Ce n'est pas le Conseil d'Etat qui a rêvé d'empiéter sur les autres pouvoirs. C'est le public qui l'oblige à empiéter sur eux, parce qu'il est désireux de limiter les fantaisies ministérielles ou administratives et de trouver quelque protection au milieu d'une anarchie universelle. Toutes les démocraties sont conduites d'ailleurs à la création de ces puissances supérieures présentant un peu d'indépendance et de fixité. La cour suprême des Etats-Unis joue un rôle analogue à celui que paraît devoir remplir bientôt notre Conseil d'Etat.

Un fait frappant dans la création de ces pouvoirs spontanés et justifiant la thèse exposée ici sur la genèse du droit, c'est qu'ils ne s'appuient pas sur des textes, ne sont souvent sanctionnés par aucun, et acquièrent cependant une grande puissance alors que des lois nettement formulées, n'en possèdent aucune.

Ce phénomène s'observe également en Angleterre. Les principes les plus fondamentaux du Gouvernement ne reposent nullement sur des textes, il n'y en a pas eu pour diviser le Parlement en deux Chambres pour lui permettre de voter les lois, pour obliger le souverain à gouverner par l'intermédiaire de ministres responsables, etc. L'Angleterre n'a pas de constitution écrite,[1] bien que présentant le type du gouvernement constitutionnel. Elle est progressivement devenue une véritable république présidée par un roi. La liberté y est cependant beaucoup plus grande que dans aucune autre république, celle des Etats-Unis exceptée. Les citoyens sont libres d'aller ou de ne pas aller à l'église, sans subir aucune persécution visible ou cachée. Ils peuvent se réunir et acquérir des biens sans être jamais exposés à l'expropriation. Les lettres de cachet que nous avons retirées des mains des rois pour les mettre dans celles de petits juges d'instruction y sont inconnues.

Tout dans un tel pays heurte nos idées d'ordre, de raison et de belle symétrie. Son droit est composé des éléments les plus disparates. «Le grand mérite des institutions anglaises, disait en plein Parlement un ministre, monsieur Chamberlain, est de n'être pas logiques.»

Profonde pensée. Les lois, en effet, se passent de logique, parce qu'elles sont filles de sentiments créés par des nécessités indépen-

---

1 Cette assertion surprend toujours les personnes qui ne croient qu'à la valeur des textes écrits. Le hasard me permet de la justifier entièrement en reproduisant un fragment du discours prononcé par un ministre anglais, monsieur Asquith, devant la Chambre des lords au commencement de septembre 1909. «Voilà bien des siècles que nous sommes régis par une Constitution non écrite. Sans doute il y a une inscription au livre de nos lois d'impérissables instruments, tels que la Magna Charta, mais l'ensemble de nos libertés et de nos usages constitutionnels n'a été sanctionné jusqu'ici par aucun bill ayant reçu formellement le consentement du roi, des Lords et des Communes. Nous vivons sous l'empire d'usages, de coutumes, de conventions qui, à l'origine, se sont développés avec lenteur et sans uniformité, mais qui dans la suite des temps ont été universellement observés et respectés.»

dantes de la raison.

Nous restons malheureusement très éloignés en France, de pareilles idées. L'expérience ne nous profite pas. Nos erreurs sur la genèse des lois ont coûté nombre de révolutions, de ruines et de massacres. Nul ne peut dire ce qu'elles coûteront encore.

Notre chimère n'est d'ailleurs pas près de s'anéantir puisqu'elle trouve pour défenseurs des esprits fort éclairés. Un éminent homme d'Etat affirmait récemment dans la préface d'un livre, la nécessité «d'organiser politiquement et socialement la société selon les lois de la raison.» C'est hélas ! ce que nous ne cessons de faire avec la plus inlassable obstination depuis un long siècle, au milieu d'effroyables convulsions. Ne renoncerons-nous jamais à vouloir légiférer, organiser, réformer au nom de cette aveugle raison qui ne connaît ni les nécessités naturelles, ni les nécessités économiques, ni les nécessités d'aucune sorte ? Arriverons-nous à comprendre que les sociétés ne sont pas à la merci des fantaisies sentimentales des gouvernants ? On ne fait pas le droit, il se fait. Cette brève formule contient toute son histoire.

CHAPITRE II
Les méfaits des lois

Pour justifier les propositions énoncées dans le précédent chapitre, il ne sera pas inutile d'examiner les conséquences de quelques-unes de ces lois improvisées par les cerveaux fantaisistes des législateurs.

Xerxès, dit la légende, fit fouetter la mer pour la punir d'avoir détruit ses vaisseaux et, sans doute, lui ôter l'envie de recommencer. La mentalité de l'illustre roi semble un peu rudimentaire aujourd'hui. Elle est très proche pourtant de celle des législateurs qui prétendent transformer au gré de leurs rêves les nécessités de toutes sortes régissant l'évolution des sociétés.

Ces nécessités sont cependant aussi immuables que les lois physiques. On ne les voit pas toujours, mais il faut invariablement les subir et vainement essayons-nous de leur opposer la codification de nos ignorances.

L'avenir seul, montrera combien sont dangereuses les tentatives actuelles de rénovation sociale des collectivistes révolutionnaires et des législateurs qui les suivent.

De telles illusions ne perdent leur puissance que le jour où en apparaissent les conséquences. Il fallut Sedan pour nous révéler les dangers du césarisme impérial. Des expériences analogues seront nécessaires pour dévoiler ceux du césarisme socialiste.

En étudiant les illusions législatives, nous avons sommairement retracé les lignes générales de la vie du droit et de la genèse des lois, et montré comment ces dernières naissent de la coutume et sont modifiées lentement, chaque jour, suivant les besoins, par la jurisprudence. La loi nous est apparue comme une codification momentanée d'un droit évoluant sans cesse. L'existence sociale, contrairement à ce que supposent les métaphysiciens du collectivisme, ne s'organise pas à l'aide de décrets improvisés, mais sous l'action des nécessités économiques, et du caractère des peuples.

Sans doute, on peut remarquer, et l'illusion socialiste n'a guère d'autre appui, que de Solon à Napoléon surgirent brusquement dans l'histoire, des codes semblant issus de toutes pièces du cerveau d'un seul législateur. L'examen attentif de ces codes, celui de Napoléon, par exemple, démontre vite qu'ils sont simplement au contraire, la condensation et la simplification de coutumes antérieures fixées par l'usage. Les codes supposés nouveaux sanctionnent et n'improvisent pas. Ils n'improvisent pas davantage quand devient nécessaire d'imposer à des contrées, jadis séparées, des lois générales destinées à remplacer leurs droits particuliers. C'est ce qui arriva pour la France à la fin du XVIII° siècle et, beaucoup, plus récemment, pour l'Allemagne et la Suisse. Ces grands pays ont fini par fondre en un seul texte les codes divers de provinces d'abord très dissemblables, puis rapprochées et enfin identifiées par la similitude des intérêts.

Depuis l'extention du collectivisme révolutionnaire, les théoriciens paraissent s'être formé une conception du droit bien différente. Suivant eux, une société se referait avec des codes. La puissance surnaturelle attribuée aux lois a remplacé celle attribuée aux dieux.

De telles croyances n'étaient défendables qu'à l'époque où de savants théologiens enseignaient que les divinités, intervenant sans cesse dans les affaires humaines, révélaient aux peuples leur volonté par l'intermédiaire des rois. De lois naturelles inflexibles il ne pouvait alors être question. La théologie socialiste n'en tient pas compte davantage aujourd'hui. Les apôtres de la foi nouvelle ignorent les nécessités sociales tout autant que les prêtres des divinités antiques.

Contrairement à ces chimériques doctrines, nous apercevons clairement aujourd'hui que les phénomènes historiques les plus considérables sont engendrés par des causes lointaines, nombreuses et étroitement enchaînées. C'est parfois de l'accumulation de petites causes que naissent les grands effets. En histoire, le pondérable sort souvent de l'impondérable. Les milliers de petits faits, parfois inaperçus, dont les grands événements sont la synthèse, finissent par s'orienter dans une même direction, en vertu de lois rigoureuses analogues à celles qui obligent un astre à suivre une certaine trajectoire ou le gland à devenir un chêne. Ainsi canalisés, tous ces petits événements journaliers engendrent des courants qui, très faibles à l'origine, et pouvant être facilement détournés, deviennent irrésistibles plus tard, quand leur force s'est suffisamment accrue. Alors, les grandes digues sociales sont renversées, et l'évolution d'un peuple se transforme en une révolution.

Dans toutes les transformations lentement créées par le temps, le rôle de la raison, nous l'avons dit déjà, fut toujours très faible. Les vrais maîtres de l'histoire, les fondateurs de grandes religions et de grands empires l'ont d'ailleurs tous pressenti. Jamais ils n'essayèrent d'agir sur la raison des hommes, mais bien d'influencer leurs sentiments et de conquérir leur cœur.

Mais cette phase héroïque du monde semble en voie de s'évanouir. Avec l'évolution de la science et de l'industrie où l'humanité est entrée, les codes des nécessités économiques remplacent les codes religieux devenus impuissants.

Il importe de ne pas ressusciter, sous forme d'une théologie socialiste la doctrine antique nous montrant les peuples gouvernés par de divins caprices. La grande utopie des reformateurs est précisément d'attribuer à des lois le pouvoir magique maintenant refusé aux Dieux. Leur rêve de rénovation sociale ne tient aucun compte des nécessités naturelles. Mais, si les vieilles divinités excusaient parfois nos faiblesses et se montraient accessibles à la pitié, les lois naturelles restent inflexibles et ne pardonnent jamais. Vouloir leur opposer d'artificiels décrets est toujours une dangereuse entreprise. Il ne serait pas plus vain d'essayer d'arrêter une locomotive avec des discours. Voilà, pourtant, la tâche que nous nous obstinons à tenter chaque jour avec les lois accumulées par d'imprudents législateurs. L'expérience peut seule agir sur les esprits hallucinés par leur foi. Or, ces expériences se multiplient et nous apercevons de mieux en mieux les conséquences des mesures précipitées, entassées pour remédier aux imperfections de l'état social. On commence à constater que la presque totalité de ces mesures n'a fait qu'augmenter les maux qu'on voulait guérir, et cela, simplement parce qu'elles prétendaient entraver le cours naturel des choses.

L'énumération de ces lois nuisibles et de leurs répercussions remplirait un volume. Je vais donc me borner à en citer quelques unes avec la concision que le défaut de place m'impose. Il ne s'agira point ici, de contester les intentions du législateur, sans doute excellentes, mais de montrer les résultats de ses actes. **Lois sur tes primes à la marine marchande.**

Coût annuel actuellement, 41 millions. Résultat : accélération rapide de la décadence de notre marine et rentes importantes servies à des compagnies allemandes.

L'énormité de cette double conséquence est telle qu'il faut entrer dans certains détails. Je les emprunte au livre récent de Jules Huret sur l'Allemagne. La compétence de son interlocuteur, monsieur Platé, n'est pas discutable, puisqu'il est directeur du **Norddeutscher Lloyd**, une des deux ou trois plus grandes compagnies de navigation du monde.

Je dis à monsieur Platé :»Vous qui assistez et participez à la prospérité extraordinaire des ports allemands, comment expliquez-vous notre arrêt et vos progrès ?

- C'est bien simple, me répondit-il assez brutalement, votre système de primes à la navigation, c'est la mort. Vous donnez de l'argent pour ne rien faire : on ne fait rien ! Mais le résultat le plus cocasse de ce système, c'est que l'argent que vous distribuez ainsi a profité jusqu'à

présent à des Allemands et à des Anglais.

«Je ne devrais pas dire cela, ajouta-t-il, puisque ce sont mes compatriotes qui bénéficient de vos erreurs. Mais, puisque vous me demandez mon avis, je vous le donne en toute honnêteté.»

Monsieur Platé explique ensuite comment des groupes étrangers fondèrent en France des sociétés de bateaux avec des capitaux allemands et anglais. L'État français payait, comme on le sait, des primes pour les kilomètres parcourus même par les bateaux vides. «On fit donc des tours du monde bien rémunérateurs aux frais du budget français.»

Un armateur me disait qu'en huit ans, en promenant ainsi son bateau vide, il avait regagné le prix de sa construction.

Monsieur Platé cite des bateaux refusant des chargements pour ne pas perdre de temps, trouvant plus de bénéfice à circuler vides. Monsieur Huret ayant fait observer que la loi avait été modifiée et qu'il fallait maintenant que les bateaux fussent chargés pour toucher la prime, le directeur du Lloyd lui fit observer que presque rien n'avait été changé en réalité puisqu'il suffisait d'un quart de fret pour profiter de la prime. Pour contre-balancer les primes françaises, quelques Allemands avaient réclamé aussi des primes, mais les directeurs des grandes Compagnies les refusèrent énergiquement. «C'eût été, dit le directeur du Lloyd, la mort de notre initiative et de notre activité et le commencement de la déchéance de la marine commerciale allemande. Votre exemple nous suffit. Les primes d'encouragement sont des primes de mort. Nous ne recevons des subventions que pour des services rendus : transports de la poste, etc. Nous demeurons dans l'inaction... Pendant ce temps, les autres pays marchent, et c'est ainsi que la France se voit chaque jour distancée...»

Loi de 1900 limitant le travail des jeunes dans les manufactures.

Résultats 1°/ Disparition de l'apprentissage et crise prochaine très menaçante pour la main-d'œuvre dans l'industrie. 2°/ Augmentation de la criminalité infantile qui a doublé depuis l'application de cette loi.

Ces conséquences, monsieur le sénateur Touron les a très nettement rappelées dans un récent rapport au Sénat.

«Il est universellement reconnu aujourd'hui, écrit-il, que l'application de cette loi a amené bon nombre de chefs d'industrie à supprimer dans leurs usines l'emploi des jeunes ouvriers.»

Après avoir constaté qu'à Paris le nombre des adolescents devenus apaches a doublé (2.273 au lieu de 1.174), il ajoute «L'une des causes principales de ce phénomène réside précisément dans les rigueurs d'une réglementation du travail qui, en éloignant les jeunes gens de l'atelier, les a jetés a la rue, abandonnés à tous les dangers de la promiscuité.»

Loi sur le privilège des bouilleurs de cru.

Cette loi autorise les propriétaires récoltants à distiller sans payer de droits. Il ne leur reste plus ensuite qu'à écouler leurs eaux-de-vie, opération facile et permettant de bénéficier de 220 francs de droits par hectolitre d'alcool pur. Résultats: 1°/ Perte pour le Trésor évalué à plus de 100 millions par an. 2°/ Accroissement énorme de l'alcoolisme dans les familles qui auraient reculé devant le coût des eaux-de-vie commerciales.

Loi d'expropriation des congrégations.

Résultat final encore inconnu, mais facile à prévoir. Devait produire un milliard. Paraît ne pas devoir rapporter plus de 10 millions. N'a servi qu'à enrichir une armée de gens de loi. En compensation, nécessité de créer un nombre immense d'écoles, d'établissements hospitaliers, etc., pour remplacer ceux entretenus par les congrégations. Au lieu d'un milliard de recettes, ce sera sûrement des centaines de millions à dépenser. Je ne parle pas des conséquences sociales de cette très immorale opération : exaspération de milliers de citoyens, développement chez les socialistes de cette idée que l'Etat peut par une simple loi s'emparer des propriétés privées ou des usines, comme il l'a fait, par exemple, pour celle des Chartreux. Ce dépouillement de toute une classe de citoyens a provoqué une violente indignation chez les nations étrangères et nous a davantage nui dans leur esprit que la perte de plusieurs batailles. Le sujet sera repris dans un autre chapitre.

Lois sur les primes aux fabricants de sucre.

Lois abolies après avoir coûté à l'Etat des centaines de millions. Les résultats furent uniquement une surproduction artificielle du sucre et cette conséquence admirable que les fabricants français vendaient en France leur sucre 4 à 5 fois plus cher qu'aux Anglais. Ils eurent tous d'ailleurs le temps de s'enrichir aux dépens du consommateur.

Loi décrétant la liberté des cafés, cabarets, débits de boissons.

Cette loi n'a rien coûté en apparence à l'Etat, mais fort cher aux citoyens, par le développement considérable de l'alcoolisme. En peuplant les hôpitaux et affaiblissant les forces françaises, elle a indirectement été très onéreuse. **Loi du rachat des Chemins de fer de l'Ouest.**

Cette loi n'étant qu'à ses débuts, les effets ne s'en feront sentir complètement que dans quelques années. Dès le lendemain du vote, les employés se réunirent pour demander des augmentations de salaire mais elles ne sont pas acceptées encore. Actuellement, l'élévation des dépenses, c'est-à-dire la perte annuelle de l'Etat, s'élève pour 1910, d'après le rapport de monsieur Doumer, à 50 millions. Ce n'est d'ailleurs qu'un tout petit commencement. Par les faits observés a la Ville de Paris, on peut juger ce que devient un service dont le personnel est transformé en fonctionnaires.

«Chaque fois, écrivait récemment monsieur Delombre, que la Ville a «municipalisé» un personnel, le rendement de la main-d'œuvre a diminué pendant qu'augmentaient, au contraire, les salaires et les frais accessoires. N'a-t-on pas vu, dans certains services, les frais de maladie tripler d'une année à l'autre, simplement parce que le personnel de ces services avait été assimilé au personnel municipal».

Ces coûteuses vérités ne sauraient, bien entendu, ébranler la foi socialiste.

Lois destinées à remédier à la crise viticole du Midi.

Ces lois, déjà innombrables et toujours impuissantes, montrent clairement l'incapacité du législateur à lutter contre des nécessités naturelles. Par la culture exagérément développée de ses vignes, le Midi est arrivé à une surproduction de vins, de qualité souvent douteuse, et dont il augmentait encore la quantité par l'addition de sucre. Que faire en pareil cas ? Simplement ce que firent jadis les cultivateurs de garance quand fut découverte l'alizarine. Ils renoncèrent a la garance et plantèrent autre chose. On n'avait pas heureusement à cette époque lointaine, la même confiance qu'aujourd'hui dans la puissance de l'Etat, autrement la fabrication de l'alizarine économique eût été supprimée pour assurer la vente de la très coûteuse garance.

Mais nous avons fait des progrès et c'est à l'Etat que les Méridionaux demandèrent d'acquérir le vin dont le public ne voulait plus. Ils prétendaient l'obliger à acheter sous forme d'alcool ou, ce qui revient exactement au même à donner aux viticulteurs des primes à la distillation. L'histoire de la crise du Midi restera dans l'avenir comme un mémorable exemple de la mentalité d'un pays où s'est épanoui l'Etatisme. Inutile d'ajouter, je pense, qu'une crise analogue eût été impossible dans des contrées comme l'Amérique et l'Angleterre où les particuliers sont habitués à compter sur leur initiative et jamais sur l'intervention de l'Etat.

Loi sur le repos hebdomataires forcé.

Résultats :1°/ Augmentation d'au moins 10% de la plupart des objets de consommation. 2°/ Troubles tellement profonds dans l'industrie et le commerce qu'il fallut apporter immédiatement une foule de tempéraments à la loi. Mais c'est surtout pour les ouvriers qu'elle est coûteuse. Dans la plupart des industries, sévissent annuellement plusieurs mois de chômage qui constituaient un repos très suffisant. Ces catégories d'ouvriers perdent maintenant leur salaire du dimanche, sans parler de la dépense au cabaret. J'ai entendu plusieurs d'entre eux évaluer à un déficit de trois ou quatre cents francs par an le coût de la nouvelle loi pour eux.

Loi sur les retraites ouvrières.

Cette loi n'est pas encore complètement appliquée, mais on peut facilement en prévoir les conséquences. Repoussée par la majorité de la classe ouvrière elle sera l'origine de troubles incessants. Les mutualités dues à l'initiative privée suffisaient à créer ces retraites qu'elles avaient commencé à constituer partout. En les rendant obligatoires, c'est-à-dire en obligeant patrons et ouvriers à verser au Trésor des sommes relativement élevées le législateur a simplement établi des impôts nouveaux qui vont lourdement grever notre industrie déjà si accablée. Cela sans grand profit puisqu'on estime qu'une faible partie des ouvriers arriveront à l'âge de la retraite. La majorité aura donc payé pour rien. Avec les formes actuelles de mutualités au contraire un versement rapporte toujours quelque chose et n'est jamais perdu.

*Pour récupérer le montant de ses sacrifices, écrit le **Temps**, et pour parvenir à cette terre promise de la retraite, le travailleur devra remplir diverses conditions, dont une au moins ne dépend pas de lui : Il* *devra atteindre l'âge de 65 ans. S'il vient à décéder avant cet âge, il aura été dépouillé purement et simplement d'une grande partie de son épargne. La belle façon d'enseigner la prévoyance !*

Pour assurer que ces prévoyants malgré eux ne puissent pas éluder l'obligation à laquelle ils se voient soumis, la loi ordonne que les patronsretiendront sur les salaires les sommes dues par les ouvriers. C'est l'organisation de la lutte de classes. A chaque paye, les mêmes résistances s'élèveront.

Arrêtons-nous dans cette énumération qui pourrait être beaucoup plus longue. Aux conséquences indiquées, il faudrait ajouter une impopularité parlementaire croissante dont je parlerai dans un prochain chapitre. Le malade ne pardonne guère au médecin l'insuccès de ses remèdes.

D'une façon générale, il est permis de dire que la plupart des lois prétendues humanitaires accumulées par des législateurs peu éclairés ont produit d'abord de désastreux effets particuliers. Elles commencent maintenant à engendrer des conséquences générales de plus en plus sensibles et que révèlent d'indiscutables statistiques.

Les ruines industrielles provoquées par elles retomberont de tout leur poids sur les ouvriers chaque jour davantage guettés par le chômage et la concurrence étrangère qui possède une autre conception de l'organisation du travail. Ils seront alors victimes de ces grandes lois naturelles que l'étroitesse d'esprit des législateurs ne leur permet pas de comprendre.

Bien d'autres que nous ont signalé les méfaits de ces lois malfaisantes et ruineuses.

Les charges énormes résultant de ce qu'on appelle la politique sociale, écrit Paul Delombre, ne déterminent pas le moindre apaisement et nous conduiront à la faillite avant d'avoir desarmé la cogère professionnelle des démagogues socialistes. Les députés, élus au scrutin d'arrondissement, donnent la mesure de la valeur du système, en gaspillant sans merci les ressources publiques.

Nos parlementaires ont créé à ce pays, écrit monsieur Jules René, ce que nous appellerons la mentalité miraculaire, l'état d'esprit messianique. Et l'on étonnerait bien les esprits positifs, qui rient de Lourdes et de ses prodiges en leur démontrant qu'ils attendent de la part de l'Etat des miracles politiques et sociaux plus étonnant encore que ceux de la Vierge des Pyrénées. Dans les masses profondes, la croyance s'est fortifiée et enracinée, que le Parlement n'a qu'à le vouloir pour changer l'eau en vin, le bronze en or, le pain en gâteau et la misère en richesse. Et si cette transmutation merveilleuse tarde à se produire, la chose ne tient qu'aux lenteurs du Sénat et à la négligence de l'autre Chambre. Mais, que les députés apportent un peu plus d'application et les sénateurs un peu plus de hâte à la confection des textes, la face de la France sera aussitôt changée !

Avertissements justes mais sûrement inutiles. Ce n'est pas seulement dans le monde antique que Jupiter aveuglait d'abord ceux qu'il voulait perdre. Les conséquences de tant de lois votées au hasard se retourneront de plus en plus contre leurs instigateurs. L'histoire est remplie de ces incidences. Il est rare, comme l'a dit Bossuet, que « la pensée humaine ne travaille pas pour des fins qui non seulement la dépasse, mais qui sont le contraire même de son dessein. »

CHAPITRE III
Rôle politique de la Peur

Malgré l'insuffisance avouée de mes connaissances en occultisme, je ne crois pas téméraire de tenter une classification des fantômes et de rechercher les lois de leur formation.

Pour les cataloguer utilement, il faut d'abord délimiter leur puissance respective.

On admettra aisément, et sans démonstration je pense, que la plupart des grands événements du passé ont été réalisés sous l'influence de fantômes. Étudiée d'un point de vue assez élevé pour saisir son ensemble, l'histoire apparaît comme la collection des efforts des peuples pour créer des fantômes ou les détruire. La politique, ancienne ou moderne, n'est qu'une lutte de fantômes.

Mais toutes ces ombres ne possèdent pas un pouvoir égal. Elles ont leur hiérarchie et c'est ici qu'intervient la nécessité d'une classification.

À son sommet règne une petite cohorte de fantômes très

puissants, très redoutables, contre lesquels toute résistance serait vaine. Le temps seul est leur maître.

Ces ombres souveraines sont celles des fondateurs de grandes croyances. Du fond de leurs tombeaux, ils dictent impérieusement leurs lois à des millions d'hommes. C'est pour les servir que de brillantes civilisations ont surgi, que les peuples se sont furieusement combattus et que tout récemment encore 30.000 Arméniens furent massacrés en quelques jours.

Au dessous de ces maîtres redoutés, évoluent les fantômes des héros. Quelques uns se bornent à créer les légendes et les mythes encadrant l'idéal des peuples, mais il en est d'assez forts pour exercer leur influence, bienfaisante ou néfaste, sur des événements très éloignés d'eux. Tel, par exemple, le fantôme de Napoléon qui fit sacrer empereur son neveu et nous valut Sedan.

À l'autre extrémité de cette hiérarchie des ombres, grouille une légion immense de petits fantômes bruyants, tapageurs et vains, sans puissance réelle et sans durée. Ils terrifient parfois les âmes craintives, mais s'évanouissent comme des bulles de savon dès qu'on est assez hardi pour en approcher.

Tous ces petits spectres éphémères, grimaçants et futiles, sont perpétuellement enfantés par un autre fantôme, invulnérable celui-là et immortel : le fantôme colossal de la peur. Son pouvoir s'exerce depuis les origines du monde et le temps ne l'a pas effleuré encore.

Je ne sais si, comme l'affirmait le grand poète Lucrèce, le fantôme de la peur engendra les dieux, mais je suis très certain que si son influence n'avait pas constamment dominé les peuples et leurs maîtres, le cours de l'histoire eût été tout autre. Et je sais bien encore que si ce terrible despote, et ses fils innombrables, n'agitaient pas inlassablement leurs ombres sur notre Parlement, l'effrayante anarchie où nous sommes plongés aurait fait place à l'ordre et à la discipline sans lesquels aucune société ne peut subsister.

Tous ces fantômes, celui de la peur comme ceux qu'il engendre, furent connus des grands hommes d'État. Savoir les utiliser fit partie de leur génie. Les simples politiciens les subissent, mais ne les utilisent pas.

L'histoire lamentable de la grève des postiers révéla à quel point des gouvernants, un peu trop dépourvus de génie peuvent être terrifiés par les moindres spectres. Elle a montré aussi comment se développent ces derniers dès qu'on néglige de les maîtriser et avec quelle facilité ils s'effondrent sous la main qui ose les toucher.

Il était d'abord tout petit, le fantôme créé par les postiers. Rien n'eût été plus aisé, l'événement l'a prouvé et je l'avais annoncé dans un article de l'**Opinion**, que de l'anéantir. Mais la terreur de cette ombre vaine avait tellement paralysé le gouvernement qu'il capitula vite et si humblement que les délégués postiers purent assurer publiquement avoir vu les ministres « presque à leurs genoux, les suppliant de reprendre leur service ».

L'humilité de cette attitude fut d'ailleurs finalement très utile. Lorsque, dans un État, une classe, une caste, un parti s'imagine être tout-puissant, il songe aussitôt à devenir le maître. Stupéfaite d'avoir intimidé le Parlement, la magistrature et l'armée, la caste des postiers se croyant invincible voulut utiliser son petit fantôme sans même lui laisser le temps de grandir.

Sous un prétexte quelconque une nouvelle grève fut décrétée. A moins d'admettre que la France serait à l'avenir gouvernée par une délégation de commis des postes il fallait bien se défendre. On se défendit et, dès le premier choc la bulle de savon s'évanouit.

Son anéantissement amena l'effondrement instantané d'autres fantômes, notamment celui de la grève générale que les ministres redoutaient fort, l'un d'eux l'ayant inventée avant d'arriver au pouvoir.

Vainqueurs et vaincus témoignèrent du reste d'une complète ignorance dans l'art de manier les fantômes. Elle leur fit entasser des fautes de psychologie sans excuse.

Faute énorme de psychologie du gouvernement d'avoir cédé une première fois. Faute des postiers, touchant à l'imbécillité pure lorsque, après avoir, contre toute vraisemblance, réussi à dompter l'Etat, ils ne comprirent pas que de telles victoires ne sauraient se répéter et qu'une défaite devient alors irrémédiable. Faute plus grossière encore celle des membres de la C.G.T. qui, au lieu de se borner à agiter le spectre de la grève générale, voulurent s'en servir et dévoilèrent du même coup la grandeur de son impuissance.

Les occultistes auraient dû leur révéler que les fantômes, puissants dans l'ombre, s'évanouissent à la lumière. Certaines vérités n'ont pas le droit d'être ignorées.

Le très piteux échec de la grève des postiers et de la grève générale, solennellement décrétée par la Confédération Générale du Travail, qui avait fini par se croire un petit comité de salut public, n'a pas eu pour seul résultat de nous apprendre l'utilité de la résistance. Cette assez honteuse histoire montre encore avec quelle facilité grandissent les petits fantômes dès qu'ils sentent qu'on a peur d'eux.

L'évolution du langage des postiers est fort typique à ce point de vue et fourmille d'enseignements, que devront méditer nos hommes d'Etat. Au début de la première grève ils étaient respectueux encore. La capitulation du gouvernement leur ayant donné l'illusion d'une force invincible, leur langage se transforme aussitôt. Devenus soudain anti-patriotes et révolutionnaires, ils s'allient à la Confédération Générale du Travail dont le but avoué est ladestruction violente de la société. On jugera de cette évolution par le passage suivant emprunte a une interview de leur ministre:

Jamais fonctionnaires des postes n'avaient osé tenir, dans une réumon publique, des discours aussi nettement révolutionnaires que ceux que j'ai dû relever. L'un des agents poursuivis n'a-t-il pas pris, ces jours derniers, la parole dans une réunion publique pour y préconiser «l'action énergique et concertée contre le patronat, le capital et les pouvoirs publics.» Et, dans cette même réunion, savez-vous à quoi l'on s'est engagé ? On s'est engagé «à propager les idées antimilitaristes, à détruire les derniers remparts derrière lesquels se dérobent l'exploitation capitaliste et son complice l'autorité, représentée par les pouvoirs publics.»

Les progrès grandissants de l'anarchie dans les masses eurent toujours pour principale cause la faiblesse des gouvernements.

De leçons tant répétées finirons-nous par retirer quelque fruit ? Le Gouvernement arrivera-t-il enfin à déployer un peu d'énergie contre de petites bandes d'énergumènes, auxquelles, sous prétexte de liberté d'opinion, on laisse prêcher le sabotage, l'incendie, la révolte et la destruction de la société qui les tolère sans oser leur appliquer les lois ?

La répression de tous ces révoltés devient d'ailleurs plus difficile chaque jour. Inutile de les condamner puisqu'ils sont immédiatement amnistiés. Dès le lendemain de la grève des postiers, certains parlementaires tremblants proposèrent l'amnistie des insurgés et amenèrent beaucoup de députés à voter avec eux. J'imagine que ces derniers durent rougir quelque peu d'une pareille pusillanimité.

Les meneurs actuels ne sont pas seulement dangereux par les actes qu'ils provoquent, mais surtout par les idées qu'ils font éclore dans les cervelles populaires, idées qui suffisamment mûres finissent par engendrer les révolutions. Souvenons-nous de la Commune et de l'incendie d'une partie de la capitale pour nous représenter ce que peuvent devenir les foules entraînées par d'insidieux discours.

Conseillons donc la défense, mais sans trop l'espérer, car le fantôme de la peur qui a remplacé les anciennes divinités est devenu beaucoup plus puissant qu'elles.

C'est surtout aux époques troublées qu'on le voit démesurément grandir. Il est alors capable de transformer en bêtes sanguinaires de pacifiques bourgeois, inspirer à Carrier ses noyades et ses réquisitoires à Fouquier-Tinville. Ce dernier, magistrat réputé jadis pour sa douceur, ne s'arrêta plus dans les hécatombes dès que le fantôme de la peur l'eut fixé. Il devint féroce au point de proposer de saigner les condamnés avant de les conduire à l'échafaud pour les priver de leur courage.

Nous n'en sommes pas encore là. Souhaitons, malgré les menaces de certains socialistes, de n'y point arriver, mais rappelons-nous que le chemin sur lequel entraîne le spectre de la peur est fort glissant et ne se remonte pas.

Actuellement, le terrible fantôme se borne à suggérer les lois les plus absurdes, les plus nuisibles, à l'avenir de l'industrie. Il lui suffit, pour y parvenir d'exciter quelques énergumènes hypnotisés par des formules et se souciant fort peu d'ailleurs de l'intérêt général. Croit-on, par exemple, qu'il y ait eu un électeur sur 100.000 ayant souhaité réellement le rachat des chemins de fer de l'Ouest ?

En fait l'électeur s'inquiète médiocrement des lois inspirées par des principes et ne s'occupe que de ses intérêts immédiats. Il vote surtout pour ou contre les personnes et s'occupe peu des opinions.

Dans les mobiles des votes des législateurs interviennent surtout les promesses, les mots d'ordre, les formules magiques : donner un coup de barre à gauche, poursuivre l'infâme capital, socialiser les propriétés, etc. Ces fétiches élaborés dans les clubs, les comités, les syndicats, les arrière-boutiques des cafés, inspirent une telle peur que l'orateur le plus aimé n'ose les heurter pour éviter l'impopularité.

Toutes ces formules ne constituent pourtant que de vains bruits. L'homme possédant la psychologie des foules les répète quelquefois, mais ne les applique jamais.

Il sait fort bien, en effet, que les masses obéissent à une logique inconsciente des sentiments entièrement soustraite a la logique rationnelle. Elles acclament volontiers Brutus parce qu'il a tué César, mais proposent aussitôt de faire de Brutus un César.

Les grands meneurs devinent, ou plutôt suivent assez aisément, l'âme populaire dont ils sont l'incarnation. Ils s'en assimilent les soudainetés et les mobilités, alors que les politiciens ordinaires s'y perdent complètement. Leur étroite logique rationnelle latine, vigoureusement aiguillonnée par la peur, conduit ces derniers à fabriquer des lois déduites des formules hallucinantes, qui les terrifient.

Et c'est ainsi que surgissent avec d'énormes majorités, ces lois ruineuses et inapplicables sous le poids desquelles l'industrie, le commerce et la richesse publique finiront par succomber.

Rien n'arrête dans cette voie. Les surenchères inspirées par le fantôme de la peur avaient engendré un premier projet sur les retraites ouvrières que chaque député savait irréalisable, puisqu'il eût été impossible de trouver les 7 ou 800 millions annuels nécessités par son application. Tous cependant l'ont voté sachant bien d'ailleurs que le Sénat rectifierait leur fantaisie.

«Les retraites obligatoires établies par la Chambre, écrivait P. Delombre, eussent été à la fois l'écroulement des finances publiques et la ruine du travail national. Telle est la vérité que l'on ne fera jamais trop connaître.»

Sans doute, mais à quoi sert de la faire connaître ? Votons toujours, pense le député dominé par la peur, les autres s'arrangeront.

Le fantôme de la peur est à lui seul extrêmement redoutable, mais il le devient plus encore quand se joint à lui ceux de la haine et de l'envie. Leur triumvirat dirige toute notre politique actuelle.

C'est surtout dans le projet d'impôt sur le revenu qu'apparut l'action simultanée de ces trois fantômes. On ferait un peu sourire en prétextant que l'amour de l'équité et un intense besoin d'altruisme déterminèrent sa préparation. Chacun sait qu'il ne dégrève à peu près personne et que ceux qu'il semblait dégrever de sommes infimes ne le seraient qu'au prix des inquisitions les plus tyranniques.

La soif de justice n'eut, en réalité, aucune part dans la genèse de cette loi. Les fantômes de la haine et de l'envie furent utilisés pour faire croire que 500.000 personnes seulement paieraient les impôts. En agitant ensuite le fantôme de la peur on obtint de la Chambre une immense majorité.

Mais nous l'avons dit, les spectres craignent la lumière et le public a fini par comprendre de quelles vexations, de quelles ruines on le menaçait uniquement pour obéir au fanatisme bruyant d'une petite minorité socialiste, exaspérée par la prospérité de quelques grands industriels.

Et pourquoi le parti avancé tenait-il tant à cet impôt sur le revenu ? Est-ce vraiment l'amour du pays, un vif désir d'équité, un altruisme débordant qui l'inspirait ? Hélas de tels sentiments se professent mais ne se ressentent guère. Un fin psychologue, E. Faguet, a fort bien mis en évidence les vraies raisons.

Il est à croire que c'est précisément parce qu'il n'y a, en impôt sur le revenu, que la taxation arbitraire qui soit pratique, que certain parti tient tellement à l'impôt sur le revenu. L'Impôt sur le revenu sera un moyen de frapper qui déplaît et d'épargner qui plaît. C'est justement ce qui en fait le mérite aux yeux d'un certain parti. Cela pourra avoir d'admirables conséquences électorales. Ici encore, ce qui est le défaut de la mesure en est le principe pour ceux qui la proposent.

Aucun argument n'a pu impressionner les députés sur lesquels le fantôme de la peur dardait de menaçants regards. Ils ont voté sachant parfaitement, comme l'écrivait Jules Roche, «que ce qu'on leur a présenté comme une réforme démocratique n'est autre chose que le projet le plus rétrograde, l'inquisition la plus odieuse, la plus dangereuse, mettant la fortune des citoyens à la merci de l'arbitraire d'une armée de petits fonctionnaires, agents du parti politique au pouvoir. C'est une loi de ruine et de guerre civile.»

Monsieur Raymond Poincaré dit à peu près la même chose :

Le projet actuel constitue un effroyable danger pour nos finances publiques. Il amènera la perte des recettes et l'oppression des contribuables moyens. Il découragera les énergies et défavorisera nos exportations. C'est un péril pour la fortune nationale et pour la République....

Rien n'est plus certain, mais que pouvaient les parlementaires terrorisés par la menace immédiate des fantômes, alors que la ruine et les soulèvements annoncés apparaissaient fort lointains. Qu'auraient pensé d'ailleurs, en cas de rejet, les instituteurs, les marchands de vin et les comités socialistes ? Je ne parle pas des syndicats ouvriers car ils ont affirmé sur tous les tons se désintéresser entièrement de cet impôt évidemment destiné d'ailleurs à retomber sur eux.

Sous l'influence dominante de ces fantômes, et surtout de celui de la peur, on a gouverné, depuis 20 ans, presque exclusivement au profit de la classe ouvrière, ne cessant d'irriter la paysannerie et surtout le commerce et l'industrie par des lois vexatoires et des menaces d'impôts plus vexatoires encore.

C'est la peur seule qui fit légiférer sans cesse le Parlement au profit d'une seule classe contre celles qui, précisément, représentent la force et la gloire du pays. Dépouillant les uns sous prétexte de religion, persécutant les autres sous prétexte de richesse acquise, toujours il fut mené par le fantôme de la peur. Peur de l'Eglise, peur des ouvriers, peur des socialistes révolutionnaires pour en arriver enfin à l'humiliante terreur des ronds-de-cuir.

A-t-on au moins par tant de lois vexatoires conquis les sympathies des travailleurs, aux chefs desquels on cédait chaque jour ? Personne n'ignore que le gouvernement a surtout récolté leurs haines. Les foules ne sont jamais reconnaissantes de ce qu'elles obtiennent par des menaces.

Il subsiste cependant, ce gouvernement si décrié, mais simplement parce qu'on ne trouve rien ni personne pour le remplacer. Un de ses préfets, monsieur J. d'Auriac, le dit très bien dans son livre **La France d'aujourd'hui** : «Si notre gouvernement se maintient debout depuis 40 ans, c'est plutôt par la faiblesse de ses adversaires que par sa propre vertu.»

Cette opinion commence à devenir générale. Il serait donc utile de renoncer à accroître le nombre des ennemis du régime par ce mélange de faiblesse, de despotisme, d'intolérance et d'esprit de persécution qui finissent par devenir insupportables à tous sans rallier personne.

Pour réaliser ces sages conseils (sûrement plus sages que réalisables), la grande difficulté sera de s'affranchir de la terreur des fantômes. Il est à craindre que nous ne la subissions longtemps encore. Ce ne sera sans doute qu'avec le dernier homme que périra le dernier fantôme.

CHAPITRE IV
Transformation moderne du droit divin. L'Étatisme.

L'Étatisme, dont le socialisme collectiviste, est l'expansion naturelle constitue la religion nationale des peuples latins, la seule universellement respectée.

Très forte, très puissante et très stable, elle n'est pas une de ces croyances transitoires sensibles aux suggestions de la raison ou des sentiments. Fixée par une longue hérédité dans les âmes, nul ne la conteste en dehors d'un petit nombre d'hérétiques sans autorité ni prestige.

Grâce à son universalité, nos partis politiques d'apparences souvent dissemblables n'en forment réellement qu'un seul. Le plus convaincu des cléricaux, le plus réactionnaire des monarchistes, le plus avancé des socialistes sont les fidèles adorateurs de l'État. Ils diffèrent sans doute sur le choix des grands prêtres de la croyance, mais n'en discutent jamais les dogmes.

Ces dogmes sont faciles à formuler. Pour les peuples latins en général et pour les Français en particulier, l'État représente une sorte de pape collectif devant tout administrer, tout fabriquer, tout diriger et dispenser les citoyens du plus léger effort d'initiative. Il a progressivement remplacé l'antique providence dont notre religiosité ancestrale ne pouvait se passer. Le vigneron impuissant à vendre sa récolte s'insurge si la providence étatiste refuse de l'acheter. L'armateur, dont l'incapacité lui rend difficile la lutte contre des rivaux étrangers, exige une indemnité pécuniaire de l'État. L'ouvrier qui préfère le repos au travail lui demande ce repos.

Sous la poussée générale, l'action de cette providence s'étend chaque jour. Usines, chemins de fer, compagnies de navigation, etc., tombent de plus en plus dans ses mains. Le collectivisme, forme ultime de l'Étatisme, voudrait même y faire passer toutes les industries. Ne sait-il pas de source sûre que l'État tout-puissant peut par ses lois décréter le bonheur ?

L'Étatisme ne représente pas seulement la forme moderne du droit divin. Il a hérité à la fois de l'autorité des dieux et de celle des rois. Sa force tient justement à ce qu'il synthétise cet héritage. Louis XIV est mort depuis longtemps, mais l'État a conservé soigneusement ses méthodes et ses principes. Un spirite interrogeant là-dessus l'ombre du grand roi s'entendrait sûrement répondre que sa tradition a été très fidèlement suivie par tous ses successeurs, mais qu'ils ont fini par exagérer un peu sa centralisation et son autocratie. L'illustre fantôme donnerait peut-être comme une des preuves de cette similitude l'expulsion des congrégations, identique à celle des protestants et dérivant des mêmes principes. Il n'aurait pas besoin d'une dialectique bien serrée pour démontrer qu'en substituant à la Monarchie une et absolue, la République une et indivisible, les Jacobins dotèrent cette dernière de la toute-puissance de la première. Les Girondins payèrent de leur tête la prétention de rendre l'Etat moins centralisateur et moins despotique.

Un point cependant provoquerait peut-être les critiques du grand roi. Il considérerait sans doute comme fort difficile de gouverner avec l'obligation d'obéir aux capricieuses oscillations de la multitude, et remarquerait aussi que les foules sont l'objet d'adulations plus serviles que celles qui l'entourèrent au faite de sa puissance. Probablement observerait-il encore que les monarques poursuivaient souvent l'intérêt général tandis que bien des représentants de l'Etat actuel paraissent peu s'en soucier, et n'hésitent pas à voter des lois dangereuses si elles peuvent assurer leur réélection. On lui répondrait alors, en l'invitant à rejoindre sous terre les fantômes de ses aïeux, qu'il ne comprend rien au progrès.

Les considérations précédentes sont assez évidentes, je pense, pour se passer de démonstration. La prétention de l'Etat a l'omnipotence ne paraît guère contestable. Elle arrive même à choquer les plus officiels de ses défenseurs. Un préfet, monsieur d'Auriac, déjà cité, remarquait dans une récente étude que, suivant les méthodes de la Monarchie, continuées, d'ailleurs, scrupuleusement par la Convention et tous les gouvernements successifs, les habitants des provinces «sont traités comme un pays conquis, comme une colonie lointaine, comme des hommes appartenant à une autre race que leurs gouvernants.»

Ils reçoivent leurs autorités de la capitale et sont obligés de demander à Paris une permission pour les moindres actes construction d'un marché, édification d'une fontaine, etc.

C'est, observe justement le même écrivain, la tradition des rois absolus faisant gouverner leurs provinces par des intendants, prédécesseurs de nos préfets.

Inutile de regarder longuement autour de soi pour constater que l'absolutisme de l'Etat rappelle celui de l'ancienne Monarchie, mais considérablement aggravé. Il est aggravé parce que le législateur moderne, sentant son rôle éphémère, ne se préoccupe nullement des conséquences de lois édictées sous la pression quotidienne des fantaisies populaires. Le décret à voter, c'est quelque chose d'immédiat, satisfaisant en apparence les intérêts du moment. Les incidences restant éloignées ne s'apercevront que plus tard. Esaü s'illustra jadis en enseignant aux âmes simples qu'un plat de lentilles présent vaut mieux qu'un droit d'aînesse lointain. Les législateurs de race latine suivent fidèlement l'exemple d'Esaü.

Si tardives cependant que soient les conséquences des lois inconsidérément votées, elles éclatent toujours avec la fatalité de l'obus explosant à la limite de sa trajectoire.

Oscillant sans cesse, légiférant au hasard, persécutant des catégories entières de citoyens, l'Etat a fini par devenir tellement insupportable et onéreux, que des foules d'opprimés chaque jour plus nombreuses se dressent maintenant contre lui. Il viole les croyances, moleste les intérêts, vole les épargnants, berne le peuple d'irréalisables chimères et ne se maintient qu'au moyen de rivalités créées ou entretenues par ses soins. Son pouvoir, immense en apparence, mais que n'oriente aucun idéal, est à la merci de tous les hasards..

Le développement de l'Etatisme ne s'accompagne pas seulement de tyrannies oppressives, il engendre aussi la désorganisation des services dont l'Etat se charge progressivement.

Les généralités psychologiques qui précèdent vont nous permettre d'éclairer des faits récents, inexplicables lorsqu'ils demeurent détachés de leurs racines. Tels, les scandales de l'Imprimerie Nationale et la décadence de notre marine. Les commissions d'enquête qui les ont révélés cherchent encore vainement leurs causes. Le philosophe ne les cherche plus.

La reconstruction de l'Imprimerie Nationale, dont le besoin ne se faisait nullement sentir (sauf pour les architectes), devait coûter au budget 442.350 francs. D'après les chiffres officiels fournis par la Commission de contrôle, il faudra dépenser environ 10.000.000. Les travaux devaient durer 4 ans. Commencés depuis 7, ils sont loin d'être terminés.

Les faits signalés par la Commission mettent en évidence le prodigieux sans-gêne avec lequel les fonctionnaires de l'Etat autocratique administrent ses deniers. Aucune entreprise privée ne survivrait à des conditions pareilles. Exemple un escalier est construit. Achevé, il paraît peu décoratif ; on le démolit entièrement pour le reconstruire. Plusieurs milliers de mètres de plancher en ciment armé sont péniblement établis ; le travail fini, un chef de bureau rhumatisant affirme que le contact du ciment refroidit les pieds et expose à des bronchites. Immédiatement on détruit le plancher en ciment pour le remplacer par du bois qui, étant de mauvaise qualité doit lui-même être refait. Coût : quelques centaines de milliers de francs, mais les précieux pieds du chef de bureau ne se refroidiront pas.

La plus complète fantaisie présidait à tous ces travaux. On avait acheté à grands frais des machines variées, mais ayant oublié d'aménager des fosses sous ces machines, il fallut démolir une partie de l'édifice. Et les millions coulaient sous l'œil serein d'un tas de braves employés qu'une telle incurie ne saurait toucher, puisque d'anonymes contribuables solderont les frais.

Innombrables sont les exemples analogues. Ils n'empêcheront pas assurément les socialistes de confier à l'Etat de pareilles entreprises au lieu d'en charger l'industrie privée, qui ne saurait, sous peine de faillite, se permettre les distractions et les négligences de fonctionnaires n'ayant rien à perdre.

Les gaspillages quotidiens, dont l'histoire de la construction de l'Imprimerie Nationale constitue le type, ne sont rien auprès de ceux qu'a révélés l'enquête sur notre marine de guerre. Fantaisie encore, mais sous une forme en vérité bien sinistre.

Le public a découvert avec stupeur que le lamentable état de notre marine l'avait en quelques années fait descendre du deuxième rang au cinquième, comme l'a montré monsieur Doumer.

«Ni unité de vue, ni efforts coordonnés, ni méthode, ni responsabilité définie, négligence, désordre et confusion», est-il écrit dans le rapport général de la Commission.

Monsieur Ajam, membre de cette commission, évalue à 700.000.000 le coût du gaspillage.

Cette somme se trouverait doublée si on y ajoutait les 693.000.000 accordés en primes, d'après monsieur Caillaux de 1899 à 1909 à notre marine marchande, primes dont le résultat fut, comme je l'ai prouvé dans un précédent chapitre, de précipiter sa décadence. «Nous avons dû commettre des erreurs de principe», disait le ministre à la Chambre en reproduisant les chiffres cités plus haut et en constatant l'abaissement progressif de notre commerce maritime.

De lourdes erreurs, en effet, mais dont le ministre qui les constate paraît ignorer entièrement les causes. Il ne les soupçonne certainement pas issues du développement de l'Etatisme. L'ayant compris, ce politicien peu psychologue n'aurait pas proposé, comme il le fit, d'associer l'Etat à l'exploitation de nos grandes compagnies de navigation.

Les faits dévoilant le désordre et l'indifférence du personnel maritime de l'Etat atteignent parfois à l'invraisemblance. Monsieur Ajam cite un cuirassé chargé d'une cuirasse trop lourde. On la change, elle devient trop légère. Force est de la remplacer encore.

Le bateau flotte enfin. Coût : 3.000.000.

L'accumulation de ces négligences arrive à être ruineuse, le prix de nos cuirassés est de 30% plus élevé qu'en Angleterre. Et alors que nos rivaux mettent deux ans à construire un vaisseau de guerre, nous en employons cinq. «Notre manière actuelle de construire, dit monsieur Ajam, c'est l'Etatisme dans toute son horreur et la condamnation du monopole d'Etat.»

Des faits analogues se révèlent partout. A Toulon on constata lors des arrestations récentes de plusieurs fournisseurs de l'Arsenal, qu'en 25 ans les marchandises n'avaient pas été vérifiées une seule fois à leur entrée ! Les fournisseurs livrant ce qu'ils voulaient, encaissèrent des millions au préjudice du Trésor, sans que personne s'en soit ému. «Chacun s'en fiche». Telle est la vraie formule de l'administration Etatiste. Une pareille devise serait impossible dans l'industrie privée, car la faillite atteindrait vite le patron insoucieux et ne surveillant pas.

Le gâchis représentant une conséquence nécessaire de l'esprit Etatiste est universel. Aux colonies où la surveillance est nulle, il touche à l'invraisemblance. Monsieur Messimy, dans son rapport, en a donné de tristes exemples. Les abus des fonctionnaires y sont sans bornes et nous ont partout aliéné les populations, considérées par eux comme taillables et corvéables à merci. Où passe l'argent extorqué en Indo-Chine par des nuées d'agents, au moyen des plus odieuses tyrannies ? A des dépenses somptuaires totalement inutiles. Un journal a résumé de la façon suivante quelques pages du rapport de monsieur Messimy sur ce sujet :

Les budgets sont abandonnés aux fantaisies individuelles. Aussi plus d'un projet extravagant s'est-il vu doter de larges crédits, et les indemnités de toutes sortes au personnel et les dépenses purement somptuaires pour les administrateurs pullulent-elles. Beaucoup ont des automobiles. La plupart ont 5 ou 6 attelages. Et sur les 16.000 hommes de la garde indigène, une partie est uniquement occupée à faire un service de domestiques. Monsieur Messimy cite un inspecteur de cette garde qui en détourne à lui seul 19 de leur emploi. Il se procure ainsi, sans bourse délier, cuisiniers, cochers, jardiniers, deux blanchisseurs pour madame, etc. On peut juger par là ce que ce peut être chez l'administrateur lui-même.

*Au milieu de ces gaspillages et de ce luxe, notre personnel adminis-
tratif a pris des habitudes de mollesse et d'indolence. Et même l'unanimité des témoignages est telle sur ce point qu'il faut bien, comme le
laisse entendre monsieur Messimy, reconnaître que tous ses membres
ne sont plus à l'abri du soupçon d'improbité. Son incapacité s'est tra-
hie par des faits étranges qui seraient bouffons, s'ils n'étaient si tristes.*

Le même journal ajoutait non sans quelque naïveté :

«L'usage des pots-de-vin qui double le poids des impôts directs
disparaîtrait si l'on en établissait l'assiette d'une manière rationnelle et équitable.»

Je doute fort de la puissance attribuée à des règlements. Ce n'est
certes pas eux qui pourront remédier à un désordre général ayant
des sources beaucoup plus profondes.

La cause principale de la désorganisation de la marine, de l'Imprimerie Nationale et de la presque totalité des entreprises de l'Etat,
est uniquement celle indiquée plus haut.

Tout ce que dirige l'Etat se trouve nécessairement fonctionnarisé,
c'est-à-dire que les responsabilités, disséminées entre des milliers
d'agents, s'évanouissent.

Ces agents, divisés en bureaux distincts, ne possèdent nulle initiative, se jalousent férocement, et ne sont guidés par aucun intérêt
commun. La cuirasse commandée par un bureau ne va pas à la
coque commandée par un autre. Qu'est-ce que cela peut bien faire
aux employés ? Les mêmes hommes, placés dans une entreprise
particulière où la responsabilité est effective, se conduiraient tout
autrement.

Les marines étrangères ont prospéré, parce qu'on y recourt de
plus en plus a l'industrie privée, alors que nous étatisons progressivement la nôtre. Là surtout est le secret de leur supériorité et celui
de notre décadence. Les autres nations descendraient aussi bas si
elles se laissaient envahir par la religion étatiste.

Dans une très remarquable conférence publiée par la **Revue
politique et parlementaire**, monsieur Harold-Cox, membre du
Parlement anglais, montre à l'aide d'exemples et de chiffres caté-
goriques que, dans les rares circonstances où le gouvernement an-

glais voulut exploiter lui-même des industries, ce fut toujours avec de grandes pertes, alors que gérées par des particuliers elles étaient très fructueuses. Telle l'industrie des télégraphes, dirigée jusqu'en 1870 par des Compagnies privées qui servaient 6% à leurs actionnaires. Dès que l'Etat s'en empara, les bénéfices se changèrent en un déficit progressif atteignant maintenant 25 millions annuellement.

De semblables résultats ne sauraient surprendre. Ils sont la conséquence de lois psychologiques très sûres. Un homme privé d'initiative et surtout déchargé de responsabilité, voit aussitôt baisser sa valeur intellectuelle et productive dans d'énormes proportions. Les socialistes ont raison de ne pas vouloir le comprendre, car le jour où cette loi naturelle deviendrait évidente pour eux, il n'y aurait plus de socialisme.

Quoi qu'il en soit, l'Etatisme collectiviste progresse à grands pas chez les peuples latins. Les conséquences ruineuses du rachat des Chemins de fer de l'Ouest n'empêcheront nullement le rachat d'autres lignes, ainsi que la création de monopoles qui augmenteront immensement encore une armée de fonctionnaires déjà si nombreuse. Il semble qu'un vent de folie dirige les ministres des finances portés au pouvoir depuis quelque temps. L'un d'eux proclama devant la Chambre, aux applaudissements des socialistes devenus ses maîtres, son intention de proposer d'attribuer à l'Etat le monopole des alcools et des assurances. Le **Journal des Débats**, publia au sujet de ces mesures les réflexions suivantes :

Il faut nous attendre, désormais, à voir la politique financière des monopoles tenir une place de plus en plus large dans les programmes électoraux, et pénétrer un jour ou l'autre dans la législation. Ce sera, sans doute, une politique de folie. Alors que tous les gens doués de quelque bon sens et d'un peu de prévoyance s'épouvantent des progrès de la centralisation qui déjà nous écrase et qui paralyse toute initiative individuelle, alors que le nombre des fonctionnaires s'accroît sans cesse dans une population qui n'augmente plus et met nos budgets en déficit, il est insensé de songer à charger l'Etat de nouvelles attributions et d'ajouter aux innombrables fonctions qu'il exerce celles de débitant de boissons et d'assureur. Grâce aux agissements de la majorité parlementaire, l'Etat après être intervenu dans toutes les branches de l'activité humaine au nom de la pitié, va subdiviser ses fonctions économiques sous les formes de différents monopoles, au nom de l'accaparement du capital au profit de la collectivité.

En effet, l'impôt sur le revenu sera le commencement de la mainmise de l'Etat sur le capital. Comment l'Etat socialiste s'arrêtera-t-il désormais dans cette marche vers la spoliation légale ? Les retraites ouvrières seront le commencement de la charité organisée par l'Etat. Comment s'arrêtera-t-il dans cette voie de philanthropie sociale ? Le monopole de l'instruction sera le commencement de la centralisation de l'enseignement sous l'égide de l'Etat. Comment s'arrêtera-t-il dans cette voie de nivellement intellectuel ? Lorsque l'esprit d'initiative, source vive des forces d'une nation, sera tari, le socialisme pourra tenter d'éditer son édifice social sur le terrain pourri de la décadence.

L'Etatisme a pour expression et soutien le fonctionnarisme. Etatisme et fonctionnarisme sont les deux faces d'une même chose. Pour réduire la puissance de l'Etatisme on devra commencer par diminuer celle des fonctionnaires.

En raison de l'absorption progressive d'une foule de monopoles et d'industries, l'Etat s'est vu obligé d'augmenter considérablement l'importance des administrations, par l'intermédiaire desquelles s'exerce son action. Ces dernières forment maintenant des petits blocs féodaux dont chacun devient assez fort pour tenter d'imposer, comme le firent récemment les postiers, leur volonté à l'Etat.

Aujourd'hui, les fonctionnaires exigent un statut destiné à stabiliser une puissance et des privilèges déjà trop considérables.

Intimidée par leurs meneurs, la Chambre votera sûrement le statut réclamé. De toutes les mesures désastreuses acceptées par elle, aucune n'engendrera certainement de plus tristes conséquences.

Ce statut, comme l'a très bien expliqué un ministre des finances, avec lequel je suis d'accord pour la première fois, constituerait une oligarchie de fonctionnaires qui conduirait la France : «Si l'on écoutait certaines théories, le pouvoir ne serait plus à la nation, il serait aux fonctionnaires, on aurait constitué un véritable mandarinat. Ce ne serait pas la peine d'avoir fait la révolution pour tomber sous une telle domination.»

Reconnaître des droits particuliers à des agents révoltés ou qui ont soutenu par leurs souscriptions les employés insurgés, c'est se condamner à les avoir bientôt pour maîtres.

Gustave Le Bon

Ils le sont déjà trop. Le dernier des fonctionnaires, sous prétexte qu'il représente un fragment de l'Etat, se croît une sorte de potentat et traite le public d'après cette conviction. L'homme le plus éminent est pour lui un simple «assujetti». Dans la correspondance officielle on le qualifiera de «sieur un tel». Qu'il le reçoive derrière un guichet ou lui écrive, le fragment de potentat marque généralement au public un intense mépris.

Pour atténuer une situation, d'où résulte la désorganisation dont nous avons cité de si lamentables exemples, la conduite à tenir est diamétralement l'opposée de celle qu'on propose. Gardons-nous de voter un statut qui transformerait les fonctionnaires en personnages inamovibles, se gouvernant eux-mêmes, et sur lesquels les ministres et la Chambre demeureraient sans action.

Afin de rester maître de ses agents, l'Etat-patron n'a qu'à imiter les chefs d'industries privées. Voit-on un grand magasin ou une grande usine accorder un statut à ses employés ? Ce sont des auxiliaires, gardés soigneusement s'ils sont capables et congédiés dès qu'ils font preuve d'incapacité. Que l'Etat agisse de même, acceptant seulement des auxiliaires sans leur constituer aucun engagement. Ils seront exactement alors dans la situation des auxiliaires dont le ministère des finances emploie souvent un millier.

C'est uniquement en faveur des services techniques, ingénieurs, télégraphistes, etc., que l'Etat pourrait établir un contrat de quelques années, dix ans au plus.

J'entends votre objection, ne la formulez pas. Si l'Etat n'offrait à ses employés aucune stabilité, il n'en trouverait plus, ou n'en trouverait que de médiocres.

Rassurez-vous. Votre supposition se réaliserait-elle, ce serait tant mieux. Les jeunes gens intelligents se tourneraient alors vers l'industrie ou le commerce et un grand bénéfice en résulterait pour le pays.

Malheureusement cet exode est tout à fait improbable. Les candidats seraient presque aussi nombreux qu'aujourd'hui. Les auxiliaires du ministère des finances cités plus haut ne gagnent pas plus de 5 à 6 francs par jour, et cependant on compte 50 candidats, bacheliers ou licenciés, pour une place vacante.

Je n'insiste pas sur cette réforme, elle est trop capitale pour réunir beaucoup de suffrages. Un moment viendra cependant où la nécessité l'imposera, mais sera-t-elle encore possible ?

L'Etatisme et son incarnation, le collectivisme, nous ont conduits à cet état d'esclavage mental où l'homme ne garde même plus conscience de son asservissement. La tyrannie de l'Etat se fait pourtant tellement oppressive et coûteuse qu'elle ligue contre lui une coalition d'intérêts profondément lésés. On commence à comprendre que le rôle du gouvernement n'est pas de se montrer industriel, humanitaire ou philanthrope, qu'il n'a pas le droit d'imposer aux citoyens ses affirmations ou ses négations religieuses, sa morale et son éducation. Que son vrai rôle enfin est uniquement de servir d'arbitre entre les partis, de veiller à la sécurité des citoyens au dedans par la police, au dehors par l'armée.

Vérités très banales sans doute, peu répandues pourtant. Souhaitons qu'une lente évolution nous affranchisse de la tyrannie Etatiste mais n'y comptons pas trop. On remanie facilement sur le papier les lois d'une nation, mais comment transformer son âme ?

CHAPITRE V
Facteurs psychologiques des luttes guerrières

Malgré les progrès de la civilisation et les dissertations de certains philosophes, la guerre n'a jamais cessé d'être une des principales occupations des peuples. Il est douteux que les découvertes de la science la rendent moins fréquente. Il est certain qu'elles l'ont rendue plus meurtrière. Même en remontant aux grandes destructions de Gengis-Khan et d'Attila, on citerait difficilement une phase de l'histoire où tant d'hommes soient restés couchés sur les champs de bataille qu'au siècle de l'électricité et de la vapeur.

Lorsqu'un phénomène se manifeste avec une aussi persistante régularité, on doit bien admettre qu'il traduit d'impérieuses nécessités. Protester contre sa fatalité serait donc aussi vain que de s'insurger contre la vieillesse ou la mort. Les luttes des peuples, d'ailleurs, ont été la source des plus importants progrès. On ne voit pas comment, sans elles, les premiers hommes seraient sortis de la barbarie et auraient pu fonder ces magnifiques empires où naquirent les arts, les sciences et l'industrie. Quelle grande civilisation n'a pas été guerrière ? Quel est le peuple pacifique ayant joué un rôle dans l'histoire ?

Mais le moment n'est pas venu d'examiner les avantages ou les inconvénients des luttes périodiques auxquelles se livrent les nations. Nous nous bornons actuellement à en constater l'existence et en rechercher les causes psychologiques.

Ces causes sont variées. On peut placer au premier rang l'instinct naturel qui, dans toute l'échelle animale, conduit les forts à détruire les faibles. La civilisation l'atténue sans doute, mais ce qu'elle ne saurait atténuer, c'est l'antipathie profonde qu'engendrent entre les races les divergences de leur constitution mentale, divergences qui les amènent à des conceptions de vie très dissemblables et par conséquent à une conduite différente.

La plupart des luttes sont nées de ces divergences. Toutes les grandes guerres de l'humanité : guerres de conquête, de dynastie, de religion, de propagande, n'ont été le plus souvent que des guerres de races. Le conflit entre les Perses et les Assyriens, qui pour la première fois fit passer l'empire du monde des Sémites aux Aryens, fut une guerre de races. Guerre de race également la lutte entre les Grecs et les Asiatiques, entre les Romains et les Barbares, les Japonais et les Russes. Guerres de races encore les luttes religieuses du Moyen-Age. Qu'étaient en effet ces dernières, sinon une lutte de races défendant l'individualisme et la liberté de penser, contre celles qui réclamaient l'autocratie politique et religieuse avec ses dépendances

principe d'autorité, tradition et formalisme latins.

Considérer ces guerres comme résultantes uniquement de rivalités entre souverains serait avoir une vue bien superficielle de l'histoire. Ils n'ont jamais duré longtemps, les rois qui n'incarnaient pas l'idéal de leur peuple, ses passions et ses rêves.

Devons-nous espérer que les progrès de la civilisation et la fréquence des rapports unissant les peuples, puissent atténuer les antipathies d'origine psychologique qui divisent les races ? Des faits positifs permettent de répondre.

A l'époque récente encore où les communications étaient rares, difficiles et la connaissance des langues étrangères peu répandue, les différences psychologiques diversifiant les races demeuraient presque invisibles, masquées par le vernis superficiel d'une civilisation analogue dans les couches éclairées de l'Europe.

Aujourd'hui la facilité des communications et l'enchevêtrement des intérêts commerciaux établissant entre les peuples des rapports constants, leurs différences de constitution mentale et le désaccord qu'elles engendrent sur la plupart des questions, éclatent chaque jour. Entre individus de races différentes, l'accord n'est possible sur aucun sujet, tous étant envisagés à des points de vue différents. Les rapports prolonges entre eux accentuent simplement leurs dissentiments.

Donc, tandis que les intérêts des peuples les rapprochent, leur âme les sépare. Au lieu d'avancer vers une fraternité plus grande, ils marchent vers une antipathie chaque jour plus sensible.

Elle a de nombreuses conséquences politiques et sociales, cette antipathie. Après avoir réduit les distances par la vapeur et l'électricité, les nations en arrivent maintenant à exagérer leurs armements et à s'entourer d'interdictions douanières qui coupent les relations et finissent par élever autour de chaque pays une véritable muraille de Chine. Cette muraille, la plupart des peuples, d'ailleurs, ne la trouvent pas encore assez isolante, et le mot d'ordre général aujourd'hui chez beaucoup de nations civilisées (que leur gouvernement soit autocratique ou libéral), est l'expulsion des étrangers. L'Amérique, après avoir, de même qu'en Australie, voté celle des Chinois, interdit maintenant l'accès de son territoire aux bateaux chargés d'émigrants pauvres. Les Trades-Unions anglaises réclament bruyamment le renvoi des ouvriers étrangers. Le gouvernement russe, obéissant à des voeux populaires, plus puissants souvent que la volonté des despotes, est obligé d'expulser les Juifs des grandes villes. Leur expulsion est réclamée également en Allemagne par un parti dont les adhérents deviennent très nombreux. Le gouvernement prussien expulse les Polonais et les Italiens qui travaillaient à ses chemins de fer. Le gouvernement suisse lui-même, après avoir rejeté en 1892 le projet de refuser du travail aux ouvriers étrangers, exige maintenant dans ses traités avec les entrepreneurs pour fournitures militaires, l'emploi exclusif d'ouvriers locaux. Les mêmes tendances s'observent du reste partout, en France également.

Que le vingtième siècle soit l'âge de la fraternité universelle, constitue une proposition fort douteuse. La fraternité entre races différentes n'est possible que lorsqu'elles s'ignorent. Rapprocher les peuples en supprimant les distances, c'est les condamner à se mieux connaître, et comme conséquence à se moins supporter.

Nous ne sommes d'ailleurs qu'à l'aurore du mouvement général de toutes les nations contre l'envahissement étranger. Des gouvernements édifiés sur les principes les plus opposés, depuis l'autocratisme absolu jusqu'aux républiques les plus libérales, en arrivant aux mêmes mesures, il faut bien admettre qu'elles répondent à quelques nécessités impérieuses. Les haines de races ne suffiraient pas seules à les expliquer.

L'instinct qui pousse aujourd'hui tous les gouvernements dans la même voie est assez inconscient encore, mais il a des bases psychologiques très sûres. L'influence prépondérante des étrangers est un infaillible dissolvant de l'existence des Etats. Elle ôte à un peuple ce qu'il a de plus précieux son âme. Quand les étrangers devinrent nombreux dans l'empire romain, il cessa d'être. Supposez une nation comme la nôtre, où la population décline, entourée de pays où la population s'accroit constamment. L'immigration de ces peuples étrangers, si on la tolère, est fatale. Pas de régime militaire a subir, peu ou pas d'impôts, un travail plus facile et mieux rétribué que sur leur territoire natal. L'hésitation pour eux est d'autant moins possible que le choix entre divers pays ne leur est pas loisible, tous les autres les repoussant. L'invasion des foules étrangères devient, dans ce cas, très redoutable puisque ce sont, naturellement, les éléments inférieurs, incapables de se suffire à eux-mêmes chez eux, qui émigrent. Nos principes humanitaires nous condamnent à subir une invasion croissante d'étrangers. D'après la quantité d'émigrés qu'elle contient, Marseille pourrait être qualifiée de colonie italienne. L'Italie ne possède même aucune colonie renfermant un pareil nombre d'Italiens. Si ces invasions ne sont pas enrayées, en peu de temps, un tiers de la population française sera devenu italien et un tiers africain.

Que peut être l'unité d'un peuple ou simplement son existence, dans des conditions semblables ?

Les pires hécatombes des champs de bataille seraient infiniment préférables à de telle invasions.

C'est un instinct très sûr qui enseignait aux anciens la crainte des étrangers. Ils savaient bien que la valeur d'un pays ne se mesure pas au nombre de ses habitants, mais à celui de ses citoyens.

Des lignes précédentes nous conclurons que les progrès de la civilisation sont impuissants à diminuer les chances de lutte entre les peuples. Ils les diminueront d'autant moins, qu'aux causes psychologiques de dissentiment, décrites plus haut, la civilisation vient ajouter des motifs d'ordre économique que nous aurons à examiner bientôt.

Les philosophes et les philanthropes auront donc certainement à gémir pendant longtemps encore sur les calamités déchaînées par les guerres. On peut d'ailleurs les consoler en leur montrant qu'une paix universelle accordée par quelque puissance magique marquerait la fin immédiate de toute civilisation et de tout progrès, le retour rapide à la plus épaisse barbarie. «La certitude de la paix, écrit avec raison monsieur de Vogüé, engendrerait, avant un demi-siècle, une corruption et une décadence plus des- tructives de l'homme que la pire des guerres.»

Assurément les guerres ne sont pas sans inconvénients. Elles en présentent même de très sérieux, mais il importe d'établir, les avantages une fois mis en présence des inconvénients, de quel côté penche la balance ?

Les inconvénients des guerres sont de trois ordres : perte d'argent, perte d'hommes, affaiblissement de la race.

Les pertes d'argent n'ont qu'une importance légère. L'histoire nous le montre : toujours les peuples trop riches disparaissent devant les peuples pauvres. Appauvrir une nation n'est donc pas forcément lui nuire. Les statisticiens enseignent que l'Allemagne a dû dépenser déjà beaucoup de milliards pour garder nos provinces conquises, et que toutes les puissances de l'Europe en consacrent annuellement un grand nombre à leurs armements. Je n'y vois que d'assez faibles inconvénients. Evidemment, plusieurs nations marchent vers la faillite. Cela n'aura guère d'autre conséquence que de stimuler un peu leur énergie et les habituer aux privations. Il faut d'ailleurs considérer ces inévitables dépenses militaires comme une sorte de prime d'assurance payée par les divers pays pour éviter l'envahissement et le pillage. Voit-on en Europe un peuple, excepté ceux dont la défaite ne profiterait à personne, capable de subsister un seul jour sans armée ? 11 serait immédiatement annexé à quelque puissante nation, et écrasé d'impôts infiniment plus lourds que ceux qu'exigeait son armement.

Sans doute les gouvernements et les peuples vantent très haut les bienfaits de la paix et en font le thème le plus habituel d'une foule de beaux discours, mais personne ne croit à cette paix dont tout le monde parle. Chacun sait bien en effet qu'à l'instant précis où une grande nation présenterait une infériorité, même momentanée, de sa puissance militaire, elle serait instantanément envahie et pillée par ses voisins plus forts. Nous en avons eu la preuve manifeste au lendemain de la bataille de Moukden, qui annulait pour longtemps la puissance militaire de la Russie, notre alliée. Sans perdre un instant, l'Allemagne nous chercha au Maroc les plus tatillonnes disputes dans l'espoir de nous pousser à une guerre, qu'elle hésitait à déclarer pour d'aussi futiles motifs, afin de ne pas trop effrayer l'Europe. Les recueils des dépêches diplomatiques font preuve de l'insolence avec laquelle nous étions traités. Et si l'empereur d'Allemagne renonça définitivement à cette guerre, ce fut sous la seule crainte de voir ses ports bombardés par l'Angleterre, rangée nettement de notre côté.

Du moins la leçon servit et immédiatement les grandes nations accrurent leurs armements. Ce fut justement la nécessité d'élever les impôts pour suffire aux dépenses de ces armements qui amena la crise politique dont souffre si profondément l'Angleterre obligée de consacrer plus d'un milliard par an a sa marine. En attendant qu'ils se battent à coups de canon les peuples se battent a coups de millions.

Le deuxième inconvénient des guerres mentionné plus haut, la destruction d'hommmes, n'est à compter que par ses conséquences lointaines. Les batailles de Napoléon coûtèrent 3.000.000 d'hommes. Etant donné qu'elles ont occupé les peuples pendant 20 ans, créé une légende glorieuse à une race, tout en satisfaisant l'instinct de destruction qui est un des plus impérieux de la nature humaine, on peut envisager cette hécatombe avec assez de résignation. Son seul résultat fâcheux, et en vérité l'unique inconvénient sérieux des guerres, est que les morts violentes, frappant les éléments virils les plus robustes d'une nation, réduisent l'accroissement futur de la population et augmentent sa débilité. Cette conséquence n'est vraiment redoutable, d'ailleurs, que pour les peuples dont la population reste stationnaire.

En nous montrant ce que les guerres ont coûté à l'humanité, les statisticiens oublient toujours d'évaluer ce qu'elles lui ont rapporté. C'est cependant une des faces du problème qu'il ne faut pas négliger.

Parmi les avantages des guerres, notons d'abord la formation d'une âme nationale. Par elles cette âme peut naître et se fixer. Or, sans âme nationale, pas de civilisation possible pour un peuple.

L'âme nationale, les guerres la consolident en cas de victoire et accroissent considérablement sa force en cas de défaite. Iéna fut, dit-on, un désastre pour l'Allemagne. Rien de moins sûr, car sans ce prétendu désastre l'unité et la puissance de l'empire allemand eussent été peut-être reculées de plusieurs siècles. Si nous n'envisagions les événements que par leurs conséquences lointaines, nous pourrions même assurer que c'est pour la France, et non pour l'Allemagne, qu'Iéna fut un désastre.

Laissant de côté ces influences indirectes des luttes de races, il en est de très immédiates et parfaitement appréciables, dont l'importance ne saurait être méconnue. Les dernières guerres ont mis l'Europe sous les armes. Quel en fut le résultat ? La ruine des finances, disent les statisticiens. Un relèvement sérieux du caractère des peuples, pourraient répondre les psychologues à ces honnêtes bureaucrates. Sans le régime militaire obligatoire auquel la population mâle de l'Europe est aujourd'hui soumise, l'anarchisme, le socialisme, et tous les dissolvants de la civilisation moderne eussent progressé à pas de géant. Les vieux fondements religieux sur lesquels s'édifièrent les sociétés modernes tombaient en ruine, et nous n'avions rien trouvé pour les remplacer.

Le régime militaire fut le maître qui nous enseigna un peu la patience, la fermeté, l'esprit de sacrifice et nous procura une sorte d'idéal provisoire. Seul, il a pu lutter contre l'égoïsme et la mollesse envahissant les peuples. C'est un impôt fort lourd que le service militaire, et rappelant les plus dures périodes du servage antique. Mais un impôt sans lequel les sociétés européennes deviendraient rapidement la proie des éléments barbares que chacune d'elles contient. Les dieux des vieux âges coûtaient moins cher sans doute, mais leur sceptre est tombé.

Cette influence morale du régime militaire sur le caractère des peuples a une telle importance qu'on ne saurait trop insister. Le maréchal de Moltke l'a mise en évidence dans ses Mémoires par le passage suivant, qui mérite d'être médité.

Les jeunes gens, dit-il, ne subissent que pendant un temps relativement court l'influence bienfaisante de l'école. Heureusement, chez nous, au moment où cesse l'instruction individuelle, commence l'éducation proprement dite, et aucune nation n'a reçu dans son ensemble une éducation comparable à celle que la nôtre a eue par le moyen du service militaire. On a dit que c'était le maitre d'école qui avait remporté nos victoires. Mais la science seule ne suffit pas pour élever l'homme à un niveau moral tel qu'il soit prêt à donner sa vie pour une idée, pour l'accomplissement d'un devoir, pour l'honneur et la patrie, et c'est à cela que tend toute l'éducation de l'homme. Ce n'est pas le maître d'école, c'est le véritable éducateur, l'état militaire, qui a gagné nos batailles, qui a donné pendant 16 ans consécutifs à nos générations leur entraînement corporel et intellectuel, les a dressées à l'ordre, à la ponctualité, à la probité, à l'obéissance, à l'amour de la patrie, à l'énergie virile.

L'utilité du régime militaire ne se borne pas au rehaussement du caractère. C'est à lui principalement que sont dus les plus grands progrès de l'industrie moderne, surtout en ce qui concerne le travail des métaux. Les recherches faites pour perfectionner les armes ont doté l'industrie d'une précision scientifique et d'une hardiesse absolument inconnues il y a 50 ans. De même les nécessités stratégiques amenèrent l'extension des réseaux de chemins de fer, et furent l'origine de la plupart des perfectionnements dans l'art naval.

Les guerres, ou simplement les menaces de guerres, sont donc un puissant stimulant moral et matériel des peuples. L'esprit militaire constitue la dernière colonne soutenant les sociétés modernes, et, pour cette raison mériterait la reconnaissance des peuples qui le maudissent.

Si les arguments qui précèdent restaient sans action sur l'âme sensible, mais peu clairvoyante, des philanthropes, on pourrait placer sous leurs yeux les conséquences de la paix forcée pour un peuple. Un seul pays, l'Inde, jouit des bienfaits d'une tranquillité absolue depuis un siècle. Elle est une des plus vastes et des plus populeuses contrées du globe. L'expérience faite sur une aussi large échelle présente donc un grand intérêt.

Les conséquences de cette paix forcée, imposée à 300.000.000 d'hommes par la main puissante de l'Angleterre, n'ont pas été longues à se produire. Rien n'entravant plus le développement de la population, elle acquit d'immenses proportions, augmentant d'après les statistiques, de plus de 30.000.000 pendant ces 20 dernières années. Sa densité par kilomètre carré pour les régions habitables dépasse du double celle des pays les plus peuplés de l'Europe.

Il en est résulté, c'était fatal, une misère aussi générale que profonde. Elle serait bien autrement intense encore si, suivant la vieille loi de Malthus, d'inévitables famines ne venaient décimer d'une façon périodique cette effrayante fourmilière. Or, ces famines, malgré les télégraphes et les chemins de fer, sont des désastres laissant loin derrière eux les plus sanglantes batailles. La seule province d'Orissa, en 1866, a vu périr de faim un million d'hommes. 1.200.000 sont morts en 1868 dans le Punjab. En 1874, 1.300.000 Hindous furent enlevés par la famine dans le Dekkan. Que sont nos guerres comparées à de pareilles hécatombes ? Et la mort par la faim est-elle vraiment si supérieure à la mort par le canon, qu'il faille éviter à tout prix l'une pour se résigner à l'autre ?

Les dissertations sur les avantages ou les inconvénients de la guerre ne présentent au surplus qu'un intérêt purement théorique. Nous n'avons pas à la choisir, mais bien à la subir, et par cela même mieux vaut en considérer seulement les côtés avantageux et surtout nous y tenir prêts. Le meilleur moyen de préparation aux luttes possibles est de développer cet ensemble de sentiments qui forme ce que l'on appelle l'esprit militaire. Il constitue la véritable puissance d'une armée. Sans lui, et quel que soit son armement, un peuple n'est plus qu'un inconsistant troupeau sans résistance. Considérons donc comme les pires ennemis de la patrie, comme de dangereux malfaiteurs, les écrivains et les orateurs qui s'efforcent de détruire cet esprit dans les âmes. Le jour où il serait annihilé, rien ne nous resterait à perdre. La plus destructive des invasions mettrait fin à notre histoire.

Répétons-le sans cesse, et ayons toujours présentes à la pensée les sombres prévisions des écrivains militaires des divers pays sur les conséquences de la prochaine guerre qui menace l'Europe. N'oublions pas qu'elle sera une de ces luttes finales comme l'histoire en a déjà enregistré plusieurs et qui amènent la disparition définitive et totale de l'une des nations aux prises. Mêlées formidables ignorant la pitié et dans lesquelles des contrées entières seront méthodiquement ravagées jusqu'à ce qu'elles ne renferment ni une maison, ni un arbre, ni un homme.

Ayons ces notions bien vivantes dans l'âme quand nous élevons nos enfants et nos soldats, et abandonnons aux rhéteurs les vains discours sur le pacifisme, la fraternité et autres futilités qui font songer aux discussions théologiques des Byzantins alors que Mahomet pénétrait dans leurs murs.

Des questions autrement vitales nous sollicitent. Pour éviter, ou tout au moins reculer la lutte, il faut être prêt à la supporter. Si elle devient inévitable, rappelons-nous que la victoire ne sera pas du côté des armées les plus nombreuses, mais de celui où se coaliseront les plus résistantes énergies.

La guerre est question de psychologie tout autant que de stratégie. Aucun grand capitaine ne l'a ignoré.

«A la guerre, dit Napoléon, tout est moral, et le moral et l'opinion font plus de la moitié de la réalité.»

Peu importent les pertes. Le succès reste à qui sait le mieux les supporter. Abaissez le caractère des soldats et vous aurez les cohues de Xerxès. Elevez ce caractère, et vous aurez les guerriers d'Alexandre.

S'il est démontré que la valeur des armées se mesure au niveau de leur caractère beaucoup plus qu'à leur nombre, on voit que la guerre constitue bien, comme je le disais à l'instant, un problème psychologique. Ainsi rentre-t-elle essentiellement dans le cadre de ce livre.

Un raisonnement très simple fera aisément saisir l'importance du rôle joué, dans les batailles par les facteurs psychologiques.

Tous les écrivains militaires s'accordent à reconnaître que la quantité d'hommes dont une armée peut supporter la perte sans renoncer à la lutte est limitée. Des expériences séculaires le prouvent dès qu'une armée laisse sur le champ de bataille 20% de son effectif, elle se considère comme vaincue. Ce chiffre de 20% constitue ce qu'on pourrait appeler la limite démoralisatrice. La déroute n'est bien évidemment que le résultat d'une impression purement psychologique et nullement une nécessité inéluctable, puisque l'armée, ainsi décimée, possède encore les quatre cinquièmes, soit la plus grande partie de son effectif. Supposons maintenant qu'une puissance magique influence le moral de l'armée vaincue au point de la déterminer à une lutte indéfinie, ce qui, précisément, fut le cas des Japonais. Par ce fait seul que nous aurons modifié son état mental, et sans transformer ni son armement ni sa tactique, la défaite va se changer en succès. La lutte continuant indéfiniment, le vainqueur finira forcément par perdre, à son tour, le cinquième de son effectif et atteindra alors ce que nous avons appelé la limite démoralisatrice. L'ayant dépassée, comme il ne possède pas le pouvoir de résistance magique dont, par hypothèse, j'ai doué son adversaire, c'est lui qui entrera en déroute. De vainqueur, il deviendra vaincu.

Ce pouvoir miraculeux, décuplant la résistance des armées, n'est nullement inaccessible. Il dépend de l'éducation donnée aux soldats, de l'âme qu'on leur inculque. Certains sentiments peuvent constituer une force plus irrésistible que le nombre. L'histoire en fournit d'illustres exemples.

L'énergie du caractère n'est pas le seul facteur d'ordre psychologique intervenant dans le succès des guerres. Un autre existe d'importance égale : je veux parler de la communauté de conduite ou, si l'on préfère, de doctrine. Elle représente le fruit d'une éducation spéciale, forcément très longue. Ses effets ne se produisent que lorsqu'elle est arrivée à ancrer certaines notions dans l'inconscient de tous les officiers d'une armée. Alors seulement, ces derniers envisagent, avec une même optique mentale, les situations les plus inopinées et s'y comportent, par conséquent, de façon identique. La lecture des Mémoires du maréchal de Moltke montre les résultats de cette communauté de doctrine. On y voit, à chaque page (et l'auteur n'omet pas de la faire remarquer), que lorsque, dans la guerre franco-allemande, une évolution imprévue de l'ennemi obligeait l'état-major à prescrire de nouveaux mouvements, ceux-ci étaient généralement commencés avant que l'ordre fût arrivé.

Les Mémoires de nos généraux sur la guerre de 1870 révèlent, au contraire, qu'ils attendaient invariablement des instructions et ne bougeaient jamais sans en avoir reçu. Les premiers possédaient la discipline inconsciente, la seule permettant l'initiative. Les seconds ne connaissaient malheureusement que celle du corps. Avec une très petite armée, la discipline externe suffit. Avec une grande armée, la discipline interne devient indispensable. Une éducation intelligente peut seule la créer. Je recommande à ce sujet le livre du commandant Gaucher Psychologie de la Troupe et du Commandement, inspiré par mes livres Psychologie des foules, et Psychologie de l'éducation.

CHAPITRE VI
Facteurs psychologiques des luttes économiques

Les luttes à main armée dureront sans doute longtemps encore. Les haines de races et les conflits d'intérêts croissant à mesure que les peuples se connaissent mieux, les entretiendront fatalement. Mais avec les progrès de la civilisation, elles se compliqueront de luttes économiques, d'ailleurs aussi meurtrières que celles des champs de bataille.

Plus encore peut-être que les guerres sanglantes, ces luttes économiques seront la résultante nécessaire de la constitution mentale des nations.

Dans un livre publié, voici bien des années (*La psychologie du socialisme*), je montrais que le rapprochement de l'Orient et de l'Occident, sous l'influence de la vapeur et de l'électricité, aurait pour proche conséquence un conflit économique gigantesque entre

Occidentaux et Orientaux. Très contestées alors, ces prédictions commencèrent à se réaliser par la lutte des Russes et des Japonais.

Longtemps, l'Europe exporta ses produits en Orient, mais graduellement, cet état de choses se modifie.

L'Orient, jadis foyer de consommation seulement, devient aujourd'hui un centre immense de production. C'est lui qui envahit à son tour nos marchés, avec des produits industriels et agricoles fabriqués par des ouvriers habiles dont les besoins très faibles les font se contenter d'un salaire bien moindre que celui de l'ouvrier européen. L'Europe essaie d'élever contre ces produits une immense muraille douanière. Nous verrons plus loin, ce que vaudra prochainement une telle barrière.

La lutte se borne actuellement à quelques produits industriels et agricoles, mais elle s'étendra rapidement. L'Inde, le Japon et bientôt la Chine nous menacent de leur concurrence sur tous les marchés. Munis de notre outillage, ils fabriquent les produits industriels dont l'Europe avait le monopole. L'Inde fournit maintenant à l'Angleterre les tissus de coton que les tisseurs de Manchester lui fournissaient jadis. Les «filés de coton», envoyés autrefois en Chine de Manchester, partent aujourd'hui de Bombay. Les produits fabriqués par des Hindous et des Chinois qui se contentent d'un salaire journalier très faible, valent ceux de l'ouvrier européen, et la concurrence des Asiatiques est telle que l'Amérique et l'Australie en sont réduites à les expulser.

Déjà plusieurs grèves, celle des boutonniers de Méru, notamment, sont nées de la concurrence que nous font les Japonais sur les marchés étrangers.

Lorsque le Japon, l'Inde et la Chine auront fini par installer chez eux, grâce à la houille qu'ils possèdent, de nombreuses usines et inonderont le monde de leurs produits fabriqués à vil prix, quelle barrière arrêtera leur extension commerciale ? L'ouvrier européen verra alors tomber son salaire au niveau de celui d'un Hindou, d'un Chinois ou d'un Japonais. Le gain de l'Oriental fixera celui de l'ouvrier européen. «Le régulateur du monde économique tendra toujours, a-t-on dit avec raison, à être, quoi qu'on fasse, le marché où le travail sera au plus bas prix.»

Malgré le rêve socialiste, le salaire des Européens, loin de s'accroître, s'abaissera alors dans de notables proportion.

Lorsque j'examinai ces hypothèses, il y a plus de 25 ans, les journaux anglais de l'Inde, tout en reconnaissant la justesse de mes prévisions, me répondirent que les ouvriers orientaux finiraient par avoir nos besoins et deviendraient, par conséquent, aussi exigeants que les confrères occidentaux. Dès lors l'équilibre serait établi. Ils oubliaient comme on le fait toujours, que le caractère psychologique de la plupart de ces races est trop stable pour se transformer. L'expérience le prouve, d'ailleurs, surabondamment. Les Chinois affluent en Amérique depuis longtemps. L'image du luxe ambiant a-t-elle jamais modifié le genre de vie de l'un d'eux ? La tasse de thé et la poignée de riz quotidienne ont-elles jamais été remplacées par le régime européen ? Notre civilisation se trouve trop peu en rapport avec la constitution mentale de ces peuples pour exercer la moindre influence sur eux. Quiconque a fait travailler un ouvrier hindou sait, qu'aussitôt gagnés les 5 ou 6 sous nécessaires à sa subsistance journalière, l'appât des sommes les plus tentantes reste sans action sur lui.

Cette révolution économique profonde, qui fera peut-être passer le sceptre de la production aux races de l'Amérique et de l'Asie et pourra ruiner l'Europe, n'est maintenant qu'à son aurore. L'heure paraît cependant prochaine où l'Europe verra se réduire immensément ses exportations.

En ce qui concerne les produits venus de l'Amérique, ce phénomène est en voie d'accomplissement, mais les ouvriers américains étant des Européens possédant des besoins d'Européens, leurs productions ne descendront jamais à très bas prix. Ils ne peuvent donc être bien redoutables pour le vieux continent. Si ce dernier cesse de rien importer en Amérique, par contre, il n'a pas à craindre l'invasion des produits expédiés par elle.

Tout autre est la question du Japon, la Chine et l'Inde. Comme l'Amérique, ces contrées refuseront nos produits inutiles, mais nous encombreront en outre des leurs, ou, tout au moins, nous créerons une désastreuse concurrence sur les marchés étrangers. Déjà nos stocks s'accumulent. Nos industries, n'ayant plus que la clientèle européenne, s'entreruinent l'une l'autre. Elles devront un jour avilir leurs prix et, par conséquent, réduire le salaire de leurs ouvriers.

Il ne faut pas croire qu'en s'isolant du reste du monde par une barrière infranchissable de tarifs douaniers, l'Europe pourra se soustraire indéfiniment à la concurrence de l'Orient. Peut-être y parviendrait-elle en arrivant à assurer sa propre subsistance, mais depuis longtemps sa population a pris une extension qui ne le lui permet plus.

Les économistes ont calculé en effet que la plupart des Etats d'Europe cessent graduellement de produire la nourriture nécessaire à leurs habitants. L'isolement réduirait donc l'Europe à la famine. Naturellement, pour éviter la fâcheuse perspective de mourir de faim, on abaissera les barrières douanières, mais avec quoi payer les produits destinés à l'alimentation quand toute exportation sera impossible ? Que deviendra la vieille Europe ployée sous ses milliards de dettes et de lourds impôts ? Elle tombera peut-être alors dans la décadence, sort final de toutes les civilisations usées, et sa population, après des luttes sanglantes qui achèveront de l'épuiser, devra se réduire au chiffre qu'il lui sera possible de faire subsister. Ce jour là les économistes les plus endurcis commenceront peut-être à comprendre les inconvénients d'une progression trop rapide de la population et la supériorité réelle des Etats peu peuplés.

Dans le conflit économique des races, dont nous entrevoyons l'aurore, la supériorité intellectuelle de l'Europe n'est pas assurément un facteur à négliger. Mais n'oublions point qu'en définitive elle reste le lot d'une élite fort restreinte et qu'au point de vue du travail manuel, la plupart des peuples se valent, et ne sont supérieurs ni aux Chinois ni aux Japonais.

La nécessité dans laquelle se trouvent les Américains et les Australiens de les expulser, par suite de la concurrence redoutable qu'ils font à leurs ouvriers, en constitue la preuve.

Si la lutte de l'Orient et de l'Occident était une lutte intellectuelle entre les couches supérieures de leurs populations, l'issue n'en serait probablement pas douteuse.

Mais il ne s'agit que d'un conflit économique entre couches moyennes à peu près égales par leur niveau mental, mais très inégales par leurs besoins. Le succès final sera sans doute du côté des besoins les plus faibles.

Gustave Le Bon

Toutes ces spéculations n'ont du reste qu'un intérêt lointain. Les problèmes de l'heure présente sont assez graves pour que nous puissions abandonner à nos fils l'étude de ceux de l'avenir.

CHAPITRE VII
Influences psychologiques de l'enseignement universitaire

Leibniz disait qu'avec l'éducation on peut transformer un peuple en cent ans. Il aurait pu ajouter aussi qu'avec une éducation mal adaptée, on déforme la mentalité d'un peuple en beaucoup moins de temps.

Les succès scientifiques, industriels et économiques des Allemands, nés de leur enseignement universitaire depuis un siècle, ont justifié l'assertion de Leibniz.

La décadence où nous conduisent nos méthodes classiques tend à vérifier également ce que je viens de dire sur les conséquences d'une éducation mal adaptée aux besoins d'un peuple. C'est un triste système celui qui crée un nombre immense de déclassés et de révoltés, qui fabrique tant de théoriciens bavards, incapables d'être utilisés dans un laboratoire ou une usine, et aptes seulement à répéter les démonstrations de leurs manuels.

Le problème de l'éducation est avant tout un problème de psychologie. Or, les principes fondamentaux de notre éducation classique, des écoles primaires aux écoles supérieures, reposent sur une série d'énormes erreurs psychologiques. Il en est résulté que notre Université est devenue une des causes principales de l'anarchie sociale qui nous ronge et de la décadence qui nous menace.

Par un après-midi d'hiver assez sombre, je vis entrer chez moi un grand vieillard, la physionomie fine, l'œil perçant. Il tenait à la main ma **Psychologie de l'éducation** dont la neuvième édition venait de paraître, et, sans autre préambule, me tint ce discours :

« Notre système d'éducation ne peut durer. L'Université conduirait la France au dernier degré de la décadence. Je suis sénateur, membre de l'Académie des sciences et de l'Académie de médecine, ancien professeur à la Faculté, et possède, par conséquent, plusieurs tribunes. L'attention doit être attirée sur les idées que vous avez exposées. Il faut m'aider dans cette tâche, en me fournissant des notes, des renseignements, pour un discours documenté au Sénat. » Je ne connaissais pas personnellement alors mon interlocuteur et savais seulement qu'à l'époque où il exerçait sa profession, il passait pour le plus habile chirurgien de son temps. Une telle indication suffit à préciser son nom.

La visite de l'illustre académicien se répéta plusieurs fois. Le résultat de nos discussions fut que, pour changer notre enseignement, il serait nécessaire de transformer d'abord l'âme des chefs de l'Université puis celle des professeurs et enfin celle des parents et des élèves. Devant cette évidence, l'éminent sénateur renonça de lui-même à son discours.

Peu de questions suscitent autant de livres, de documents et de brochures que l'éducation. Aucune ne montre mieux combien restent tenaces les idées héréditaires des peuples et par quelle impérieuse tyrannie le passé les enchaîne.

Le problème de l'éducation française donne lieu, en effet, à cette double constatation : nécessité universellement reconnue d'une réforme et impossibilité complète de la réaliser.

Législateurs, professeurs, savants, lettrés, sont unanimes à trouver notre système d'enseignement détestable et à répéter que le temps passé au lycée et à l'école primaire est un temps perdu. Personne n'ignore que l'homme désireux de réussir dans la vie doit refaire tout seul son instruction et consacrer la seconde partie de son existence à détruire les illusions, les erreurs et les modes de penser acquis dans la première.

L'accord est complet sur tous ces points et cependant, malgré les efforts journellement tentés, notre système d'éducation n'a réalisé aucun progrès depuis 50 ans. Chaque changement n'aboutit, au contraire, qu'à accentuer ses défauts.

Il est utile de mettre en évidence les causes de cette singulière impuissance. Une idée erronée se trouve nécessairement à la base de toutes les réformes si vainement essayées. Remanier des programmes n'est pas changer l'erreur psychologique qui les inspire.

Si nous modifions toujours sans succès les règlements universitaires, c'est parce que ce sont les méthodes d'enseignement et non les programmes qu'il faudrait changer. Jamais nos professeurs n'ont pu arriver à cette conviction. Ils ne se rendent pas compte qu'avec leurs procédés mnémoniques, leurs raisonnements théoriques, abstraits, sans base concrète, l'élève ne saurait apprendre à observer, réfléchir, raisonner, juger et acquérir de la méthode.

Au lecteur qui voudra étudier l'impuissance irréductible des universitaires à saisir les causes de la faiblesse de notre éducation, je recommande la lecture des deux discours sur l'enseignement prononcés devant l'Association française pour l'avancement des sciences, par monsieur Lippmann, professeur à la Faculté des sciences de Paris, et par monsieur Appell, doyen de la même Faculté.

Monsieur Lippmann commence par prouver (et sur ce point, il est d'accord avec tous ses collègues), que l'enseignement à ses divers degrés est tombé en France à un niveau extrêmement bas. La supériorité écrasante de l'enseignement des universités allemandes et leur influence mondiale lui semblent démontrées.

Impressionné par de tels faits, le distingué physicien a réfléchi longuement sur les causes du mal et sur les remèdes.

Sa laborieuse méditation n'a pas été heureuse. Ses conclusions prouvent uniquement à quel point de grands spécialistes sont incapables d'observer et de raisonner dès qu'ils s'écartent de leur spécialité. Il n'irait pas loin le pays gouverné par un aréopage de savants, comme de candides philosophes l'ont jadis proposé !

Si monsieur Lippmann n'était pas un homme grave, parlant devant des gens très graves, on le soupçonnerait volontiers de s'être moqué de ses auditeurs.

Ce qu'il leur a révélé est, en effet, bien singulier : «Notre enseignement ne demeure si déplorable, dit-il, que parce qu'il vient de Chine et a été importé par les Jésuites !»» Quant à le réformer, rien n'est plus aisé. Il suffirait de «libérer les Universités du joug du pouvoir exécutif...» et lui «retirer la collation des grades». Etrange aberration! Toute la puissance du pouvoir exécutif ne se borne-t-elle pas à signer les diplômes que l'Université seule délivre ! Il faut fermer les yeux à l'évidence pour découvrir de telles causes à une situation créée uniquement par nos méthodes d'enseignement.

Les conceptions de monsieur Lippmann sont, comme on le voit, d'une naïveté un peu excessive. Celles émises par monsieur Appell, dans son discours, méritent au même degré, un semblable qualificatif. Chaque ligne trahit l'incertitude de la pensée. On en jugera par les extraits suivants :

L'administration voit le mal et cherche activement le remède. Il consisterait surtout à établir des relations suivies entre les écoles normales primaires et l'enseignement supérieur (sic).

Plus loin, il propose comme grande réforme la suppression d'une partie des cours du Muséum et sa transformation en «Institut National des Collections».

L'auteur a fini par sentir la faiblesse de pareilles idées. Dans un article récent, il revient sur le même sujet et assure que :

La première réforme serait le classement des matières des programmes par valeur utilitaire et la seconde l'application de ce rapport dans l'Université active comme dans son administration, tel enseignement restreint et tel autre élargi, telles chaires supprimées et telles autres créées.

On le voit, aucun de ces éminents spécialistes n'est encore arrivé à comprendre que ce qu'il faut modifier ne sont pas les programmes, mais les méthodes. Proposer d'allonger ou de raccourcir les premiers, de supprimer certaines chaires ou d'en fonder d'autres, représente une phraséologie vaine, sans nulle idée directrice pour soutien.

Dans le numéro même de la revue où paraissait le discours cité plus haut se trouvait un travail de monsieur Le Chatelier, très apte à faire saisir aux nombreux universitaires, raisonnant comme monsieur Appell, la différence séparant l'homme dont l'éducation pratique a formé le jugement et celui qui s'est borné à apprendre des manuels et des théories abstraites. L'auteur suppose, cas d'ailleurs plusieurs fois observé, deux ingénieurs chargés d'installer des fours Siemens à chaleur régénérée. Impossible d'utiliser les indications livresques, car il existe une centaine de modèles de ces fours, et rien ne servirait même de les connaître tous, la conduite de chacun d'eux variant entièrement, suivant les innombrables qualités de charbons employées. L'homme des manuels est complètement perdu. Il tâtonne au hasard, et, après avoir fait dépenser à son usine des sommes considérables et un temps précieux, en est réduit à recourir aux lumières d'un spécialiste. L'ingénieur dont l'instruction n'a pas été édifiée uniquement, comme en France, sur la mémoire, et dont le jugement scientifique s'est exercé sur des réalités, procède d'une façon très différente.

Dans une série d'observations, il s'astreindra à ne faire varier à la fois qu'une des conditions de l'expérience : un jour le mode de soulage, un autre la nature du charbon ou enfin la quantité d'eau envoyée au cendrier. Ces tentatives méthodiques lui permettront de juger dans chaque cas des résultats de telle ou telle modification et le conduiront peu à peu à obtenir une marche normale de son gazogène. Le temps perdu sera minime et la dépense insignifiante.

Chaque période de l'histoire des peuples réclame une éducation nouvelle, parce que le milieu change et que naissent de nouvelles nécessités. Le tort de la nôtre est de n'avoir pas su évoluer.

L'éducation française, écrivait récemment un ancien ministre, monsieur Hanotaux, est purement livresque. Nos jeunes hommes sont traînés jusqu'à 25 ans sur les bancs des écoles où tandis que leurs culottes s'usent, leur esprit s'amincit. Ils n'apprennent plus rien à la fin qu'à répéter des leçons verbales et formelles qui les rendent remarquablement inaptes à la vie. L'existence de notre élite tourne ainsi à un remuement de paperasses indifférentes ou au repolissage sempiternel de formules déjà usées. Cette ignorance, ce dédain des réalités, cette fausse appréciation des valeurs sociales est la base de notre éducation moderne : elle contamine la plupart de nos professions libérales.

Certains principes formulés en quelques lignes ont parfois des conséquences dont l'exposé demanderait un volume. Les principes psychologiques si erronés qui servent de base à notre enseignement supérieur,[1] secondaire et primaire ont fini par s'insinuer

---

1 Les mêmes méthodes mnémoniques font la base de tout enseignement universitaire, de l'école primaire aux facultés de médecine. Le **Matin** du 18 mars 1910 a publié le manifeste suivant signé d'un grand nombre de médecins à propos du concours d'agrégation. «Ce que nous demandons, disent-ils, parce que cela est notre intérêt en même temps que l'intérêt public, c'est un enseignement pratique et technique. Quand dans nos différents congrés médicaux, à Paris et à Lille, nous réclamons cette réforme, on néglige de nous répondre. Le concours d'agrégation est éminemment injuste. On ne peut juger un candidat sur une composition écrite. Les épreuves de ce concours sont toutes théoriques. Les épreuves pratiques qui seules devraient

jusque dans l'enseignement technique. Ils sont appelés à ruiner notre industrie nationale.

Notre université ne donne pas et n'a jamais cherché d'ailleurs à donner les qualités de caractère qui font la vraie valeur de l'homme dans la vie. Elles sont très inutiles il est vrai pour le professeur ou le bureaucrate, mais indispensables dans toutes les autres professions et tous les métiers.

Les Anglais y attachent au contraire une importance considérable. Les faits observés dans leurs colonies auraient suffi à leur montrer cette importance. Les Hindous doués d'une mémoire merveilleuse réussissaient admirablement dans les examens conduisant aux emplois supérieurs du gouvernement de l'Inde, et pourtant après des expériences répétées, il fallut, par suite de l'infériorité manifeste de leur caractère, les éliminer progressivement.

Le passage suivant du remarquable ouvrage de monsieur Chailley **L'Inde britannique** fera parfaitement saisir la différence établie par les Anglais entre l'instruction purement intellectuelle et les caractères.

Les Hindous n'allèguent jamais que talent et habileté. Les Anglais se préoccupent surtout du caractère. Qu'est-ce ? C'est la valeur morale de l'homme : le sang-froid, quand il s'agit de décider, et la rapidité quand il s'agit d'agir. La conscience, pour tenir tête à qui tente. L'énergie, à qui menace. C'est le sentiment du devoir envers le pays et envers soi-même. L'intelligence, attestée par de brillants concours, des discours éloquents ou d'ingénieux écrits, les Anglais n'en font que le cas qui convient. Ce sont pour eux des mérites de second ordre.

Lord Lawrence n'était certes pas, en son temps, le <u>civilian</u> le plus orné de talents, le plus doué d'habileté. On le choisit cependant entre tous pour en faire un vice-roi : c'est qu'il possédait au suprême degré ces dons incomparables, la droiture, la volonté. Comment se cultivent ces qualités de caractère dont les plus utiles sont l'empire sur soi et la discipline ? Je n'ai pas à l'examiner ici l'ayant déjà fait ailleurs.[1]

---

compter, n'existent pas.»

1 Les extraits suivants d'une lettre reçue de monsieur le capitaine d'état-major C… du 21° dragons, condensent parfaitement les principes que j'ai exposés et qui sont tout aussi applicables aux élèves d'une classe qu'à des recrues. «Permettez à un officier

Si le lecteur désire connaître, en regard des tristes procédés mnémoniques et des raisonnements vides de notre Université, des méthodes fixant définitivement les choses dans l'esprit, je pourrai l'engager à visiter les établissements d'enseignement de l'Allemagne. Mais il retirerait trop d'humiliation de son voyage. Je lui conseillerai donc seulement la lecture du livre de Buyse sur les systèmes américains d'éducation, ouvrage auquel l'Académie royale de Belgique vient de décerner une de ses plus hautes récompenses. En voici un cours résumé, emprunté au professeur Jacquemin :

Toute l'éducation et toute l'instruction américaine reposent sur l'effort personnel. Le système appliqué dès la première année de l'école primaire s'élargit avec l'âge, les exercices pratiques sont toujours à la base, quand bien même il s'agirait de littérature. Celle-ci devient un travail de laboratoire, car elle s'associe intimement avec le dessin et le modelage. Foin de l'enseignement par la parole du maître ! On fait agir les enfants comme s'ils étaient seuls au monde, en toute liberté. De même que dans les sciences pures et appliquées l'élève arrache aux appareils et au matériel d'expérimentatton le secret des phénomènes et des lois qui les régissent, de même toutes les branches d'enseignement, jusqu'aux plus abstraites, sont présentées sous des formes concrètes qui nécessitent pour être assimilées aussi bien l'habileté des mains que la vivacité de la pensée. Quel que soit le système pédagogique, on trouve toujours le travail manuel à sa base, vrai fond de l'étude. Ce principe du travail manuel, base de l'éducation, est entré dans les écoles américaines par la voie fræbelienne et par la voie technique.

Mêmes principes en Angleterre. J'extrais d'une circulaire adressée

fervent de son métier de vous dire combien il a été frappé de la sûreté de main avec laquelle vous avez touché aux choses de l'armée. Imposer avant tout aux hommes une ferme discipline externe, la discipline interne succédera bientôt par association inconsciente de réflexes. Ce ne sera plus alors qu'un jeu de se faire aimer et pour peu qu'on ait quelque prestige personnel, un peu de bonté on verra comme par miracle surgir autour de soi d'incalculables dévouements. Que de chefs ont l'esprit fermé, hélas à toutes ces vérités éclatantes.» L'auteur oublie d'ajouter que, hypnotisés par les idées socialistes à la mode, beaucoup de jeunes officiers en sont arrivés à la théorie de la discipline raisonnée et volontaire. Ils discutent avec leurs subordonnés, dissertent, expliquent, etc. On peut finir par là, mais jamais débuté de cette façon. L'ignorer est faire preuve d'une bien grande méconnaissance psychologique et empêcher pour toujours la création d'une discipline.

aux professeurs par le **Scotch Education Department** les lignes suivantes :

L'acquisition d'un certain nombre de faits n'est pas le premier objet de l'enseignement, qui doit surtout viser à implanter dans l'esprit de l'enfant l'habitude de l'investigation exacte, méthode qui peut devenir un moyen de discipline mentale de l'ordre le plus élevé.

Il suit de là que l'essentiel du travail est l'étude par chaque élève, individuellement et pour lui-même, d'un problème défini au laboratoire, et que les démonstrations du professeur doivent prendre une place secondaire. Le travail au laboratoire peut être <u>précédé</u> par les explications nécessaires pour faire comprendre aux élèves la question à étudier. Il doit être <u>suivi</u> par la comparaison des résultats obtenus, la discussion des divergences et l'établissement des conclusions générales. La démonstration du professeur peut être employée à confirmer ces conclusions, ou à illustrer leur portée. C'est l'affaire du maître, de guider et de diriger, d'éveiller intérêt, de suggérer de nouveaux problèmes : <u>Il ne doit jamais se contenter d'exposer des résultats tout faits.</u>

Ces méthodes ne constituent certes pas des nouveautés. Elles sont en usage à peu près partout, sauf dans les pays latins, et ont contribué puissamment à la prospérité scientifique et économique de l'Allemagne. Nous ne les adoptons pas, parce qu'il faudrait commencer, comme je le disais plus haut, par transformer d'abord l'âme des professeurs, puis celle des parents, et enfin, celle des élèves.

Celle des professeurs surtout. Eduqués suivant des méthodes mnémoniques, pourraient-ils en enseigner d'autres ? Toutes les tentatives accomplies dans ce sens ont misérablement échoué. La mentalité des professeurs, créée par l'enseignement classique, est fixée pour toujours. Formés par les livres, guidés par les livres, ils mourront dans les livres. Le monde réel leur restera toujours fermé.

Pourquoi devrait-on, après avoir changé la mentalité des professeurs, modifier aussi celle des parents puis des élevés ? Simplement parce que les uns et les autres ne demandent à l'Université qu'une chose : mettre promptement les jeunes gens en mesure de passer des examens. Or, pour y réussir, le procédé le plus rapide consiste évidemment à apprendre par cœur une série de manuels. Ces derniers dotent de connaissances très éphémères, mais suffisantes pour l'examen. Les rares professeurs partisans de la méthode expérimentale, seule capable de former l'esprit, mais inutile pour l'examen, seraient vite éliminés par les grands chefs de l'Université. Ceux qui l'ont tenté furent toujours très mal vus. On leur répète que le temps consacré par l'élève à observer serait beaucoup plus utilement employé à apprendre par cœur des livres, de façon à pouvoir les réciter imperturbablement le jour de l'examen. Les parents émettent d'ailleurs un avis absolument identique.

Le but de l'Université n'est pas du tout d'ailleurs de former des hommes, mais de leur apprendre un beau langage. Elle en paraît très fière. Parlant dans son discours de réception à l'Académie de «la formation universitaire», monsieur Doumic donne les explications suivantes :

Nous savons très bien en quoi elle consiste et à quoi elle aboutit : elle façonne, par la discipline de l'antiquité, des lettrés qui, rendus sensibles au mérite de composition et à la valeur d'art des oeuvres classiques, en deviennent pour leur compte capables d'ordonner leurs idées avec méthode et de les traduire dans un langage irréprochable. On a beaucoup médit de cette sorte de culture, certes ! et on continuera. Seulement on n'arrive pas à en inventer une autre.

On y arrive pas en France, en effet, et c'est ce qui constitue précisément l'incurable faiblesse de notre Université. Le lecteur de ce chapitre sait qu'on y est arrivé ailleurs.

De simples instituteurs ont quelquefois sur les méthodes d'éducation des idées beaucoup plus justes que celles des académiciens. On en pourra juger par le passage suivant d'un manifeste récent de «l'Amicale des instituteurs de la Marne.»

Enseigner ce n'est pas montrer, c'est apprendre à voir. Ce n'est pas révéler, c'est suggérer. Ce n'est pas entraîner, c'est orienter. C'est mieux qu'instruire, c'est rendre apte à observer, à penser, à se déterminer soi-même, à agir.

On s'étonne souvent de voir le socialisme le plus révolutionnaire recruter ses adeptes parmi les professeurs, du normalien à l'instituteur. L'Opinion a publié le résultat d'une enquête démontrant qu'un grand nombre des élèves de l'Ecole normale supérieure font partie des groupes socialistes extrêmes, c'est-à-dire rêvant la destruction complète de l'état actuel.

Cette mentalité n'a rien de surprenant, étant données les idées inculquées par l'Université. Elle établit comme dogme indiscutable que le mérite des hommes se classe uniquement d'après leurs diplômes. En bas, le bachelier, un peu plus haut le licencié, plus haut encore, le docteur et, enfin, au-dessus de tous les autres, l'agrégé. Le professeur possédant ces titres, se croit volontiers d'une essence supérieure. Constatant ensuite que, malgré cette supériorité supposée, il jouit dans la vie d'une considération restreinte, d'appointements assez modestes, la nécessité s'impose à son esprit de bâtir une société nouvelle capable de lui donner la place élevée due à ses mérites.

Un examen plus attentif des choses lui apprendrait vite que, dans le monde, les hommes se classent d'après des mérites très différents de la mémoire, seule faculté nécessaire à l'obtention des diplômes.

Les faits ne modifient nullement la mentalité de nos professeurs, ils n'y voient qu'injustice et ne font que haïr davantage la société dont ils se croient victimes. Le socialisme révolutionnaire des intellectuels est en réalité un produit universitaire.

Leur rancune déjà grande contre l'état social est devenue féroce lorsqu'une loi nouvelle les a contraints au stage de la caserne sous les ordres de caporaux souvent peu lettrés et parfois assez rudes. Une société où le licencié et le docteur peuvent être commandés par des ignorants est sûrement mal organisée et on doit se hâter de la refaire !

Ce passage des intellectuels à la caserne est également une des causes les plus actives du développement de de l'antipatriotisme et de l'antimilitarisme parmi eux. Des couches supérieures de l'Université, ces sentiments sont descendus aux instituteurs, où ils se sont rapidement développés.

Et c'est ainsi que les professeurs de tout ordre, se tournent de plus en plus vers les pires doctrines anarchistes. Dans le laisser-aller général, les ministres n'osent pas endiguer ce redoutable courant qu'aurait vite supprimé une volonté forte. Quel symbole que cet instituteur entamant un procès contre le ministre de l'Instruction publique (simple serviteur de la démocratie, dont lui, instituteur, était un maître), qui, retenu par un ambassadeur s'était permis de le faire attendre 1/4 d'heure. Quelle hypertrophie de la vanité égalitaire ! Quel chemin les illusions créées par l'enseignement universitaire ont-elles dû faire dans des esprits mal dégrossis pour les conduire jusque là !

Ne les critiquons pas trop cependant, ces modestes instituteurs. Ils sont ce que l'enseignement supérieur les a faits. Les manuels devenus leur Bible sont généralement rédigés, en effet, par des maîtres de l'Université parmi lesquels figurent des académiciens et des professeurs à la Sorbonne. Beaucoup de ces livres sont malheureusement peu recommandables. On s'étonne d'y rencontrer tant de preuves d'une mentalité de fanatiques. Les journaux les moins suspects de cléricalisme ont relevé récemment les jésuitiques interprétations de l'histoire contenues dans un de ces manuels rédigé par un professeur de la Sorbonne des plus connus. Il faut remonter à l'époque de l'Inquisition pour rencontrer d'aussi sombres sectaires. Si ces fastidieuses élucubrations ne dégageaient pas un mortel ennui, elles influeraient de la plus dangereuse façon sur l'imagination des enfants et nous feraient une génération d'antipatriotes et de révoltés.

C'est un spectacle attristant de voir des professeurs en Sorbonne, des académiciens, etc., réduits pour plaire aux maîtres de l'Université à interpréter au gré des idées du jour les faits historiques du passé. Quelques-uns poussent la crainte jusqu'à ne plus oser prononcer le nom de Dieu dans leurs manuels, n'hésitant pas pour y réussir à défigurer même les fables de La Fontaine ! Chacun connaît l'histoire du petit poisson :

> Petit poisson deviendra grand
>
> Pourvu que Dieu lui prête vie.

Les auteurs des nouveaux manuels écrivent gravement:

> Petit poisson deviendra grand
>
> Pourvu qu'on lui prête la vie.

Voici à quelles platitudes on arrive pour flatter des chefs de bureaux et obtenir des souscriptions !

* *

Le livre dans lequel j'ai exposé les principes psychologiques qui devraient être la base de l'éducation eut beaucoup de lecteurs, à en juger par ses nombreuses éditions. Néanmoins, son influence sur les universitaires est restée très faible. Confinés dans de rigoureux programmes, les professeurs ne peuvent enseigner que les matières de ces programmes, et les enseignent nécessairement avec les méthodes qui servirent à leur propre instruction.

Cependant, nos recherches ont fini par trouver un écho dans la très importante école destinée à former nos futurs généraux. Je veux parler de l'Ecole de guerre, soustraite entièrement, comme on le sait, à l'influence de l'Université. De savants maîtres, le général Bonnal, hier, le colonel de Maud'huy aujourd'hui et quelques autres y inculquent à une brillante élite d'officiers les principes fondamentaux développés dans la **Psychologie de l'éducation**. Parmi les plus importants se trouve celui que j'ai choisi comme épigraphe : L'éducation est l'art de faire passer le conscient dans l'inconscient. Ainsi que je l'ai déjà dit dans un autre chapitre, monsieur le commandant Gaucher a publié sous ce titre**Etude sur le Psychologie de la Troupe et du Commandement**, un livre destiné aux officiers, et basé sur les méthodes d'éducation que j'ai fait connaître. Ce succès, un peu inespéré, prouve qu'il ne faut jamais hésiter à dire ce qu'on doit dire même quand on est seul à le dire.[1]

Un grand nombre d'enseignements se dégagent de l'histoire des infructueuses tentatives accomplies pour modifier notre système d'éducation. Si les législateurs cherchaient quelquefois dans l'expérience, et non dans des intérêts immédiats, leurs mobiles d'action, ils y trouveraient une preuve nouvelle de l'inutilité des réformes accumulées constamment sans comprendre que l'âme d'une nation ne se refait pas avec des lois. Les lois, je le répète encore, sont efficaces lorsqu'elles expriment la mentalité d'un pays, mais elles ne la créent jamais.

---

1 Je dois reconnaître que si les idées exposées dans mon livre ont eu peu de succès en France, elles en ont obtenu beaucoup à l'étranger. Le grand-duc Constantin Constantinovich, président de l'Académie des sciences et grand-maître des Ecoles militaires de Russie, l'a fait traduire en russe pour l'enseignement dans les écoles qu'il dirige.

Il faudra sans doute bien des revers économiques, bien des bouleversements, pour graver dans nos esprits ces notions fondamentales : que la science et l'industrie ont conduit le monde à une phase d'évolution où certaines facultés, jouent un rôle prépondérant dans la vie des peuples. Les futurs maîtres de la science, de l'industrie et du commerce seront des hommes possédant initiative, esprit d'observation, volonté, jugement et domination d'eux-mêmes. Voila les qualités que nos méthodes officielles n'ont jamais encore essayé de nous inculquer.

Le président de l'enquête parlementaire sur l'éducation, monsieur Ribot, est arrivé à cette conclusion que notre enseignement est en grande partie responsable des maux de la société française. Je n'hésite pas a dire, après avoir longuement étudié la question, que notre Université est un des fléaux de la France.

Livre III : Le gouvernement populaire

CHAPITRE I
L'élite et la foule

Le monde moderne se trouve en présence d'un problème, lentement grandi à travers les siècles et qu'il faudra résoudre sous peine de voir certains peuples sombrer dans la barbarie.

Une des caractéristiques les plus certaines, quoique fort méconnue de la civilisation actuelle, est la différenciation progressive des intelligences et par conséquent des situations sociales.

Malgré toutes les théories égalitaires et les vaines tentatives des codes, cette différenciation intellectuelle ne fait que s'accentuer, parce qu'elle résulte de nécessités naturelles entièrement soustraites à l'influence des lois.

Les progrès de la technique sont devenus les vrais moteurs des civilisations modernes. Par sa complication progressive, cette technique a fini par exiger des connaissances théoriques et pratiques si vastes, des initiatives si hardies et un jugement si sûr, que seuls, des esprits supérieurement doués peuvent se hausser à un pareil niveau. Or, en même temps que la capacité des dirigeants s'est accrue, celle des simples exécutants s'est trouvée réduite. La division du travail, le perfectionnement des machines ont rendu le rôle du travailleur à ce point facile que l'apprentissage est presqu'inutile aujourd'hui.

Ainsi, se sont formées des classes distinctes, séparées par un fossé chaque jour plus large. L'éducation permet bien rarement de le franchir, parce qu'elle ne dote que d'une faible partie des qualités nécessaires pour réussir maintenant.

Il est évidemment très irritant pour les esprits dominés par la passion égalitaire, de voir le rôle des élites tellement grandir qu'on ne saurait se passer d'elles, mais ce phénomène était inévitable. Examinez séparément tous les éléments d'une civilisation et vous saisirez vite l'importance des élites. C'est d'elles seules qu'émanent les progrès scientifiques, artistiques, industriels qui font la force d'un pays et la prospérité de millions de travailleurs. Si l'ouvrier gagne trois fois plus aujourd'hui qu'il y a un siècle et jouit de commodités que ne possédait pas un grand seigneur du temps de Louis XIV, il le doit uniquement à des élites travaillant pour lui, beaucoup plus qu'il ne travaille pour elles.

Par cela même, en effet, que le rôle des élites grandissait sans cesse, leur labeur s'accroissait aussi. La journée de 8 heures n'est pas faite pour elles. C'est seulement par d'écrasants efforts que les élites modernes, celles de l'industrie surtout, réalisent découvertes et progrès. Elles atteignent souvent à cette opulence qui chagrine tant les esprits égalitaires, mais en réalité, les élites industrielles oscillent toujours entre la richesse et la ruine, sans pouvoir espérer un état intermédiaire. La richesse, si tout est rigoureusement prévu, combiné et dirigé. La faillite et la ruine, si la plus légère erreur est commise. Le grand industriel n'a plus le droit de se tromper. Sous des dehors parfois fastueux se cachent souvent de sombres soucis. Vient-il d'édifier une usine munie des meilleures machines, brusquement une découverte nouvelle, une concurrence inopinée, l'oblige à tout recommencer. La concurrence est devenue si âpre, les découvertes des laboratoires si soudaines, l'instabilité si générale que la quiétude d'esprit est interdite à l'homme qui dirige une entreprise quelconque.

Le tableau tracé ici du rôle des élites est très sommaire, donc incomplet et par conséquent inexact sur bien des points. L'industriel créateur dont j'ai parlé constitue l'exception. Il tend de plus en plus à se dégager des responsabilités en mettant son industrie en actions. Même dans ce cas apparaît encore le rôle des capacités supérieures. D'après des renseignements obtenus de diverses sources, surtout en Belgique, des entreprises qui, gérées par des patrons rapportaient 10 à 12%, ne rapportent guère que 4% soit trois fois moins dès qu'elles sont mises en actions. Beaucoup même n'échappent pas à la faillite.

Il s'en faut également, et de beaucoup que, dans les affaires industrielles, les affaires financières surtout, les rétributions soient toujours proportionnelles à la capacité. Ce qui est rétribué surtout, ce sont des relations utiles. Un journal bien informé faisait remarquer que la plupart des individus engagés dans les finances étaient genéralement d'une intelligence fort médiocre. Simples placiers d'affaires pour la plupart, les remises qu'ils obtiennent leur assurent cependant une situation brillante. Les bénéfices sont le plus souvent dans aucun rapport avec les services rendus. Un journal a signalé, sans être démenti, que chacun des douze administrateurs d'une de nos plus grandes sociétés de crédit s'attribuent aux dépens des Actionnaires un traitement annuel d'environ 300.000 francs pour un travail à peu près nul. Des faits analogues justifient certaines diatribes des socialistes. On ne peut les défendre qu'en les reconnaissant inévitables.

Dans le monde antique on ne pouvait s'enrichir comme le firent les Romains, qu'en ruinant les autres. Dans les temps modernes il est difficile de s'enrichir sans enrichir en même temps les autres. C'est ce qu'a très bien résumé monsieur d'Avenel dans les lignes suivantes :

On s'enrichissait aux temps féodaux par la guerre privée, en ruinant ses voisins. Plus tard par l'usure publique, en s'appropriant les fonds de l'Etat. On s'enrichit aux temps actuels en enrichissant ses voisins et l'Etat.

La richesse nouvellement conquise n'est point dérobée au peuple, ni obtenue du roi, mais bien créée, tirée du néant par la science, et cette conquête individuelle de quelques-uns est accompagnée d'un gain collectif de tous, d'un gain vraiment social.

Donc, les civilisations du type moderne créées par des élites, ne peuvent vivre et évoluer que par elles. Cette première constatation était nécessaire pour comprendre le problème auquel j'ai fait allusion en commençant. Ce problème, le voici :

Tandis que les progrès scientifiques amenaient les élites de mentalité supérieure à diriger le mécanisme de la vie moderne, les progrès des idées politiques conféraient de plus en plus à des foules de mentalité inférieure le droit de gouverner et de se livrer par l'intermédiaire de leurs représentants aux plus dangereuses fantaisies. Sans doute, si la foule choisissait pour conductrices les élites qui mènent la civilisation, le problème actuel serait résolu, mais ce choix n'est qu'exceptionnel. Un antagonisme qui s'accentue chaque jour sépare la multitude des élites. Jamais ces dernières ne furent plus nécessaires qu'aujourd'hui. Jamais cependant elles ne furent aussi difficilement supportées. L'élite intellectuelle pauvre est à peu près tolérée parce qu'ignorée. L'élite industrielle opulente n'est plus acceptée et les lois sociales, édictées par les représentants des multitudes, visent continuellement à la dépouiller de ses richesses.

C'est ainsi que les sociétés actuelles ont fini par se diviser en classes distinctes dont les luttes rempliront l'avenir.

Comment concilier de telles oppositions ? Comment faire vivre ensemble l'élite, sans laquelle un pays ne peut subsister et une masse immense de travailleurs, aspirant à écraser cette élite avec autant de fureur que les Barbares en mirent jadis à saccager Rome ?

Le problème est difficile mais non insoluble. L'histoire nous apprend que les foules, très conservatrices, malgré leurs instincts révolutionnaires apparents, ont toujours rétabli ce qu'elles avaient détruit. Le plus destructeur des triomphes populaires ne modifierait donc pas longtemps l'évolution d'un peuple. Mais les ruines accumulées en un jour demandant parfois des siècles pour être relevées, mieux vaut tâcher de les éviter.

Un remède d'aspect très simple serait de restreindre le pouvoir populaire. Sa simplicité même séduit beaucoup d'esprits. Ce moyen est cependant chimérique. L'évolution démocratique des gouvernements dans tous les pays montre qu'elle correspond à certaines nécessités mentales contre lesquelles les récriminations resteraient vaines. Une élémentaire sagesse conseille de s'adapter à ce qu'on ne peut empêcher. C'est donc aux élites à s'adapter au gouvernement populaire et à endiguer et canaliser les fantaisies du nombre, comme l'ingénieur endigue et canalise la force d'un torrent.

Constatons, d'ailleurs, et ceci forme déjà une utile consolation, que le dogme de la souveraineté populaire n'est pas plus irrationel, au point de vue de la logique, que les dogmes religieux dont les hommes du passé ont vécu et dont beaucoup d'hommes du présent continuent à vivre. Il semblerait même, à en juger par les enseignements de l'histoire, que l'esprit humain s'adapte plusfacilement à l'absurde qu'au rationnel. Disons simplement qu'il finit par s'adapter à tout.

En réalité, cette adaptation de l'élite aux multitudes serait assez aisée si les polititiens, semeurs d'illusions, n'avaient fait germer dans l'âme des masses ouvrières des erreurs et des haines, seuls soutiens de l'antagonisme dont j'ai parlé.

L'antagonisme s'évanouira le jour où les foules, conscientes de leurs vrais intérêts, découvriront que la disparition ou l'affaiblissement des élites entraînerait rapidement pour elles la pauvreté d'abord, la ruine ensuite.

Leur démonter cette vérité élémentaire, sera difficile. Il est pourtant bien clair que si l'atelier sans maître, rêvé par les syndicalistes, ou l'atelier dirigé par des délégués de l'Etat collectiviste était, à la rigueur, possible au commencement du siècle dernier, à l'époque où la technique restait très primitive, ces formes d'organisation sont impossible aujourd'hui.

Etrangers malheureusement à toutes les réalités, errant dans la sphère des illusions pures, les socialistes ne cessent de propager des utopies dont l'accomplissement amènerait la ruine rapide des âmes simples qui les écoutent. Les chimères incrustées dans les cervelles populaires sont nettement marquées par le conseil suivant d'un délégué de la classe ouvrière, présenté et approuvé au congrès socialiste de février 1910.

«Il n'y a qu'un moyen de vous affranchir, c'est de substituer aux propriétés capitalistes la propriété collectiviste qui, <u>gérée par vous et pour vous</u>, fera de vous tous, serfs modernes du salariat, des producteurs associés et libres.»

L'usine gérée par des ouvriers serait le navire privé de son capitaine et conduit par les matelots. Elle ne durerait que peu de temps. Administrée par un délégué de l'Etat collectiviste, elle se maintiendrait un peu plus longtemps, ce délégué se gardant bien d'y rien changer, mais au lieu de progresser, elle diminuerait vite d'importance et les salaires également. Ce ne sont pas assurément des fonctionnaires n'ayant aucun intérêt à une amélioration quelconque qui prendraient l'initiative de s'exposer aux risques de ruine supportés par les grandes entreprises modernes désireuses de prospérer. Ne nous excusons pas de défendre d'aussi banales évidences puisque des millions d'hommes encore semblent les ignorer. Elles commencent cependant à se répandre dans divers pays, l'Angleterre et la Belgique surtout. C'est pourquoi le socialisme n'y a pas revêtu les formes agressives constatées chez les peuples latins où il a rapidement dégénéré en une guerre de classe.

L'incompréhension totale de certains principes élémentaires, prouve la nécessité d'une éducation nouvelle de la démocratie. Elle aurait pour premier but de lui faire saisir les relations unissant ces trois éléments de l'activité moderne : l'intelligence, le capital et le travail.

En attendant cette réforme non ébauchée encore, et qu'on ne doit certes pas espérer de notre Université, il faut vivre avec les foules et pour cela apprendre à les connaître.

Remarquons tout d'abord que gouvernement populaire ne signifie nullement gouvernement par le peuple mais bien par ses meneurs. Ce ne sont pas les multitudes qui font l'opinion. Elles la subissent, puis, hypnotisés, l'imposent ensuite avec violence. Tel est le mécanisme de ce qu'on nomme un mouvement d'opinion.

Jamais, en effet, ou presque jamais, les foules ne déterminent de tels mouvements. Elles leur impriment une force irrésistible mais ne les créent pas. Lors de l'exécution de Ferrer, personnage dont le peuple parisien n'avait jamais entendu parler, quelques meneurs conduisirent plusieurs milliers d'hommes attaquer l'ambassade d'Espagne. Exaspérée par leurs discours sans d'ailleurs comprendre pourquoi, car de l'événement initial elle ne savait presque rien, la foule se livra à toutes les violences y compris le pillage et l'assassinat. Un peu effrayés, les meneurs ordonnèrent pour le lendemain une manifestation pacifique. Et la même foule, si violente la veille, se montra d'une sagesse exemplaire.

La docilité des foules est extrême, en effet, quand on sait les guider. L'art de les manier est assez connu des grands meneurs d'aujourd'hui.

C'est donc seulement en apparence, je le répète, que gouvernent les multitudes. Loin d'être vraiment populaires les gouvernements actuels représentent simplement une oligarchie de meneurs.

Puisque ces derniers créent l'opinion, il importe de savoir par quel mécanisme. L'utilité de la psychologie des foules apparaît maintenant évidente. La plus nécessaire des connaissances d'un homme d'Etat dans une démocratie est celle de la psychologie des foules.

Cette nécessité m'avait frappé, il y a une quinzaine d'années, et c'est pourquoi j'écrivis la **Psychologie des foules**, sujet très inexploré alors, mais qui fut, depuis l'objet de nombreuses recherches.

Je n'ai pas l'intention de redire ici les caractères des foules et me propose seulement de marquer quelques-uns des plus importants, manifestés nettement au cours d'événements récents.

Observons, auparavant, que si la psychologie des foules commence à être assez connue, puisque les règles posées jadis dans mon livre sont journellement utilisées par des officiers de l'armée et enseignées couramment à l'Ecole de Guerre, elles ne sont pas arrivées encore jusqu'à nos hommes politiques. Ces derniers ne cessent, en effet, de vanter la sagesse, le jugement et le bon sens des foules, qualités dont elles furent dépourvues toujours. Les multitudes manifestent parfois de l'héroïsme, un dévouement aveugle à certaines causes, mais du jugement, jamais. Toute l'histoire est là pour le dire. Quand par hasard elles en montrèrent, c'est qu'on en eut pour elles.

Nos législateurs ne se forment évidemment qu'une idée très inexacte de la mentalité populaire. S'imaginant, par exemple, que la reconnaissance est une vertu collective ils accumulent des lois inutiles ou dangereuses destinées uniquement à plaire à la multitude. Ne soupçonnant guère l'intense mépris des foules pour la faiblesse, ils ne comprennent pas que leurs perpétuelles concessions devant les menaces, les dépouillent graduellement de tout prestige. Ces concessions fixent seulement dans l'âme des meneurs la conviction, que menacer avec violence suffit pour obtenir. Le lendemain même de la loi qui accordait aux employés de chemins de fer des retraites, à peu près égales à celles des officiers et de beaucoup de magistrats, ces employés voyant ce qu'on obtenait par intimidation, se réunirent pour exiger des salaires qui réduiront à une valeur presque nulle les actions des compagnies. Ne doutez pas qu'ils les obtiennent.

Je ne rappellerai pas ici que l'âme collective diffère tout à fait de l'âme individuelle. Modes de penser, mobiles d'action, intérêts même, tout les sépare.

Nous ne retiendrons des caractères des foules que l'incapacité totale à raisonner ou à se laisser influencer par un raisonnement, le simplisme, l'émotivité et la crédulité. Les idées ne leur sont guère accessibles que traduites en formules brèves et évocatrices d'images :

Le capital, c'est un bourgeois paresseux et ventru, nourri de la sueur du peuple. L'Etat, c'est le gendarme et la troupe. Le cléricalisme, c'est le gouvernement des curés. Le socialisme, c'est un gouvernement qui fera rendre gorge aux bourgeois et permettra à l'ouvrier de boire et manger sans presque rien faire.

Les politiciens ont bien senti d'instinct l'impuissance des foules à se représenter plusieurs idées à la fois et l'utilité des formules violentes et claires. Au moment des élections, ils tâchent d'en trouver, pouvant servir, comme on dit, de tremplin électoral : le milliard des congrégations, le péril clérical, l'impôt sur le revenu, etc., ont servi tour à tour.

Les Anglais sont passés maîtres dans cette condensation, utilisant surtout l'action impressionnante de l'image. Leurs dernières élections prouvèrent la puissance des formules simples et affirmatives. L'Angleterre fut, à un certain moment, couverte d'affiches illustrées, dépourvues de ces filandreuses explications dont abusent les candidats latins. Toute la théorie du parti unioniste était synthétisée dans quelques formules comme celle-ci : voter pour les radicaux, c'est voter contre la puissance navale de l'Angleterre. Assertion terrible dans un pays où le dernier des manœuvres considère comme un dogme religieux intangible la nécessité de la supériorité navale de la Grande Bretagne.

Des images accentuaient encore la force impérative de ces formules. Une des plus impressionnantes et qui certainement, détermina bien des votes, fut une grande affiche divisée en deux parties. A gauche, au-dessous de cette simple date : 1900, un immense cuirassé totalisant la flotte anglaise. A côté, un tout petit bateau représentant la flotte allemande. A droite de l'affiche, sous cette indication 1910, les rapports sont inversés, le petit bateau allemand est devenu un grand cuirassé presque aussi important que le géant anglais. Le péril de l'Angleterre apparaissait ainsi évident. Inutile d'ajouter que personne ne songeait à vérifier la valeur statistique de l'affiche. C'eût été du raisonnement, de l'esprit critique, facultés dont les foules furent toujours incapables.

Toutes ces manœuvres reposaient sur une connaissance parfaite de l'âme populaire, de son émotivité, de sa crédulité et de l'action de la répétition sur elle. Si les résultats souhaités n'ont pas été toujours obtenus, puisque le Parlement anglais est divisé actuellement en deux partis à peu près égaux, c'est que les adversaires employant les mêmes armes, leurs effets s'annulaient. L'électeur indécis suivait alors l'impulsion du groupe auquel il appartenait.

C'est grâce à leur sensibilité qu'on émeut si facilement les foules, et grâce à leur mobilité qu'on les retourne si aisément. Le héros, porté avec enthousiasme au Capitole, sera précipité avec le même enthousiasme du haut de la roche Tarpéienne. La veille de sa chute, Robespierre était dieu de la plèbe parisienne. Le lendemain, elle hurlait des invectives et délirait de joie derrière la charette emportant vers la guillotine le dieu tombé. Conduit au Panthéon parmi les acclamations de la foule, le corps de Marat était jeté à l'égout par la même foule quelques années plus tard. Le cadavre de Cromwell connut le même sort.

Ne pouvant tabler sur le raisonnement des foules, puisqu'elles en sont totalement dépourvues, le meneur essaie seulement d'impressionner leur sensibilité. L'adversaire agissant naturellement de la même façon, le succès appartiendra, finalement, à celui qui criera le plus fort et sera le plus violent.

Cette nécessité de la violence est telle, qu'on a pu voir, lors des dernières élections, des ministres anglais, réputés habituellement pour leur correction, vociférer des invectives dans leurs discours populaires avec le style des clubs jacobins au moment de la Révolution.

Dans une harangue publique, monsieur Lloyd Georges, ministre des finances, déclarait que la Chambre des Lords «était une réunion de misérables lâches, de tristes pleutres, n'ayant pas assez de cœur pour faire le bien et pas assez de courage pour faire le mal.»

Des injures analogues étaient répétées chaque jour par les divers ministres dans leurs circonscriptions.

Dans l'étude de la psychologie populaire, on doit noter encore, que la conscience de sa puissance et de son irresponsabilité donne à une foule une susceptibilité et un orgueil excessifs. Les événements récents en ont fourni maintes preuves dont j'ai déjà cité plusieurs dans cet ouvrage.

Quels que soient d'ailleurs les sentiments de la multitude, ils sont toujours exagérés et c'est pourquoi, si son orgueil est excessif, son obéissance et sa servilité le sont également dès qu'elle se trouve en présence d'individus possédant du prestige. Nous avons montré avec quelle facilité les ordres les plus absurdes et les plus impératifs de comités révolutionnaires étaient respectueusement obéis par les corporations ouvrières.

Cet état mental des masses fut toujours le même : je trouve un bien curieux exemple de la susceptibilité et de la servilité que peut successivement manifester la même foule, suivant les circonstances, dans l'extrait suivant emprunté à un journal des mémoires d'un voyageur étranger nommé Campe, venu en France en 1790.

Il s'agissait d'un projet d'adresse au roi que Target lisait à ses collègues :

... Sire, dit Target lisant l'adresse, l'Assemblée nationale a l'honneur...
Cris, trépignements.-- Point d'honneur ! Point d'honneur ! effacez ce mot !
... de mettre aux pieds de Votre Majesté...

Gustave Le Bon

Tumulte, hués formidables, les parois et les vitres en tremblaient.
A bas les pieds ! A bas les pieds ! l'Assemblée nationale ne met
rien aux pieds de qui que ce soit !...
Target, déconcerté, reprit avec un geste de désespoir !
... Sire, l'Assemblée nationale porte à Votre Majesté... Bravo !
... l'offrande...
Protestations frénétiques.-- Pas d'offrande !...
Et la chose continua ainsi jusqu'en fin de séance. Le bon
Allemand sortit de là effaré et un peu déçu. Le lendemain il parvint à se glisser dans le château de Versailles à l'heure où l'adresse
devait être remise au roi. Il n'était pas fâché de contempler, en
présence du monarque, la fière mine de ces législateurs qu'il avait
jugée la veille si chatouilleux et si jaloux de leur dignité. Hélas !
Dès queLouis XVI parut dans la galerie. Ce fut un délire unanime. Ceux qui s'étaient montrés à l'Assemblée parmi les plus
arrogants sautaient sur les tabourets pour mieux voir leur bon
maître, s'accrochaient aux pilastres, se levaient sur leurs pointes.
Un grand cri de **Vive le Roi!** ébranla tout le palais et l'Assemblée
se mit docilement à la suite du souverain pour l'accompagner à la
chapelle.

En regard des défauts des foules, il ne faut pas oublier d'en mentionner aussi les qualités. Leur impuissance à raisonner rend possible chez elles un grand développement de l'altruisme, qualité que
la raison affaiblit forcément et qui constitue une très utile vertu
sociale. L'individu qui raisonne est généralement égoïste et ne se
détermine que difficilement à sacrifier sa vie pour un intérêt général. Seules les foules sont capables de telles abnégations. Les causes
les plus chimériques trouvèrent toujours des milliers d'hommes
prêts à se faire tuer pour elles. C'est grâce seulement au concours
des foules que de puissants empires ont pu naître et se développer.
Les foules ne créent pas de grandes civilisations, mais dans leur
sein résident l'héroïsme, le dévouement et beaucoup des vertus qui
les font vivre.

Une des dernières caractéristiques de la mentalité populaire, que
je mentionnerai ici, est leur extrême crédulité. Elle est sans limite
comme celle de l'enfant. Rien n'est impossible à leurs yeux. Si une
foule demande la lune, il faut la lui promettre. Les politiciens ne

reculent guère d'ailleurs devant de telles promesses ! Répandez dans une élection les plus invraisemblables calomnies sur votre adversaire, vous serez cru toujours. Evitez cependant de l'accuser de crimes trop sombres, vous le rendriez sympathique. Les foules manifestent généralement, en effet, une admiration respectueuse pour les grands criminels.

La crédulité illimitée dans les multitudes, ne leur est pas un sentiment exclusif. La crédulité et non le scepticisme constitue notre état normal. Nous possédons tous une petite dose d'esprit critique pour les choses de notre métier, mais hors de cet horizon circonscrit, nous n'en manifestons généralement que d'assez faibles traces. Ne croyez pas beaucoup au scepticisme des sceptiques. Ils n'ont fait le plus souvent que changer l'objet de leur crédulité. Les paradis socialistes ont remplacé ceux des légendes. Les dieux morts ont pour successeurs des tables tournantes, des somnanbules et des fétiches.

La crédulité des foules et celle des esprits primitifs sont presque égales. Les faiseurs de prospectus et d'annonces le savent bien et ils connaissent aussi le rôle suggestif de l'affirmation et de la répétition. De grosses fortunes s'édifient chaque jour sur l'annonce d'agents thérapeuthiques aux propriétés purement chimériques.

Si l'on fait entrevoir aux âmes simples un gain considérable par une annonce suffisamment suggestive, le bénéfice est plus certain encore. Des légions de financiers vivent des promesses les plus invraisemblables habilement répétées. Leur rédaction ne demande aucuns frais d'imagination. Il suffit de toujours affirmer les mêmes choses dans les mêmes termes. Le **Globe** a raconté l'instructive histoire des actions d'une certaine mine de la République Argentine n'ayant jamais fonctionné. Tous les six mois, des prospectus répandus par millions répètent qu'un dividende énorme va être très prochainement distribué et que l'action devant décupler de valeur il faut en acheter de suite. Convaincu, le petit capitaliste se précipite vers le guichet pour ne pas manquer une pareille occasion. Bien entendu aucun dividende n'est jamais versé. Et pourtant il y a cinq ans que l'opération se répète et grâce à ces habiles annonces, le public a absorbé pour 12.000.000 de titres dont la valeur ne dépasse pas notablement celle du poids du papier.

Les faits du même ordre sont innombrables, le journal qui relatait le précédent, choisi entre mille, ajoutait :

«La crédulité de l'épargne est insondable. Elle est sans bornes comme l'infini. Elle ne demande ni preuves, ni vraisemblance des promesses et des affirmations lui en tiennent lieu. Elle se laisse bercer et endormir par de charlatanesques boniments et plus ils sont grossiers et de qualité inférieure, plus elle s'y abandonne sans réserve. Que les espérances qu'on fait miroiter à ses yeux soient manifestement folles, que le lendemain même elles soient démenties par les faits, peu lui importe. Elle est tellement confiante et aveugle qu'elle en veut parfois davantage à ceux qui lui dessillent les paupières qu'aux histrions qui l'ont trompée.»

Transposez ce qui précède à la politique et vous aurez la genèse du succès de certains individus et de certaines doctrines. Promettre des chimères, affirmer sans preuve, répéter sans cesse les mêmes promesses en surenchérissant toujours sur son concurrent, telle est la formule du succès.

Ne nous plaignons pas trop cependant de l'universelle crédulité qui nous baigne. Peu de facteurs des civilisations furent aussi énergiques. Grâce à elle, de grandes religions consolatrices surgirent du néant et de puissants empires ont été fondés. C'est la crédulité bienfaisante qui rend la foi possible et conserve les traditions, soutien de la grandeur d'un pays. Foi dans la patrie, foi dans un idéal, foi dans l'avenir, tous ces pivots de notre activité mentale ont la crédulité pour gardien. Les peuples qui perdent toute foi perdent avec leur âme les raisons d'agir.

L'avenir n'est plus à eux, les liens sociaux sont détruits. Déclinant chaque jour, ils rejoignent bientôt dans l'oubli les races dont un scepticisme destructeur a marqué la fin.

CHAPITRE II
Genèse de la persuasion

Sous l'extension des influences populaires, certains événements politiques éclatent souvent avec une soudaineté aussi surprenante pour le public que pour les hommes d'État. Rien ne permettait de les prévoir et nul ne les avait prévus.

Cette soudaineté se manifesta notamment dans la Révolution turque, renversant en peu de jours un gouvernement plusieurs fois séculaire. Elle s'est montrée encore dans la grève des postiers, déclarée en quelques instants, puis dans l'insurrection de Barcelone, où des citoyens paisibles transformés presque instantanément en brigands sanguinaires, incendièrent les couvents, les églises et déterrèrent les morts.

Les interprétations théoriques de ces subites explosions, données après coup, ne les expliquent guère. Pour les comprendre, il faut se résigner à mettre de côté notre logique rationnelle. Elle peut, cette logique, nous servir à imaginer des causes fictives pour les événements, mais non les créer.

Certes, ces mouvements populaires ne sont pas fils du hasard, mais les sentiments inconscients qui les engendrent obéissent à des lois dont l'étude est à peine entrevue encore.

Un fait demeure cependant parfaitement acquis. Ces brusques insurrections ont, le plus souvent, pour point de départ, l'influence de quelques meneurs. Il importe donc tout d'abord de découvrir comment ces derniers agissent et pourquoi leur action est parfois si rapide et si sûre, quoique leurs moyens paraissent fort méprisables à notre raison.

Je n'étais pas encore sorti de l'enfance lorsque, sur la grande place d'une petite ville de province, je reçus à ce sujet une leçon de psychologie qui m'impressionna fort. Une trentaine d'années me furent du reste, nécessaires pour en saisir toute la portée. Ce ne fut pas bien entendu, la leçon qui me frappa alors, mais son auteur, personnage imprévu, couvert d'une tunique d'or constellée de pierreries.

Etait-ce un roi mage, un satrape assyrien, un fabuleux rajah ? Troublant problème.

Le trône d'où rayonnait sa splendeur dominait un char que traînaient des chevaux caparaçonnés de pourpre. Derrière lui, deux guerriers, porteurs d'armures étincelantes, lançaient dans de longues trompettes d'argent des appels sonores et mystérieux.

Une foule admirative, à chaque instant plus dense, l'enveloppa bientôt. Soudain il fit un geste, les trompettes se turent et un silence anxieux s'étendit.

Alors, se soulevant avec une royale nonchalance, le mage éclatant haranga la multitude. Elle écoutait, attentive, respectueuse et charmée.

Ce qu'il disait ? J'étais trop loin pour bien l'entendre et compris seulement que ce puissant personnage venait des contrées lointaines, où régnait jadis la reine de Saba, pour donner aux hommes, en échange de sommes minimes, des boîtes magiques contenant une poudre merveilleuse capable de guérir tous les maux et d'assurer le bonheur.

Il se tut, les trompettes répétèrent leurs appels et la foule éblouie se précipita pour acheter les miraculeuses boîtes. Je l'aurais bien volontiers imitée, mais hélas, ma famille, désireuse de m'inculquer le mépris des richesses, et de m'éviter, disait-elle, le sort de Sardanapale, laissait mes poches totalement vides.

Plus amers encore furent mes regrets lorsque j'appris les cures prodigieuses accomplies par la magique poudre. Sans doute, le pharmacien du lieu, homme jaune, sec et sévère, prétendit que les boîtes contenaient uniquement du sucre. Mais, que pouvaient valoir, je vous prie, les dires de ce boutiquier jaloux contre les affirmations d'un mage couvert d'or, derrière lequel d'imposants guerriers sonnaient du buccin ?

Tout s'efface cependant, les joies toujours, les amertumes quelquefois. Les années descendirent leur rapide spirale, estompant un peu le souvenir du magicien dont l'apparition imposante avait enchanté ma vie d'enfant.

J'acquis les connaissances inutiles du collège et parmi elles la logique, d'après laquelle, assuraient mes maîtres, se forment nos croyances et se dirigent nos actions. Je n'avais pas oublié toutefois l'homme prestigieux. Sa logique, fort différente de celle des livres, lui avait réussi. Donc elle n'était pas vaine. Si sa poudre ne contenait que d'insignifiants éléments, elle agissait pourtant. A quelle puissance magique devait-on alors attribuer ces miraculeuses vertus ?

Je restais muet devant ces problèmes. Néanmoins, après y avoir souvent réfléchi, je finis par découvrir que ce subtil personnage avait su manier d'instinct les facteurs fondamentaux d'où dérivent la vie des peuples et le cours de leur histoire.

Ce qu'il vendait, en effet, c'était cet élément immatériel qui mène le monde et ne saurait mourir :

l'ESPERANCE.

Les prêtres de tous les cultes, les politiciens de tous les âges ont-ils jamais vendu autre chose ?

Et si l'ingénieux personnage avait réussi à imposer la foi en ses discours, c'est que, comme tous les fondateurs de croyances, il s'appuyait sur ces quatre principaux facteurs des convictions populaires : 1°/ le prestige qui suggère et impose. 2°/ l'affirmation sans preuve qui dispense de la discussion. 3°/ la répétition qui fait accepter comme certaines les choses affirmées. 4°/ la contagion mentale qui rend vite très puissantes les convictions individuelles les plus faibles.

Cette brève énumération contient les éléments fondamentaux de la grammaire de la persuasion. Si des professeurs de logique vous assurent que la raison devrait y figurer aussi, laissez-les dire, mais ne les croyez pas.

Ces facteurs sont applicables aux cas les plus divers, dans les circonstances les plus variées. Pour convaincre, vous les emploierez (inconsciemment peut-être, mais sûrement), que vous soyez simple charlatan désireux de vendre un élixir, subtil financier obligé d'écouler de médiocres valeurs, ou même puissant dirigeant voulant amener son peuple aux lourds sacrifices nécessaires pour fonder une grande armée.

Ces facteurs de la persuasion ne s'adressent qu'aux sentiments, c'est-à-dire aux mobiles habituels de notre conduite. Ils auraient peu de prise sur l'intelligence et seraient, par conséquent, sans utilité pour le professeur faisant une démonstration où le savant exposant une expérience. Ces derniers cherchent en effet à établir des connaissances et non des croyances.

Connaissance et croyance sont choses fort distinctes. Platon l'avait observé, il y a un certain temps déjà, et indiqué également qu'on ne les édifie pas de la même façon. Tous les hommes acquièrent facilement des croyances. Très peu s'élèvent jusqu'à la connaissance. La connaissance implique des démonstrations et des raisonnements. La croyance n'en exige aucun.

Gustave Le Bon

La grammaire de la persuasion, dont je viens de résumer brièvement les éléments essentiels, n'est utilisable que pour la création d'opinions ou de croyances ayant des sentiments pour bases. De ces opinions et de ces croyances dérive l'immense majorité de nos actions. Qui les fait naître est notre maître.

Un orateur populaire s'adressant, comme tant d'honnêtes logiciens le supposent, à l'intelligence de ses auditeurs ne convaincrait personne et ne serait même pas entendu. Avec des gestes, des formules, des mots évocateurs d'images il influence leur sensibilité et par elle atteint leur volonté. Ce qu'il vise, ce n'est pas l'intelligence, mais cette région inconsciente où germent les émotions génératrices de nos pensées.

On agit sur elle par les moyens que j'ai indiqués : prestige, suggestion, etc. Mais, dans notre énumération, ne pouvait figurer (car il n'est guère formulable en règles) ce facteur personnel, composé d'éléments très divers et indéfinissables, dont l'ensemble constitue la séduction.

L'orateur qui séduit charme par sa personne beaucoup plus que par ses paroles. L'âme de ses auditeurs est une lyre dont il ressent les moindres vibrations nées sous l'influence de ses intonations et de ses gestes. Il devine ce qu'il doit dire et comment le dire. L'orateur vulgaire, le politicien craintif, ne savent que flatter servilement la multitude et accepter aveuglément ses volontés. Le véritable manieur d'hommes commence d'abord par séduire, et l'être séduit, foule ou femme, n'a plus qu'une opinion, celle de son séducteur, qu'une volonté, la sienne.

Il semblerait que ces charmeurs rayonnent des forces attractives inconnues. A qui les possède nul besoin de donner des raisons, la simple affirmation suffit. Si les grands orateurs consentent quelquefois à des explications, lorsque, leurs discours doivent être publiés, c'est qu'ils n'ignorent pas que le mécanisme de la persuasion par les écrits diffère immensément de celui exercé par la parole. Le prestige individuel constitue cependant une telle puissance que, même dans les écrits, son action subsiste encore. De grands écrivains comme Rousseau, ont convaincu, non par leurs arguments souvent très faibles, mais surtout par leur prestige.

Le charmeur n'a d'autre ennemi irréductible qu'une solide

croyance ancrée dans l'âme de ses auditeurs. Lorsqu'une telle croyance a envahi le champ de l'entendement tout se brise devant elle. C'est un mur que rien ne traversera plus.

Le charme magnétique suffit quelquefois, mais non pas toujours, et d'autres qualités, parmi lesquelles l'art de bien parler ne figure qu'à une place secondaire, sont nécessaires à l'orateur. Pour persuader, il doit savoir sortir de sa pensée, pénétrer dans celle de ses auditeurs, et vibrer à l'unisson de la foule qui l'entoure. Il faut s'émotionner avec elle avant de tenter de l'amener à ses vues. C'est ce que sut faire Antoine, prononçant devant le cadavre de César le très habile discours que lui prête Shakespeare et grâce auquel il transforma en quelques instants ses auditeurs, d'abord favorables aux meurtriers, en vengeurs prêts à les massacrer.

Et qu'il s'agisse d'une foule vulgaire ou d'une assemblée d'élite, l'élément de persuasion que je viens d'indiquer sera toujours le plus efficace. Il faut, répétons-le, deviner ce que pense l'auditoire et penser d'abord comme lui pour l'amener ensuite à penser comme vous.

L'utilité de ce principe est très bien marquée dans le passage suivant d'un travail consacré par monsieur Tardieu a un des grands orateurs de notre temps, le prince de Bülow, alors chancelier de l'empire d'Allemagne.

*L'essence de l'art oratoire dans une assemblée politique réside dans la perception immédiate de ce qu'attend l'auditoire. Le contact s'établit-il ? Voilà la partie gagnée. Monsieur de Bülow a toujours excellé à établir ce contact. Nul plus que lui n'a senti d'instinct ce qui convenait, à tout instant, au public qui l'écoutait. Il y a, dans nombre de ses discours, des phrases ou des périodes entières faites pour répondre au goût du jour. L'affirmation répétée à l'excès de la force allemande, les déclarations arrogantes : «L'Allemagne ne se laissera pas marcher sur le pied... L'Allemagne ne se laissera pas mettre de côté... L'Allemagne ne se laissera pas isoler...» sont des banalités usées que cet intellectuel raffiné ne s'approprie point sans raisons. Mais, orateur avisé, il sait que ces banalités plaisent aux députes qui l'écoutent, échantillons assez vulgaires, pour la plupart, d'un **Deutschtum** orgueilleux. Il manœuvre son public comme une partie d'échecs.*

Les foules, nous l'avons vu précédemment, possèdent une crédulité infinie, mais le plus souvent les opinions qu'on leur suggère sont momentanées, sans consistance, sans durée et sans force. A de rares périodes de l'histoire seulement on les voit acquérir pour un certain temps de solides croyances. Alors, comme au moment des premières Croisades, pendant les guerres de religion ou à l'époque de la Révolution, elles deviennent un irrésistible torrent qui bouleverse le monde. Ce ne sont pas nos pâles socialistes révolutionnaires, si bruyants devant les défenseurs de l'ordre social, mais si craintifs devant les foules, qui pourraient provoquer de tels mouvements. Trop d'appétits personnels sont à la base de leurs éphémères convictions. Jamais des croyances durables ne s'édifièrent sur d'aussi fuyants appuis.

Le rôle des meneurs, connu depuis longtemps, puisqu'il s'est manifesté à toutes les époques, n'a cependant reçu des psychologues qu'une insuffisante explication. Ils ne la fourniront sans doute qu'après avoir exploré davantage cette obscure région du subconscient (le subliminal des chercheurs actuels), où s'élaborent les causes de nos actes et les formes de nos pensées.

J'irai plus loin, peut-être, que la science positive ne le permet en disant que les âmes inconscientes du charmeur et du charmé, du meneur et du mené se pénètrent par un mécanisme mystérieux.

Cette fusion d'inconscients indiquée, semble-t-il, par un grand nombre de faits, même en psychologie animale, nous conduit au seuil d'un domaine inconnu que la science entrevoit, mais qu'elle n'a pu explorer encore.

De ces régions ténébreuses, il faut revenir à celles dont l'observation est facile. J'ai signalé quelques éléments de la persuasion, mais quelques-uns seulement. Comment exposer en d'aussi brèves pages ce qui demanderait un volume ? Persuasion par le milieu, par le journal, par les comités anonymes, par l'annonce, par l'intérêt {tiret|indivi|duel}} duel, etc. Que de chapitres dignes de l'attention des psychologues et qui, cependant, ne les ont guère tentés. Ils seraient plus utiles que leurs vaines dissertations sur les catégories de Kant ou sur la nature de l'espace et du temps. Plus utiles, plus intéressants, mais beaucoup plus difficiles aussi.

Parmi les facteurs principaux des convictions populaires énumérées plus haut, il en est un, la contagion mentale, tellement important que nous devons en dire quelques mots. Elle est le fondamental élément de la propagation des mouvements dont je parlais en commençant : grève des postiers, insurrection de Barcelone, etc.

Ces mouvements, commencés par les meneurs quand diverses circonstances (un mécontentement général, par exemple), prédispose les esprits à une certaine réceptivité s'étendent très vite autour d'eux par le mécanisme de la contagion mentale.

Son rôle est prépondérant dans la plupart des phénomènes historiques. Sans elle, aucune des fondamentales croyances qui menèrent le monde christianisme, islamisme, bouddhisme, etc., n'aurait pu se répandre. La contagion mentale seule et jamais la raison entraîna leur propagation.

C'est encore la contagion mentale qui généralise les grandes révolutions, les mouvements d'opinion et tout ce qui constitue l'âme d'une époque. Son action semble plus considérable aujourd'hui qu'en aucun temps, parce que l'âge moderne est devenu l'ère de multitudes que les liens du passé ont cessé de retenir.

Pour bien discerner les vrais mobiles de la conduite des individus et des foules, il ne faut pas oublier que sentiments et intelligence sont, je l'ai dit déjà, hétérogènes. Régis par des lois fort différentes, ils n'ont pas de commune mesure. Cette notion m'a guidé dans plus d'un livre, et tout récemment encore l'éminent philosophe Ribot insistait sur sa capitale importance.

Nous nous obstinons cependant à traduire l'affectif en termes intellectuels. Sentiments et intelligence étant toujours mélangés sont du reste difficilement séparables. C'est seulement par des moyens détournés qu'on a pu dégager des états de conscience purement affectifs, c'est-à-dire vides de tout contenu intellectuel.

Retenons seulement de ces indications sommaires que la logique de l'intelligence n'a, je ne saurais trop le redire aucun rapport avec celle des sentiments. Les ressources de la première sont donc absolument impuissantes à interpréter les actes issus de la seconde.

L'histoire, telle que la bâtissent des érudits de bibliothèque, disciples dociles d'une sévère logique, est une construction artificielle beaucoup trop rationnelle. Les plus importants des événements, ceux qui ont dominé la destinée des peuples et leurs civilisations, émanèrent de facteurs psychologiques inconscients, que l'érudit prétend interpréter sans savoir en pénétrer les causes. Ce n'est pas du rationnel mais de l'irrationnel que les grands événements sont nés. Le rationnel crée la Science, l'irrationnel conduit l'Histoire.

CHAPITRE III
La mentalité ouvrière

Je ne voudrais pas méconnaître l'utilité des nouvelles recherches de la psychologie contemporaine. Il est certainement très intéressant d'observer les formes de l'altruisme chez les batraciens et la faiblesse des sentiments conjugaux chez divers arachnides. Je me suis cependant souvent demandé si les psychologues professionnels ne rendraient pas de plus précieux services, en s'adonnant un peu à l'étude des faits journaliers de la vie sociale et à la détermination de leurs causes. Il en résulterait peut-être la connaissance de lois importantes.

Les sujets d'observation abondent. S'ils provoquent souvent beaucoup d'étonnement, c'est précisément parce que la psychologie moderne n'a pas encore su en déterminer les lois.

Des insurrections comme celle de Draveil par exemple et celles analogues, font partie de ces mouvements populaires imprévus, surprenants toujours, parce que leur déroulement psychologique demeure ignoré.

On se souvient de Draveil. Insurrection à main armée ordonnée par les meneurs de la C.G.T., soldats contraints à se défendre pour n'être pas massacrés, etc. Conséquences finales adhésion immédiate de la majorité des syndicats ouvriers à la Confédération Générale du Travail, tentative de grève des typographes pour empêcher les journaux de paraître, grève des électriciens privant Paris de lumière pendant une soirée.

Ces faits demeurent incompréhensibles à qui n'a pas un peu étudié la mentalité populaire. L'extraordinaire naïveté des moyens proposés pour en prévenir le retour montre à quel point des hommes pourtant éclairés demeurent étrangers à la psychologie collective.

L'affaire de Draveil est très caractéristique parce qu'il reste incontestable (fait assez rare en pareille aventure), que tous les torts furent d'un côté et le bon droit de l'autre. Révolte contre les lois, attaque violente contre des troupes chargées de protéger les propriétés privées et qui ne se défendirent qu'à la dernière extrémité. La répression était indispensable. Aucun pouvoir politique n'aurait pu l'éviter.

Le gouvernement avait donc entièrement raison. Cependant toute la classe ouvrière l'a furieusement blâmé. Pourquoi ?

Avant de répondre à cette question, il faut répéter encore que les foules obéissent à des impulsions toujours déconcertantes lorsqu'on veut les juger au nom de la logique. Disserter sur l'absurdité de leurs mobiles serait inutile. C'est uniquement l'impression produite par eux dans les esprits qu'il importe de connaître.

Pour saisir l'influence de ces mobiles souvenons-nous du pouvoir des chimères sur l'âme populaire. Méconnaître leur action serait ignorer l'histoire. Dans la chaîne des événements dont elle redit le cours, le rôle de la raison fut toujours minime, et celui du rêve prépondérant. Des millions d'hommes ont péri au service des illusions et par elles furent fondés de puissants empires.

Le prestige de l'irréel reste aussi considérable aujourd'hui que jadis. Les chimères qui fascinaient autrefois les multitudes les fascinent encore. Leurs noms seuls ont changé.

Avant d'étudier la mentalité ouvrière nous devrons rappeler certains caractères généraux communs aux foules déjà décrits, puis les idées directrices spéciales aux ouvriers et déterminant leur conduite.

Une foule n'est pas nécessairement un rassemblement d'hommes. Des suggestions partagées par des individus éloignés, mais que la presse et le télégraphe réunissent mentalement, peuvent leur donner les aptitudes d'une foule. Ils en ont alors l'excitabilité, l'inconstance, la fureur, la crédulité, l'absence totale d'esprit critique, l'incapacité à se laisser influencer par un raisonnement, le fétichisme et le besoin irréductible d'obéir à un maître. Leurs mouvements les plus violents résultent toujours de l'impulsion de quelques meneurs. Aujourd'hui comme autrefois, la foule est prête à se prosterner devant tous les tyrans, mais elle en change plus souvent.

Gustave Le Bon

«Les foules, écrit Tarde, se ressemblent toutes par certains traits : leur intolérance prodigieuse, leur orgueil grotesque, leur susceptibilité maladive, le sentiment affolant de leur responsabilité née de l'illusion de leur toute-puissance et l'absence totale du sentiment de la mesure qui tient à l'outrance de leurs émotions mutuellement exaltées. Entre l'exécration et l'adoration, entre l'horreur et l'enthousiasme, entre les cris vive et à mort, il n'y a pas de milieu pour une foule.»

Ces diverses particularités psychologiques se retrouvent dans tous les grands mouvements populaires récents, notamment ceux de Draveil. Les ouvriers avaient attaqué violemment la troupe pour obéir à quelques meneurs. La riposte des soldats provoqua cependant dans la France entière la furieuse susceptibilité de la classe ouvrière s'imaginant, comme toutes les multitudes, être au-dessus des lois. Immédiatement elle se solidarisa avec les émeutiers et invectiva violemment le gouvernement, coupable uniquement de n'avoir pas obligé des militaires à se laisser massacrer sans défense. «L'amour-propre irrité chez le peuple, disait madame de Staël, c'est le besoin de donner la mort.»

Quant à la soumission aveugle des foules aux ordres des meneurs elle a été nettement mise en évidence non seulement par les violences exercées sur les soldats, mais encore par les deux grèves consécutives à la répression de l'insurrection. Celle des typographes, qui faillit empêcher les journaux de paraître, n'aboutit qu'à moitié parce que les chefs s'attardèrent à parlementer au lieu d'agir d'une façon assez despotique. La grève des électriciens réussit parfaitement, au contraire, parce que l'ordre en fut donné impérativement, au dernier moment, de manière à éviter toute discussion. Chaque ouvrier reçut simplement l'injonction suivante :

«Le comité ordonne à tout syndiqué de cesser de travailler le jeudi 6 août 1908, à huit heures du soir, et de ne recommencer qu'à dix heures.» Signé P...

P... fut obéi comme ne le seraient ni le Tsar ni aucun autocrate. Seul peut-être le Grand Lama, incarnation de Dieu, comme on sait, possède sur ses fidèles une autorité comparable.

Les journaux recueillirent pieusement les déclarations du dictateur. Il leur révéla avec condescendance ses opinions. P... est antimilitariste, il méprise le gouvernement et juge sévèrement le roi des Belges. Il n'admet pas que le Président du Conseil se permette de remplacer les électriciens par des soldats et lui enverra d'ailleurs prochainement ses ordres.

Cet éphémère potentat manie assez subtilement l'ironie. Il considère la grève générale comme une merveilleuse baguette magique dont la classe ouvrière doit profiter, mais il en restitue honnêtement la découverte à un membre du gouvernement.

Malgré son pouvoir souverain, je ne conseille pas cependant à cet autocrate de trop compter sur la durée de sa puissance. Il n'est qu'un symbole traduisant un état d'âme populaire, que d'autres sauront prochainement exploiter. Les foules sont obéissantes mais terriblement changeantes et P... tombera bientôt dans un oubli aussi profond que les anciens meneurs de l'insurrection du Midi. Il fera bien alors de solliciter une chaire de psychologie pratique à la Sorbonne afin d'y enseigner aux politiciens et aux chefs d'industrie l'art de manier les foules, qu'il possède si bien et ses adversaires si mal.

Cet enseignement leur serait fort utile. L'ignorance de la mentalité populaire est évidemment complète chez beaucoup d'hommes politiques de tous les partis et aussi chez les chefs industriels. Ils en sont à croire, en effet, qu'on séduit les multitudes par une servile soumission, alors que c'est précisément le contraire.

On trouvera des preuves de cette singulière ignorance dans le stupéfiant manifeste des députés socialistes unifiés, à la suite de l'insurrection de Draveil.

Bien qu'accablés des plus méprisantes invectives par les meneurs de la C.G.T., ils n'ont pas rougi d'affirmer leur solidarité «avec les militants ouvriers en grève et en bataille et les organisations syndicales qui les groupent et les encadrent. Aujourd'hui comme hier, ajoutent-ils, le parti donnera sa participation entière à toute action décidée par le prolétariat organisé.»

C'est, comme le faisait remarquer un des journaux qui reproduisirent ce document, «l'abdication pure et simple de toute autorité entre les mains des dirigeants de la C.G.T.»

Cette mentalité servile est fort instructive. Elle représente une forme laïcisée de l'esprit clérical le plus humble. Je préfère infiniment les dévots, courbés aveuglément sous les ordres du Pape, aux politiciens s'agenouillant devant les décrets de quelques meneurs. Les premiers ont du moins le mérite du désintéressement.

Si l'on ignorait la puissance de l'esprit religieux il serait incompréhensible de voir des hommes éclairés fraterniser avec des anarchistes s'attribuant le droit de massacrer les soldats, suspendre la publication des journaux, arrêter la vie publique et autres fantaisies que n'auraient osé rêver ni Néron ni Héliogabale.

Et de leur basse soumission que retirent-ils ? Le mépris intense et non dissimulé des maîtres qu'ils prétendent servir.

Evidemment, les députés socialistes unifiés ont fait preuve dans cette circonstance d'une psychologie très pauvre, mais plusieurs défenseurs de l'ordre ne se sont pas montrés beaucoup plus clairvoyants. L'un d'eux, député modéré cependant, assurait dans un journal, que les événements de Draveil résultaient de la lenteur du Parlement à adopter toutes les lois que les syndicats exigent et qu'on devrait s'empresser de les voter. Cela signifie sans doute qu'après avoir admis le rachat des Chemins de fer de l'Ouest, il faut se hâter d'édicter l'impôt sur le revenu qui, en dévoilant l'état des fortunes, permettra de dépouiller les citoyens à volonté. En résumé, obéir sans discussion aux ordres du syndicalisme révolutionnaire qui, d'ailleurs, déclare mépriser toutes ces réformes. Obéir sans trêve, obéir toujours ! Quelle dangereuse conseillère que la peur !

On vit mieux encore les conséquences de la crainte par ce qui se passa chez le Président du Conseil lorsqu'au lendemain de la grève des électriciens, il réunit les directeurs des six secteurs électriques de Paris.

N'admettant pas, avec raison, qu'une ville de trois millions d'habitants dût subir les caprices d'une poignée de syndicalistes, le ministre conseilla aux directeurs de licencier immédiatement le personnel, offrant de le remplacer par des soldats du génie. Un seul accepta la proposition, s'engageant à faire fonctionner sans difficulté son usine avec les ouvriers qu'on lui procurerait. Les cinq autres refusèrent, déclarant préférer obéir aux ordres du chef du Syndicat. Le lendemain ils envoyaient un émissaire offrir bien humblement à cet homme redouté, un emploi lui laissant toute liberté avec 4.000 francs environ d'appointements ! La pusillanimité poussée à ce degré est tellement invraisemblable que je n'aurais pas raconté cette histoire si je ne la tenais d'un témoin présent à l'entrevue et qui en sortit rouge de honte, sous l'œil dédaigneux du ministre.

Cette poltronnerie insigne des directeurs des secteurs parisiens produisit naturellement les effets qu'eût empêchés le licenciement, au moins provisoire, du personnel. La foule méprise toujours la faiblesse et respecte l'énergie. Il n'y a pas d'exemple dans l'histoire qu'elle ait été conquise par la lâcheté. Dans le cas des électriciens, le renvoi était d'autant plus facile, que toutes les machines des secteurs fonctionnent automatiquement. Les ouvriers y jouant pour la plupart le rôle de simples manœuvres peuvent, comme me l'expliquait un des ingénieurs, être remplacés par des hommes quelconques, après un apprentissage très sommaire. Plusieurs journaux flétrirent avec une vigueur dont on doit les féliciter la très honteuse conduite des directeurs de secteurs. «Depuis que la crise sociale est ouverte, concluait le **Temps**, il n'y a pas eu de symptôme plus grave que cette défaillance. L'audace des révolutionnaires n'est rien. C'est la couardise des autres qui serait irréparable. Le gouvernement fait son devoir. On refuse son appui. On ne veut pas être aidé. On veut être battu.»

Si le patronat refuse de se défendre et n'arrive pas à mieux s'assimiler la psychologie populaire, il méritera les déchéances dont on le menace et ses jours sont comptés.

En dehors des caractères communs à toutes les foules, la mentalité ouvrière offre des particularités spéciales dues à un petit nombre d'idées transformées en dogmes chez l'ouvrier par le mécanisme de la répétition et de la contagion.

Ces idées aussi simples qu'absurdes sont présentées par les apôtres de la C.G.T. sous les formes suivantes :

«L'ouvrier est le créateur de la richesse sociale et de cette richesse ne profite pas. Seuls au contraire les hommes qui ne la créent pas en sont bénéficiaires.»

Pour remédier à cette injustice, il faut simplement détruire la société actuelle au profit de la classe ouvrière et par conséquent «fortifier des groupements aptes à accomplir l'expropriation capitaliste et capable de procéder à une réorganisation sociale sur le plan communiste.»

En attendant, le comité ordonne des grèves répétées pour arriver, par l'élévation des salaires, à la suppression progressive et bientôt totale du bénéfice des entreprises industrielles. Cette dernière manœuvre accentuée chaque jour, est facilement praticable pour les anciennes entreprises, parce que leurs administrateurs, très craintifs et assez indifférents aux intérêts des actionnaires, iront de concessions en concessions, jusqu'à ce que le dividende tombe à zéro. La valeur de l'action se trouvera réduite alors au même chiffre.

Une prochaine et très évidente conséquence de cet état de choses sera la difficulté de trouver des commanditaires pour des entreprises nouvelles. De mieux en mieux fixé sur son sort, l'actionnaire préfère engager ses capitaux dans des sociétés étrangères. La liste déjà serait longue des produits vendus en France mais ne se fabriquant plus qu'au dehors. L'ouvrier, sans s'en apercevoir, est en train de tuer la poule aux œufs d'or. Totalement incapable de prévision, il ne voit que les résultats immédiats, momentanément avantageux pour lui, et persévérera dans la voie où on l'a engagé jusqu'à l'heure finale de la ruine.

Cette course à l'abime des classes ouvrières, est accélérée par les déclamations furieuses d'une foule de demi-intellectuels en révolte. Mécontents de leur sort, persuadés que les diplômes obtenus par la récitation mécanique de gros manuels devraient leur procurer des situations élevées, tous ces incompris maudissent la société qui méconnait leur génie et de l'ouvrier, bien entendu, ne se soucient nullement. Dépourvus du sens des réalités et des nécessités économiques qui régissent les civilisations modernes, ils s'imaginent qu'une société nouvelle s'inclinera devant leurs qualités éclatantes si mal appréciées par le monde actuel.

Abusé par ces déclassés, fruits de notre enseignement universitaire, l'ouvrier se persuade chaque jour davantage être victime des plus criantes injustices et ne rêve que de révoltes.

C'est ainsi que les cervelles populaires se sont peuplées d'illusions. Le simple manœuvre s'imagine maintenant, malgré l'évidence contraire, produire des revenus dont il ne profite pas. Est-il nécessaire de démontrer que les véritables créateurs de la richesse sont des agriculteurs, des industriels, des ingénieurs, des savants, possesseurs de capacités absolument étrangères à l'ouvrier.

L'action de ce dernier a toujours été à peu près nulle dans les grandes inventions qui le font vivre. Evidemment le travail manuel contribue à permettre d'utiliser ces inventions, mais avec les progrès incessants du mécanisme moderne, le rôle de la main-d'œuvre se restreint progressivement. Nous avons déjà dit à propos des usines électriques qu'un petit nombre de simples manœuvres suffit à les faire marcher. Dans la plupart des industries, celle des automobiles, par exemple, la main-d'œuvre ouvrière n'entre pas pour plus d'un cinquième dans la valeur totale de l'objet fabriqué.

Est-il vrai d'ailleurs que cette main-d'œuvre soit mal rétribuée ? Elle l'est au contraire si bien que beaucoup d'ouvriers reçoivent maintenant des salaires supérieurs a ceux qu'atteignent difficilement, après 20 ans de travail, une foule de bourgeois magistrats, officiers, médecins, ingénieurs, avocats, fonctionnaires, etc., munis cependant d'une éducation extrêmement coûteuse.

Dans la plupart des usines parisiennes, notamment celles des automobiles citées plus haut, le travail du dernier des manœuvres est payé 6 francs par jour, traitement d'un préparateur, déjà docteur, dans une Faculté, et les ouvriers un peu habiles arrivent rapidement à des gains quotidiens de 13 à 14 francs.

Parmi les illusions populaires figure, malheureusement, celle-ci que les hommes sont égaux par l'intelligence. Les bénéfices des chefs d'usine paraissent en conséquence injustement élevés. Un simple travailleur est pour la foule aussi apte à bien diriger une usine ou régir une Compagnie qu'un homme instruit. Les ouvriers ont pourtant fait de probantes expériences qui auraient dû les éclairer sur l'insuffisance de leurs capacités. Combien pourraient-ils citer d'entreprises industrielles fondées par eux, à l'aide de capitaux complaisants, ayant réussi ?

La haine des supériorités est si générale aujourd'hui, qu'on a vu de grandes villes, Brest, Dijon, Roubaix, Toulouse, etc., choisir comme maires et conseillers municipaux, de simples ouvriers, de modestes facteurs de gare, de médiocres commis.

Gustave Le Bon

On sait les résultats. Ils furent nettement désastreux. Un tel gaspillage financier et une si rapide désorganisation s'en suivirent qu'il fallut aux premières élections se débarrasser d'eux.

Partout, mêmes conséquences. En Alsace-Lorraine, par exemple, les dernières élections éliminèrent les ouvriers de toutes les municipalités, notamment à Strasbourg et à Mulhouse. Dans cette dernière ville, ils s'étaient livrés à des désordres administratifs tellement invraisemblables que pas un seul conseiller municipal sortant n'a pu être réélu.

Les peuples ne s'instruisant que par l'expérience, il leur devient utile d'en faire quelquefois de semblables, si ruineuses puissent-elles être. Le gouvernement de toutes les communes de France par des ouvriers socialistes engendrerait sûrement en quelques mois l'horreur intense du socialisme.

Alors seulement les foules découvriraient peut-être que la nature s'est obstinément refusée à créer les hommes égaux, que la capacité est la première des puissances et que la grandeur, la force et la richesse d'un pays, sont uniquement constituées par une petite élite d'esprits supérieurs savants, industriels, artistes, ingénieurs, ouvriers de choix, etc. Jamais les masses ne s'empareront du capital comme le demandent tant de fanatiques imbéciles, parce que le véritable capital, c'est l'intelligence.

De cette propriété on ne peut dépouiller personne.

CHAPITRE IV
Les formes nouvelles des aspirations populaires

Considérée dans ses résultats immédiats, la grève des postiers apparaît comme un incident comparable à une grève quelconque. Envisagée dans ses causes lointaines et dans l'avenir dont elle est chargée, elle constitue, au contraire, un de ces événements marquant une phase nouvelle de l'histoire d'un peuple.

Pour la première fois, en effet, on a constaté le commencement de désagrégation d'une société en petits groupes homogènes, ne possédant chacun d'autre patriotisme que celui de leur groupe et prêts à sacrifier l'intérêt général, dès qu'ils y trouvent un avantage particulier. Le monde civilisé a vu, avec étonnement, des postiers traiter le reste de la nation en ville assiégée que l'ennemi cherche à isoler et à réduire par la famine. Nul souci des ruines que pouvait provoquer un pareil arrêt de la vie publique.

Cet égoïsme corporatif substitué à l'intérêt général du pays frappa beaucoup les étrangers. Voici comment s'exprima, à ce propos, le plus important des grands journaux anglais, le **Times** :

Il est triste de constater que la grève actuelle jette un jour véritablement sinistre sur certains aspects de la vie nationale en France.

… Si la crise européenne actuelle s'était dénouée soudainement par une guerre, la puissance militaire de la France eût été réduite en ces quelques jours à son minimum et un épouvantable désastre national eût été rendu inévitable.

… Un corps de fonctionnaires publics qui, dans une heure de difficulté et d'anxiété internationale, ne tient pas compte de pareilles considérations, manque forcément, ou bien de l'intelligence la plus ordinaire, ou bien des moindres éléments du patriotisme.

Le mépris de tout un groupe de citoyens pour l'intérêt général ne constitue qu'un des enseignements de cette grève. Elle en comporte bien d'autres.

Son explosion soudaine fut la conséquence de la formation d'énergies sociales nouvelles, inaperçues, mais grandies dans l'ombre depuis longtemps. Conscientes de leur force, elles se sont dressées devant l'Etatisme parlementaire et, par un foudroyant succès, ont montré ce que pourrait devenir leur rôle.

Ce pouvoir imprévu s'élève aussi bien contre la puissance de l'Etat que contre celle du socialisme, simple floraison de l'Etatisme. Les collectivistes eurent donc, en vérité, bien tort de se réjouir de la réussite d'une grève dont évidemment, ils ne soupçonnèrent aucunement la portée.

Le triomphe des postiers fut favorisé par l'impopularité croissante d'un Parlement qui n'a su qu'édifier des lois incohérentes et persécuter, avec la plus cruelle intolérance, des classes entières de citoyens.

L'histoire, rapportée à la Chambre, de cette receveuse des postes dont un préfet exigeait la révocation, uniquement parce qu'elle allait à la messe, provoqua dans le public, une véritable explosion d'indignation et fut, pour beaucoup, dans la sympathie témoignée aux grévistes.

Cette nouvelle évolution des aspirations populaires nous ramène à une période d'anarchie et de régression. La Révolution avait remplacé les corporations par la liberté, et voici que les corporations se rétablissent. Elle avait supprimé l'Impôt personnel, pour éviter l'inquisition fiscale et nous allons rétablir cette inquisition qui deviendra plus oppressive que les anciennes persécutions religieuses. Les vieilles tyrannies renaissent donc tour à tour et changent simplement de noms. La seule liberté de l'avenir sera celle de nous haïr. La théocratie syndicaliste n'en tolère pas d'autres.

La soudaineté de la grève dont nous venons de parler et son absence de motifs prouve clairement qu'elle était issue d'un nouvel état mental des foules. Dès qu'ils l'eurent proclamée, les postiers eurent bien de la peine à lui trouver des causes avouables. Leurs affiches trahirent nettement cet embarras.

Dans une proclamation du Conseil central de la grève publiée par le **Matin**du 19 mars 1909, nous lisons :

Jamais nous n'avons envisagé la grève comme moyen de défense professionnelle, ce sont les injures adressées par monsieur Symian à nos collègues dames qui ont soulevé l'indignation du personnel tout entier.

Mais, comprenant bientôt que le fait d'avoir adressé à des dames des noms de volatiles, peu réputés par leur intelligence, ne suffisait pas à excuser l'arrêt de la vie d'un pays, les grévistes cherchèrent d'autres motifs. Ils ne trouvèrent à invoquer qu'un vague favoritisme, utilisé d'ailleurs par la plupart des agents, et dont le seul résultat était de faire gagner trois mois à des employés avançant automatiquement tous les trois ans.

En réalité, la grève eut de tout autres causes et la situation des postiers ne la justifiait nullement.

Cette situation était, en effet, absolument privilégiée. Considérés comme des agents électoraux précieux, ils voyaient, depuis 15 ans, toutes leurs exigences satisfaites. Mieux payés que la plupart des fonctionnaires et beaucoup plus que les meilleurs ouvriers, ils ne possèdent cependant que l'instruction primaire de ces derniers et exécutent un travail bien moins difficile.

Le commis qui a dirigé la grève touchait, avec ses indemnités, près de 6.000 francs d'appointements, et l'employé le plus mal noté est toujours sûr d'arriver à 45 ans avec les remises, à 4.400 francs, s'il travaille dans un bureau fixe, et 5.500 francs, s'il est ambulant. La retraite représente les deux tiers des appointements. Les sujets capables avancent tous les trois ans. Les moins capables sont seulement retardés de trois mois. En publiant les instructions qui règlent l'avancement, les journaux montrèrent l'indulgence de l'administration et quelles faibles notes il fallait avoir pour n'avancer qu'à l'ancienneté. Voici ce que disent ces instructions :

L'avancement par ancienneté se fera pour le personnel des services d'exécution, de direction et de surveillance se signalant par sa faiblesse de rendement, manquement de zèle, d'assiduité, d'exactitude, manque d'autorité, négligences graves ou répétées dans le service.

Alors, pourquoi la grève ?

Elle fut simplement une crise de vanité collective exaspérée chez des gens conscients de la force artificielle qu'on leur avait laissé prendre. En voici la genèse :

*Les ministres et sous-secrétaires d'Etat qui se sont succédé depuis 10 ou 12 ans, écrivait le **Temps**, ont eu pour politique de conquérir à tout prix la faveur de leurs subordonnés. **A priori**, toutes les réclamations du personnel étaient (aux yeux des ministres ou sous-secrétaires d'Etat), justes en principe et faciles à satisfaire. Même quand ces réclamations étaient formulées comme des ordres, et ceci devint la règle constante, tout allait pour le mieux, car il convenait d'éviter un conflit. C'est ainsi qu'on le préparait, et qu'on le préparait plus grave.*

Le pouvoir flattait avec servilité les délégués de l'Association. Son président, a-t-on révélé, «déjeunait toutes les semaines chez le sous-secrétaire d'Etat, qui le consultait sur les promotions, les tableaux d'avancement et sur les nominations des directeurs !»

A la suite de quelques discussions se manifesta un brusque refroidissement dont le point de départ fut l'insuffisance des crédits, impuissants à satisfaire de croissantes exigences. Ces commis, habitués à parler en maîtres devant des chefs très déférents, furent indignés d'une ébauche de résistance et commencèrent à menacer. Le conflit devenait psychologiquement évident, au premier refus d'un pouvoir toujours prêt à céder.

Il éclata bruyamment, pour le plus futile motif. Le 13 mars, une délégation n'ayant pas obtenu du ministre ce qu'elle exigeait, c'est-à-dire la suppression de l'avancement au choix, sortit de l'audience en poussant des hurlements de fureur et se précipita vers le bureau central de télégraphie. Elle y sema le désordre par ses vociférations et commença la grève. Cette dernière fut votée à l'unanimité le lendemain par les postiers et télégraphistes réunis au Tivoli Vauxhall.

On connaît ses résultats. Après quelques jours de vague résistance et de menaces de révocation, le gouvernement, malgré l'appui de la Chambre, capitula de la plus complète, et il faut bien le dire aussi, de la plus humiliante façon.

C'est en effet, très humblement, que des ministres, disposant de toute la puissance publique, cédèrent aux injonctions insolemment formulées de fonctionnaires révoltés. Le représentant des postiers sut bien marquer la forme humiliante de la défaite devant ses camarades enthousiasmés par un succès si imprévu.

Quand j'ai vu, hier, dans le cabinet du Président du Conseil, les gouvernants à genoux, pour ainsi dire, nous demander l'apaisement du conflit, j'ai senti que nous étions forts parce que nous étions résolus.

Les révoltés ne mirent pas longtemps à dégager les enseignements de leur triomphe. Il a été clairement indiqué par un de leur délégué :

Nous avons appris par notre mouvement la signification du mot maître. Pour nous, il n'y a plus de maître... nous ne sommes plus des subordonnés, mais des collaborateurs.

Ce délégué fut modeste, en qualifiant les postiers de collaborateurs. Il eût pu dire plus justement c'est nous qui sommes les maîtres, nous l'avons montré et le montrerons encore.

Quel frein moral, en effet, pourrait arrêter aujourd'hui des fonctionnaires sachant n'avoir qu'à menacer pour obtenir. Tous, maintenant, y compris la corporation des sergents de ville, font entendre des revendications.

C'est un psychologue pratique très expert, le chef des syndicalistes P... qui de cette triste aventure a le mieux déduit la leçon.

«Les dirigeants, a-t-il écrit, ont une faute impardonnable à leur actif. C'est d'avoir laissé prendre conscience de leur force à des agents qui ne s'en doutaient guère.»

Le même citoyen P... n'ignore pas la valeur de la discipline. Ce sagace psychologue sait se faire obéir de fonctionnaires sur lesquels le gouvernement reste sans action, aussi a-t-il pu assurer en public que s'il ordonnait de jeter tous les chefs de service dans des chaudières, il serait instantanément obéi. Remercions-le de bien vouloir ajourner un peu la réalisation de ses menaces.

Les feuilles socialistes marquèrent également les conséquences du triomphe de la grève. Voici ce qu'écrivait la plus importante d'entre elles :

Le prolétariat peut se rendre compte de la force que lui donnerait la possession de l'outillage des communications postales, téléphoniques et télégraphiques, lorsqu'il les prendrait en main à son usage, non plus comme dans la grève d'aujourd'hui, pour une revendication particulière ou le renvoi d'un sous-ministre, mais pour une lutte générale, à l'heure décisive, en vue de son émancipation.

Une fois engagé dans la voie des lâches concessions, il faut la parcourir jusqu'à la chute finale et c'est ce que nous faisons maintenant.

Les journaux ont signalé cette invraisemblable énormité que le Conseil d'administration des Chemins de fer de l'Etat avait décidé de s'adjoindre un des secrétaires de cette Confédération révolutionnaire du Travail qui ne cache pas son intention de détruire violemment la société. On voit jusqu'où peut pousser l'aiguillon de la peur et on devine quel avenir attend des chefs, ne comptant que sur la méprisante pitié de leurs subordonnés.

Bien que momentané, le succès des fonctionnaires révoltés entraînera des conséquences profondes et lointaines. Je ne m'occuperai ici que des plus rapprochées.

Nous allons assister à l'accélération d'une désorganisation générale, commencée d'ailleurs depuis longtemps. Finances et services publics, tout s'effondrera plus ou moins lentement mais sûrement.

Ce sont surtout les forces morales, seules armatures réelles d'une société, qui s'effritent maintenant.

Un tel phénomène n'a pas été l'œuvre d'un jour. Pendant de longues années, des politiciens avides de succès ne cessèrent de bercer leurs électeurs de promesses irréalisables et de flatter les plus bas instincts populaires. Les comités électoraux, les instituteurs et les cabaretiers devinrent nos vrais maîtres. D'une pareille collaboration, quel idéal pouvait sortir ? Toutes les hiérarchies, toutes les disciplines, tous les dévouements à l'intérêt collectif furent lentement détruits. Ce n'est pas impunément qu'on anéantit de tels sentiments dans les âmes.

L'anarchie que nous voyons éclore était donc inévitable et à peine est-il temps encore de méditer sur les enseignements de l'histoire. A Rome, à Athènes, dans les Républiques italiennes, partout enfin, l'anarchie prépara toujours les plus dures dictatures.

Devant la situation morale créée par la grève des postiers, les politiciens ont naturellement cherché des remèdes. Imbus de la grande illusion latine sur la toute-puissance des lois, ils proposèrent immédiatement de combattre le désordre avec des règlements et le gouvernement combina vite une loi sur le statut des fonctionnaires destinée à punir ceux qui se mettront en grève. Un tel degré de naïveté est surprenant. On s'est étonné de voir un journal sérieux qui a souvent montré comment le gouvernement passait «de l'énergie des paroles à la veulerie des actes», croire à l'efficacité de semblables mesures. Est-il beaucoup de personnes capables d'admettre que lorsque 10.000 employés se mettront en grève, la perspective de la révocation ou même de la prison pourra les arrêter ? On les avait aussi menacés de la révocation dans la dernière grève. Quelle action la menace a-t-elle exercé sur eux ? Absolument aucune.

Ce moyen n'a pas été d'ailleurs le seul proposé : la discussion sur la grève au Parlement en a fait surgir de plus candides encore. Un député, d'âme évidemment simple, est venu assurer la Chambre que tout rentrerait dans l'ordre si le sous-secrétariat des postes était transformé en ministère ! Des mots et des formules, nous ne savons pas sortir.

En fait de remèdes, il n'en existait qu'un seul et après la seconde grève, force fut d'y avoir recours.

La conduite à tenir était exactement celle qui s'imposait déjà lors de la grève des électriciens des secteurs, dont les directeurs, par leur pusillanimité, déterminèrent en grande partie la grève des postiers.

Quand une armée en présence d'une autre se trouve dans l'impossibilité de fuir, il ne lui reste que deux partis à prendre, se constituer prisonnière ou combattre. En cédant, elle se met à la discrétion du vainqueur qui usera largement de sa victoire. En se défendant elle peut triompher. Vaincue, son sort n'est pas plus dur. Elle a en outre sauvé l'honneur.

La seule décision efficace pour le gouvernement qu'appuyait la Chambre, était donc de livrer bataille aux forces coalisées contre lui.

Electriciens, employés de chemins de fer et de beaucoup d'administrations se seraient peut-être joints aux postiers, l'émeute aurait troublé les rues et Paris se serait vu légèrement affamé pendant quelques jours. Dure peut-être eût été la lutte, mais le succès était certain. En cédant lâchement, on n'a pas évité de futurs combats, mais alors le triomphe sera beaucoup moins assuré, car s'il est encore possible aujourd'hui de s'appuyer sur l'armée, dans très peu d'années cela ne le sera probablement plus. Il n'y avait donc qu'un moment difficile à passer et mieux valait l'accepter pour en éviter de plus sombres. Deux principes contraires, l'ordre et la révolution, ne peuvent subsister simultanément. Les peuples ont subi de nombreux bouleversements, mais on n'en peut citer aucun ayant vécu longtemps dans un état de révolution permanente, comme celui où nous semblons entrer.

Inutile d'insister sur une thèse juste, mais que n'a pas osé adopter un gouvernement dont plusieurs ministres avaient fomenté diverses grèves et pactisé souvent avec l'émeute, avant d'arriver au pouvoir.

Tenons-nous en donc uniquement aux considérations de philosophie pure, bien qu'elles soient toujours très vaines.

Les forces sociales antagonistes en présence sont-elles inconciliables ?

Elles ne le sont certes pas en théorie, leur antagonisme n'étant qu'apparent. Elles le deviennent malheureusement en pratique, parce qu'une des forces rivales dérive de sentiments sur lesquels la raison est sans prise. La haine, l'envie, la magie des mots et des formules appartiennent à la catégorie des puissances que la logique ne saurait atteindre.

Ce sont donc les esprits qu'il faudrait pouvoir modifier et non les institutions politiques. Filles de nécessités économiques, ces dernières échappent toujours à notre action.

Changer les représentations mentales erronées que la foule se fait des réalités, et calmer ses jalousies et ses fureurs, est une tâche peu facile. Nous sommes loin du jour où les politiciens comprendront qu'une société ne se reconstruit pas au gré de leurs caprices, que l'Etat n'est point une divinité assez puissante pour tout transformer, où ils apprendront enfin que le perfectionnement d'un peuple dépend uniquement du progrès mental des individus qui le composent.

Le syndicalisme actuel, dont la grève des postiers représente une manifestation, est dangereux, non par ses buts très chimériques, mais bien par une discipline et une énergie, auxquelles un Parlement discrédité, divisé et sans force, n'oppose qu'incohérence et faiblesse.

L'expérience du passé prouve que le monde a toujours appartenu aux audacieux, dominés par un idéal puissant, qu'elle qu'en fût la valeur. C'est avec des volontés fortes, soutenues par des convictions puissantes, que furent détruits de grands empires et fondées de grandes religions capables d'asservir les âmes.

La faiblesse philosophique des nouveaux dogmes ne saurait donc nuire à leur propagation. Les volontés disciplinées et actives qui les défendent les rendent redoutables. Il leur suffirait de se maintenir pour créer un droit nouveau, car le droit n'est que de la force qui dure.

CHAPITRE V
L'impopularité parlementaire et la surenchère

C'était au commencement de la Révolution française ; l'habitude de se débarrasser de ses contradicteurs en leur coupant la tête n'était pas encore régulièrement établie. Le doux Saint-Just guettait celle de Camille Desmoulins, mais n'avait pu réussir encore à la lui faire supprimer. Profitant d'un répit qui devait être assez court, le célèbre polémiste écrivait avec une fiévreuse activité ses dernières réflexions. Elles paraissaient dans un petit journal nommé **Le Vieux Cordelier**.

Vous n'avez jamais lu, sans doute, cette feuille vénérable, je ne la connaissais pas davantage jusqu'au jour récent où le hasard mit sous mes yeux le numéro du «20 frimaire an II de la République une et indivisible.»

Son instructive lecture prouve à qui aurait pu l'oublier que dès les débuts de la Révolution, la méthode de la surenchère, ce fléau des démocraties, sévissait furieusement. Camille Desmoulins s'en plaint avec amertume et indique les moyens de la combattre en rappelant une vieille histoire de l'époque romaine.

En ce temps là, dit le célèbre polémiste, que je résume un peu, vivait à Rome un certain député collectiviste du nom de Gracchus, devenu très gênant, parce qu'il faisait aux ouvriers quantité de promesses irréalisables. Ces promesses le rendaient fort populaire, mais dépopularisaient en même temps le Sénat. Inquiète de ses manœuvres, l'illustre assemblée finit par prendre à sa solde un anarchiste du nom de Drusus, chargé de renchérir sur toutes les motions de Gracchus. Ce dernier demandait-il de livrer au peuple le pain à 4 sous la livre, Drusus proposait aussitôt de le donner pour 2 sous et ainsi de suite. En peu de temps, Gracchus perdit toute sa popularité. Il la perdit même tellement que ses anciens adorateurs finirent, à la grande satisfaction du Sénat, par lui casser la tête. Ses contemporains le plaignirent peu, et la postérité moins encore.

Tel est le sens général de l'histoire rapportée par le **Vieux Cordelier** d'après les auteurs latins. L'apologue du célèbre polémiste ne fut pas compris et sous l'influence des surenchères journalières, la République descendit rapidement la pente des violences, de l'anarchie et des mesures arbitraires qui la firent sombrer dans la dictature.

Certes, la surenchère constitue, en apparence du moins, un assez sûrmoyen de vaincre ses rivaux, surtout si ces derniers gardent quelques scrupules et si du premier coup on va assez loin. Il est incontestable que le député socialiste qui promettait jadis 6.000 francs de rente à chacun de ses électeurs, en échange d'une heure de travail quotidien, dans le cas où son parti triompherait, ne devait pas craindre beaucoup de surenchères. On eût pu tout aussi aisément promettre à chaque électeur 12.000 francs de rente et une automobile conduite par un bourgeois enchaîné sur le siège. Mais, en matière de surenchère, s'il est recommandable d'arriver de suite aux extrêmes limites du vraisemblable, il est dangereux de trop les dépasser.

La méthode de la surenchère étant très commode, certains politiciens ont pris l'habitude d'en user largement C'est seulement maintenant qu'ils lui découvrent d'assez nombreux inconvénients.

Promettre n'est jamais difficile, tenir l'est toujours. Sans doute, peut-on ajourner pendant quelque temps les réalisations, en invoquant l'opposition des partis, mais un moment arrive où l'électeur finit par découvrir qu'on l'a berné avec des chimères. Il perd alors ses illusions et les illusions sont choses trop précieuses pour qu'on les perde sans colère.

Aujourd'hui, grâce justement à leurs surenchères, beaucoup de parlementaires sont enveloppés d'un nuage d'impopularité qui s'accroît chaque jour.

Non pas, certes, que ces législateurs aient manqué de zèle, mais nul n'est capable de créer l'impossible. Or, ce qu'on a promis est précisément l'impossible. Se heurtant sans cesse à des nécessités naturelles, les lois édictées n'ont fait parfois qu'accentuer les maux qu'elles prétendaient guérir. De surenchère en surenchère, le Parlement avait voté des retraites ouvrières qui eussent coûté annuellement, 800 millions, des retraites pour les employés de chemin de fer en exigeaient 200, etc. Les intéressés eux-mêmes, comprenant l'absurdité de ces votes, laissèrent le Sénat les ramener à des chiffres vraisemblables.

Dupé d'abord par de magnifiques promesses, le peuple a fini par s'apercevoir que seuls, restaient vivaces aujourd'hui chez ses maîtres, les conflits d'appétits, et que leur morale se ramenait à une course vers la satisfaction de ces appétits. Il vit les candidats, si humbles lorsqu'ils se disputaient ses votes, devenir ensuite tyranniques avec les faibles et trop dépourvus de convictions pour reculer devant les plus irréalisables programmes, les plus absurdes promesses.

Aujourd'hui le député est à la fois l'esclave de son comité et le tyran de ceux dont il ne peut escompter les voix. Il lui faut toujours servir les besoins et les haines de ses électeurs influents.

Son existence est véritablement peu enviable. On en jugera d'après le tableau tracé par monsieur Raymond Poincaré, de la vie d'un notaire de province devenu député puis ministre.

Il était plein d'illusions. Il mit peu de temps à les perdre. Il lui fallut d'abord subir la promiscuité du comité électoral et ses exigences. Elu, il essaya d'être indépendant. On lui fit comprendre qu'il ne fallait pas s'amuser à ce jeu. Il dut s'inféoder à un groupe. Les lettres qui affluaient demandant des palmes, des secours, des places ne l'y obligeaient-elles pas ?

Puis il devint ministre. A peine était-il désigné que son antichambre était envahie par une vingtaine de jeunes gens ambitieux de s'embarquer sur l'esquif qui portait sa fortune. Après une tentative tôt réprimée de résistance, il en fit des chefs, des sous-chefs, des chefs adjoints, des attachés de cabinet.

Mais il voulait tout de même gouverner. Les séances du Conseil des Ministres l'en dissuadèrent promptement. Il fallait vivre d'abord, durer, éviter les affaires gênantes. Il tomba naturellement, et lassé, dégoûté, il est discrètement retourné à sa petite ville et à ses champs.

Parmi les députés, certains sont cependant pleins de bonne volonté. Réunis en foule, ils ne peuvent rien. Un député de la gauche, monsieur Labori, qui a renoncé à se représenter, marque très justement cette impuissance dans les lignes suivantes :

L'initiative parlementaire est à peu près nulle pour tout ce qui touche aux intérêts généraux.

Le travail parlementaire se fait sans règle, sans ordre, sans sincérité. Les votes escamotés sont acquis. Le contrôle parlementaire est impossible. Les députes sont subordonnés aux ministres dont ils ont un besoin continuel pour assurer à leurs électeurs la justice qui, dans l'état de nos mœurs politiques, est devenue une faveur.

Le Parlement et le gouvernement réunis sont cahotés entre les exi-

gences d'une démocratie chaque jour plus impérieuse et celles d'une oligarchie financière qui défend ses intérêts, et non ceux de l'Etat. Ainsi la vie politique n'est qu'un perpétuel compromis entre deux puissances de surenchère ou de corruption : la démagogie et l'argent.

La Chambre vote les lois au hasard des intérêts de l'heure. Quatre années m'ont enseigné qu'au Parlement les hommes de bonne volonté et de pensée droite s'épuisent en vains efforts.

L'usage de la surenchère a été une des causes principales d'antipathie croissante contre le Parlement, dont sont animés beaucoup de citoyens comme nous le montrerons bientôt. Examinons d'abord les méthodes gouvernementales qu'elle engendra.

L'habitude de la surenchère rend naturellement très obéissant devant les menaces. On cède par crainte de voir ses collègues céder. Or, ce n'est guère que dans la classe ouvrière, que se font entendre de bruyantes menaces. C'est donc pour elle surtout que le Parlement a légiféré, accumulant les lois sociales, sans s'occuper de leurs répercussions, et sans se douter qu'elles ne feraient qu'attiser des haines.

Ces terribles lois sociales ont en effet semé partout la discorde, grevé lourdement nos finances et gêné singulièrement notre industrie. Le directeur d'une de nos plus grandes compagnies de navigation maritime écrivait récemment qu'elles étaient une des causes de la triste décadence de notre marine marchande. Elles limitent graduellement l'avenir de nos entreprises industrielles en obligeant les patrons, entravés par des règlements tatillons, à supprimer de fait l'apprentissage, jetant ainsi sur le pavé des milliers d'enfants dont beaucoup sont devenus de dangereux criminels. L'assistance aux vieillards n'a guère servi qu'à allouer plus de 90 millions par an aux électeurs influents, comme l'ont prouvé récemment des rapports officiels. Qu'on y ajoute la centaine de millions abandonnés aux bouilleurs de cru, puis les centaines de millions que coûteront les retraites ouvrières votées par le Parlement, et on aura une idée du poids que peuvent faire peser sur le budget et l'industrie les surenchères de l'intérêt individuel talonné par la peur.

Bien entendu, le législateur se soucie peu des conséquences de ses lois. La plus anodine en apparence coûte cependant fort cher. Dans le **Bulletin officiel**de la Ville de Paris du 2 avril 1908, on peut lire le rapport d'un conseiller constatant avec amertume que pour ses services municipaux, la ville était obligée de payer à la Compagnie qui lui fournissait le charbon nécessaire aux usines des eaux, une augmentation annuelle de 600.000 francs, conséquence des nouvelles lois ouvrières.

Les municipalités auraient tort de se plaindre car elles pratiquent la surenchère tout autant que les politiciens. Un journal financier, **Le Globe**, montrait dans son numéro du 19 août dernier que les mesures prétendues humanitaires du conseil municipal de Paris avaient coûté aux actionnaires des diverses compagnies de tramways plus de 75 millions. Ces compagnies ayant vu disparaître tout leur capital et n'exploitant plus qu'à perte, ne distribuent naturellement aucun dividende à leurs actionnaires.

Les socialistes diront que c'est tant mieux. Ils découvriront que c'est tant pis lorsque devant la grève fatale des futurs actionnaires les municipalités se verront obligées d'assurer elles-mêmes leurs services. Ce seront alors tous les contribuables, y compris les socialistes, qui subiront les pertes. Ce jour-là, ils commenceront à comprendre la puissance des lois économiques.

Rien ne servirait de récriminer puisque la surenchère, l'humanitarisme, le libéralisme et la peur sont devenus nos guides. De tels fléaux sévissent fréquemment chez les peuples sans stabilité mentale et que menace la décadence.

On conçoit facilement maintenant les causes principales de l'impopularité du Parlement. Illusions créées par l'abus des promesses. Tentatives de réaliser ces impossibles promesses et par suite, désordre jeté dans le commerce, l'industrie et les finances. Persécutions de classes entières de citoyens aux dépens desquelles on a voulu exécuter ces promesses. Déception de tous les croyants dans la puissance de l'Etatisme.

Suivons maintenant le développement de l'anti-parlementarisme dans les diverses couches sociales.

Inutile, naturellement, d'insister sur sa progression dans le clergé et chez les catholiques, c'est-à-dire dans une fraction encore notable de la nation. On ne peut espérer que des gens dépouillés, traqués, persécutés de toute façon, puissent avoir de la sympathie pour des oppresseurs qui se déclarent leurs irréductibles ennemis. Donc inimitié certaine, et d'ailleurs fort justifiée, de leur part. La même inimitié est évidente encore, quoique nullement justifiée cette fois, chez les instituteurs et de très nombreux fonctionnaires.

Aucun gouvernement n'a autant fait pour les instituteurs que la République actuelle, aucun cependant n'a récolté pareille impopularité. L'adhésion récente de la Fédération des Syndicats d'instituteurs à la Confédération révolutionnaire du travail traduit nettement l'esprit dont ils sont animés.

Quant à l'hostilité des fonctionnaires proprement dits, 800.000 environ, elle croît à mesure que sont exaucées leurs revendications et si l'on ne réussit pas à les dominer ils pourront nous conduire fort loin, non seulement en écrasant progressivement le budget, mais encore par leur prétention de se substituer aux autres pouvoirs et de former de petits Etats dans l'Etat. Tant qu'il obtempérera à leurs désirs, le gouvernement pourra compter sur eux. Dès que cela deviendra impossible, faute d'argent, comme pour les postiers, il les verra se dresser contre lui. Ce que les fonctionnaires demandent maintenant, c'est simplement «détruire la puissance ministérielle pour la répartir entre les administrations mêmes». Ce serait le despotisme complet du rond-de-cuir. Mieux vaudrait sûrement Héliogabale ou Tibère. On peut se débarrasser d'un tyran et son pouvoir est toujours éphémère. La tyrannie anonyme et indestructible des bureaucrates nous laisserait sans espoir.

Nous sommes pourtant menacés de finir par elle. On a depuis cent ans, en France, renversé bien des régimes, bien des chefs d'Etat, bien des ministres, seule la puissance des fonctionnaires n'a jamais été effleurée. Sur toutes les ruines accumulées ils n'ont fait que grandir, et on entrevoit le jour où ils seront définitivement nos seuls maîtres.

Presque autant que la classe des instituteurs et des fonctionnaires, celle des ouvriers a été depuis vingt ans favorisée par les législateurs. Cependant ces derniers n'ont pas de plus bruyants adversaires. Nul besoin d'être un Machiavel pour expliquer ce phénomène. Il résulte des invariables lois de la psychologie populaire. Les foules ne respectent que les gouvernements forts. Elles n'ont jamais je l'ai dit déjà, de reconnaissance pour ce qu'elles obtiennent par les seules menaces. Le mépris du faible a toujours été leur loi.

L'anti-parlementarisme des ouvriers en général, et de la C.G.T. en particulier, est indiscutable. Leur haine contre les législateurs s'adresse à tous les partis, aux socialistes surtout. Pour les cléricaux seulement ils manifestent. parfois quelque indulgence, sans doute parce que leur mentalité est assez voisine.

L'ouvrier rêve aujourd'hui d'une autocratie populaire nouvelle dressée contre l'autocratie jacobine. Il est persuadé que, grâce à ses mystérieuses capacités, le prolétariat réalisera ce que n'a pu réaliser la bourgeoisie le bonheur universel.

A force d'entendre les parlementaires lui promettre des miracles, lui proclamer tous les jours qu'il est le maître souverain de toutes choses, investi de tous droits, sans nul devoir, qu'il n'a qu'à vouloir pour pouvoir, le Nombre, écrit monsieur Jules Roche, a fini par croire ses courtisans.

«Plus de politiciens ! Plus d'action parlementaire ! Tout par l'action directe» est aujourd'hui la devise des entraîneurs populaires.

Sentant cette hostilité croissante, les socialistes avancés ont tâché de la combattre par des flatteries, mais ils n'ont abouti qu'à des échecs et en sont arrivés à ne plus oser se montrer dans les grands meetings ouvriers. Quand par hasard ils essaient de s'y insinuer, c'est pour se voir accueillis de la plus insolente façon. On en jugera par les extraits suivants d'un compte rendu que j'emprunte au journal **Le Temps** du 21 mai 1909 :

Monsieur Dejeante, député de Paris, essaye d'obtenir le silence. Il adjure les auditeurs de rester calmes, il n'obtient qu'une réponse :
-Hou ! hou ! les quinze mille !
Toute la salle est debout, soit sur les banquettes, soit sur les tables. Les interruptions opposées se croisent :
-Dehors, les mouchards !
-A la porte, les députes !
Le tapage redouble encore lorsque monsieur Dejeante veut prononcer son discours.
-Je suis un vieux syndiqué, dit-il.

Gustave Le Bon

-Et un «quinze mille» en même temps ! lui répond le groupe des interrupteurs.

*Nouvelle bagarre. Monsieur Dejeante voulant parler quand même, les révolutionnaires entonnent l'**Internationale**. Monsieur Dejeante prend le parti de faire chorus avec eux. La fin de l'**Internationale** est accueillie par des applaudissements frénétiques.*

Puis, c'est un libertaire qui vient prêcher le sabotage : -Nous avons entendu des gens parler de révolutions et qui s'en sont fait des rentes. Messieurs les députes qui avez table bien servie, auto et le reste, vous en parlez à votre aise. Mais nous n'avons rien, nous n'aurons rien. Il ne s'agit pas de discours. Il faut des actes.

Pour des raisons très différentes, mais parfaitement justifiées, les industriels et les capitalistes, c'est-à-dire les vrais générateurs de la richesse nationale, ne professent aucune sympathie pour nos gouvernants. Non seulement ces derniers ne les ont guère protégés contre le sabotage, l'incendie et les violences de toute sorte, mais ils entravent chaque jour leurs industries par les lois sociales les plus vexatoires, en attendant de pouvoir détruire définitivement leurs fortunes par des impôts inquisitoriaux plus vexatoires encore.

On croit ne pas devoir les ménager parce qu'ainsi que le dit monsieur Pierre Baudin dans son livre **La politique réaliste**, «les sociétés ne sont plus représentées par l'élite». Cela n'est vrai que d'apparence. En réalité, je l'ai précédemment montré, les élites ne furent jamais aussi nécessaires qu'aujourd'hui. Loin de diminuer, leur rôle grandira encore. Sans élites, ni science, ni industrie, ni progrès matériels. Sans elles ce serait la basse décadence socialiste caractérisée par l'égalité dans la misère et la servitude.

Donc le parlementarisme s'est créé des ennemis nombreux et variés. Toutes les classes lui témoignent de l'aversion. Une seule, la bourgeoisie moyenne, ne lui est pas hostile, mais simplement indifférente, immensément indifférente. Monsieur d'Auriac, dont j'ai plusieurs fois cité les écrits, l'a très bien montré dans les termes suivants :

La bourgeoisie française, composée d'éléments divers, secouée par dix révoltions, est profondément indifférente à toutes les formes de gouvernement.

Elle n'est ni royaliste, ni impérialiste, ni républicaine. Elle vote pour la république parce que la république existe elle est conservatrice, non d'une forme de gouvernement, mais de ce qui est. Elle est fidèle à celui, quel qu'il soit, qui lui donne la paix et la sécurité. Le lendemain de la chute elle ne le connaît plus puisqu'il ne peut plus lui servir à rien.

Une des causes les plus actives de l'impopularité parlementaire est la tyrannie véritablement odieuse que le député de province, obligé d'épouser toutes les haines locales de son comité, fait lourdement peser sur les citoyens n'appartenant pas à son parti. Dans une interview publiée par **Le Journal**, monsieur Loubet, qui fut député avant de devenir Président de la République, fit à ce sujet les révélations suivantes :

Comment voulez-vous que l'on conserve le scrutin d'arrondissement dans l'état misérable où il est tombé avec les représentations qu'il a données et qu'il préparerait encore ? C'est le comble de l'abaissement. On n'a pas idée à Paris des mœurs que ce système déformé a fini par créer dans les provinces, des tyrannies qu'il a érigées, des procédés d'oppression publique qu'il a installés.

«Celui qui ne vote pas pour moi est mon ennemi.» Voilà la formule. Elle ne se déguise pas. Peu importe que la grêle tombe sur la vigne de l'adversaire et que son bétail soit emporté par la maladie. Il y aura des indemnités pour certains électeurs. Il n'y en aura pas pour les autres. Tant pis pour eux s'ils sont ruinés : ça leur apprendra à ne pas faire partie de la clientèle triomphante ! Dans un pays centralisé comme la France, de telles mœurs ont pu durer très longtemps, mais elles sont arrivées à un point d'excès où l'instinct de justice qui est si vif chez nous finit par être universellement révolté. Et il est dangereux d'exaspérer en France le sentiment de justice.

Les hommes les plus éclairés ont fini par se former de la Chambre des députés une idée très sévère. On en peut juger par l'extrait suivant d'un manifeste du «comité républicain de la République proportionnelle». Il est signé des noms les plus connus de l'Institut, de la Sorbonne, de l'Industrie et du Barreau messieurs A. Carnot, Bouchard, Croiset, Dastre, Painlevé, J. Harmand, Diehl, Fernand Faure, etc. Cet «et cætera» comprend une cinquantaine de noms, la plupart éminents. Au fond, ce manifeste signifie simplement que, par trop opprimée, l'élite finalement se revolte.

L'usage du scrutin d'arrondissement a perpétué des mœurs électorales et politiques intolérables. La candidature officielle, l'arbitraire dans les actes administratifs, l'arbitraire même dans l'application des lois, la faveur substituée à la justice, le désordre dans les services publics, le déficit dans les budgets où les intérêts privés et de clientèle prévalent sur l'intérêt général.

Il faut affranchir les députés de la servitude qui les oblige à satisfaire des appétits pour conserver des mandats. Il faut mettre plus de dignité et de moralité dans l'exercice du droit de suffrage, substituer la lutte des idées à la concurrence des personnes.

Comment, après avoir accumulé tant d'hostilité dans toutes les classes, le régime parlementaire peut-il encore subsister ?

Il dure, et probablement durera longtemps, grâce à cette raison tout à fait capitale d'être à peu près le seul gouvernement possible chez les peuples civilisés. C'est justement pourquoi tous l'ont adopté. Que le régime parlementaire ait à sa tête un souverain héréditaire, comme en Angleterre, en Belgique et en Italie, ou un chef élu comme en France et en Amérique, ce sont toujours des parlements qui légifèrent et des ministres qui gouvernent. Les derniers gouvernements autocratiques de l'Europe, la Russie et la Turquie, ont dû finir par accepter le parlementarisme, ne pouvant faire autrement.

Quand un régime est inévitable il faut l'accepter, mais tâcher de l'améliorer. On améliorera le régime parlementaire par un mode d'élection des députés leur donnant quelque indépendance à l'égard des électeurs. On l'améliorera encore au moyen des mesures que j'ai indiquées contre la dangereuse armée des fonctionnaires. Lorsque ces derniers seront uniquement, ainsi que dans l'industrie privée, des agents auxiliaires, à l'égard desquels aucun engagement n'aura été pris au début de leur carrière, ils se considéreront comme des serviteurs facilement remplaçables et ne s'érigeront plus en maîtres impérieux.

Enfin le régime parlementaire sera surtout amélioré quand les gouvernants se décideront à faire preuve d'un peu d'énergie et à ne plus pactiser sans cesse avec l'émeute, sous prétexte d'apaisement.

Comment, malgré tant d'exemples répétés, les hommes au pouvoir n'arrivent-ils pas à découvrir que leur faiblesse constante, leurs amnisties à jet continu ne font qu'accroître l'armée des révoltés, des incendiaires et des saboteurs ?

Et par le fait seul que les amnisties sont à jet continu, les émeutes le sont aussi. Le bilan en devient de plus en plus sombre.

1907, révolte de deux départements du Midi et mutinerie d'un régiment.

1908, insurrection à main armée de Draveil.

1909, grèves des postiers et des inscrits maritimes, grèves révolutionnaires de Méru et de Mazamet, sabotages variés, emploi de la dynamite pour faire exploser des bateaux.

1910, nouvelle grève des inscrits de Marseille, etc.

Une faiblesse aussi constante que celle de nos gouvernants ne saurait longtemps durer. Quand l'anarchie grandit sans cesse et que le parti de l'ordre faiblit toujours, c'est l'anarchie qui finit par triompher.

CHAPITRE VI
Les progrès du despotisme

L'évolution du collectivisme et du syndicalisme révolutionnaire vers un despotisme absolu est une des caractéristiques de l'âge actuel. Un grand journal en donnait récemment l'exemple suivant, choisi entre mille.

Un cas tout à fait odieux de tyrannie syndicale vient de se produire à Cette (Sète). Douze ouvriers sont mis, par le syndicat, dans l'impossibilité absolue de travailler, et par conséquent de vivre, ces ouvriers-là n'ayant pour vivre que leur travail. Quel est donc leur crime ? De s'être laissé embaucher durant une grève récente qu'ils n'approuvaient point.

Nulle part la tyrannie syndicale n'a exercé de tels ravages et causé tant de ruines qu'à Cette, une pauvre ville très affaiblie déjà par la crise économique. Les ouvriers dockers, par leurs prétentions exorbitantes, par leurs grèves incessantes, ont tout fait pour détruire ce qui restait encore de vie dans notre second port méditerranéen. La pau-

vreté, la misère augmentent. Les quais restent déserts. C'est à peine si, à de rares intervalles, un navire se montre dans le port.

Ce n'est pas à Cette seulement que se produisent semblables faits. On peut les observer partout. Après avoir constitué une exception, ils deviennent la règle.

Une telle généralisation résulte de causes lointaines. Les événements politiques et sociaux ne germent pas spontanément. Ils ont des racines profondes et représentent toujours l'épanouissement de phénomènes antérieurs.

Les discours de tous les orateurs politiques, du début de la Révolution à nos jours, proclament sans cesse la haine du despotisme et l'amour de la liberté. L'histoire de la même période révèle, au contraire, l'horreur profonde de la liberté, surtout celle des autres, et le goût de la tyrannie. Toutes nos batailles politiques ont roulé presque exclusivement sur la question de savoir quel parti exercerait cette tyrannie et quelles classes de citoyens la supporteraient. Nous avons peu varié depuis Louis XIV. L'Etat persécutait alors les protestants et les Jansénistes rebelles à ses volontés. Il continue aujourd'hui la même méthode, vis-à-vis de ceux qui ne pensent pas comme lui, et les dépouille de leurs biens. Nos petits despotes ne sont pas assurément très comparables à Louis XIV, mais ils possèdent les mêmes besoins de domination. Les syndicats ouvriers sont héritiers de l'esprit du grand roi.

Tous les partis sont animés en France d'une égale et farouche intolérance, d'une identique tendance à la tyrannie. Comme l'écrit justement Faguet, ce qu'on enseigne d'abord à l'enfant, c'est une doctrine à détester, des catégories de citoyens à haïr. On sait avec quelle vigueur un trop grand nombre d'instituteurs développent ces sentiments dans les couches populaires.

Notre goût très vif pour le despotisme et notre horreur invincible de la tolérance, étant des sentiments manifestés par les classes sociales les plus différentes, il faut bien les subir.

Pratiqué d'abord par la noblesse et les rois, puis par la bourgeoisie, le despotisme l'est maintenant par les classes populaires. Elles apportent naturellement dans son exercice les violences caractéristiques de leur mentalité rudimentaire. Ces violences ne déplaisent nullement d'ailleurs aux socialistes puisqu'ils ne cessent de flatter leurs maîtres avec des expressions d'adulation que seuls les rois nègres obtenaient jusqu'ici de leurs esclaves.

Toutes les décisions élaborées dans les vapeurs de l'alcool par quelques meneurs, sont écoutées avec respect et humblement obéies.

Ces entraîneurs et les foules qui les suivent sont terriblement impulsifs. Servir de tels maîtres n'est pas facile, même en se prosternant perpétuellement devant eux. Les âmes primitives ne connaissent, en effet, ni l'injuste, ni l'absurde, ni l'impossible. Comme elles forment la majorité, on est bien obligé de subir les fantaisies du nombre interprétées par les esclaves du nombre. Il faut, et notre Parlement ne fait guère autre chose, voter les plus incohérentes mesures, rejeter les traditions, mépriser les nécessités économiques, agir contre les lois naturelles, n'obéir enfin qu'aux intérêts et aux impulsions du moment.

Ces impulsions représentent les volontés du syndicalisme et du collectivisme révolutionnaire. Parmi les meneurs les plus influents, figure la demi-douzaine des chefs de la C.G.T. Leur pouvoir absolu a vite fait pâlir celui des socialistes, précisément parce qu'il est absolu.

La mentalité de ces meneurs est cependant singulièrement inférieure. Monsieur Deschanel en a très bien mis en évidence les éléments dans un discours :

Ils sont à la fois césariens, aristocrates et mystiques. Césariens, autant par leur mépris des institutions parlementaires que par leur mode de votation arbitraire et la direction autoritaire de la Confédération aristocrates par leur dedain du suffrage universel et de la démocratie. Mystiques puisqu'ils croient au «cataclysme», d'où surgira le monde nouveau. Ils se flattent de ne plus croire aux mythes et ils vivent sur un mythe comme aux âges primitifs. Le miracle est déplacé, il a changé de forme, mais c'est toujours le miracle, le coup magique qui renouvelle les sociétes en changeant la nature humaine elle-même.

L'idéal de ces âmes rudimentaires représente une régression politique et sociale complète, un retour à la barbarie des premiers âges où dominait ce collectivisme pur dont l'humanité eut tant de peine à sortir.

Gustave Le Bon

Leur mentalité et le but poursuivi les rapprochent beaucoup des premiers chrétiens. Les prophètes juifs fulminaient eux aussi contre les riches et annonçaient le règne de la justice et de l'égalité. Les Pères de l'Eglise déclaraient avec saint Basile et saint Jean-Chrysostome que les riches sont des larrons. Pour saint Jérome, la richesse était toujours le produit du vol. Il fallait revenir à la communauté des biens, à l'égalisation des fortunes. Les chefs de la C.G.T. peuvent donc invoquer de célèbres prédécesseurs.

Le besoin de tyrannie est un sentiment de race faisant partie, à vrai dire, de notre constitution psychologique. On le prouve aisément en comparant, comme je l'ai tenté déjà, les effets d'institutions identiques chez des nations différentes.

Considérons par exemple le syndicalisme, évolution naturelle de l'esprit corporatif, qui se développe chez tous les peuples. En France, il est devenu un instrument de violence, prêchant la révolte, la haine, l'antipatriotisme, l'antimilitarisme, et constitue un agent de désagrégation sociale menaçant l'existence même de notre pays.

En Angleterre, le syndicalisme est, au contraire, une institution pacifique fort utile pour régulariser les rapports entre patrons et ouvriers et n'incitant à la haine et à la révolte contre personne.

Ce phénomène impressionna beaucoup les ouvriers d'une délégation, chargée récemment d'aller étudier sur place, l'organisation du travail en Angleterre. Voici un extrait de son rapport :

Nous avons été frappés par l'esprit national qui anime nos amis. Tous nous ont parlé de leur sentiment de fraternité universelle. Aucun ne trouve à exprimer de sentiments hostiles ou du moins violemment hostiles au gouvernement anglais. En plusieurs cas, notamment à la Bourse du Travail de Manchester, nos camarades syndiqués ont porté un toast à la santé du roi. Nos amis ne paraissent point aussi prompts que nous à faire la critique de leur propre pays.

Nous avons vu nos camarades des syndicats s'asseoir à la table des patrons, nous inviter à en faire autant. Il semble que les relations aient une forme plus diplomatique entre syndicats ouvriers et syndicats patronaux.

Je ne sais si le siècle actuel assistera, comme l'indiquent certains symptômes, à la naissance d'une religion nouvelle. Elle aura droit à notre admiration si elle réussit à nous inculquer l'esprit de tolérance et l'horreur du despotisme, sentiments totalement ignorés de nos mentalités latines.

Les conséquences de la tyrannie exercée par les meneurs ouvriers ne s'aperçoivent que lorsqu'elles se manifestent sous forme de grèves ou d'insurrections, comme à Draveil, mais les plus dangereuses sont celles qu'on ne voit pas. Par leur action continue et l'accumulation de leurs effets, elles produisent une lente désagrégation des services publics et de l'industrie, c'est-à-dire des éléments de la vie sociale.

Redoutant le sabotage qui les ruinerait, certains de ne pas être soutenus par le gouvernement, chefs et patrons acceptent maintenant les yeux fermés toutes les exigences des ouvriers et tolèrent la réduction croissante de leur production. Ils se disent qu'après tout, ce sont des collectivités anonymes, actionnaires ou caisses publiques, qui supporteront les frais de cet état de choses.

La diminution du travail et, par conséquent, l'élévation des prix de revient, s'accroissent dans d'énormes proportions, sous l'empire d'une crainte générale. Elle règne, cette crainte, dans les secteurs électriques de Paris, où, depuis la grève des électriciens, on n'ose pas prendre la plus anodine mesure sans avoir demandé l'avis du redouté secrétaire dont l'ordre a provoqué cette grève. Dans les arsenaux où la production est réduite à ce point qu'ils consacrent, d'après la déclaration d'un ministre de la marine, cinq ans à la construction d'un cuirassé que l'Angleterre édifie en deux ans avec une dépense beaucoup moindre.

Par contagion, l'autorité s'affaisse universellement. Convaincus de leur impuissance, les chefs se désintéressent de la chose publique et ne songent plus qu'à leurs intérêts personnels. De temps en temps éclate une catastrophe, synthèse de toutes ces petites désorganisations et indifférences partielles. Ce ne furent pas toujours des accidents purement fortuits qui causèrent en quelques années la disparition d'importantes unités de notre marine : l'**Iéna**, le **Sully**, le **Jean-Bart**, le **Chanzy**, la **Nive**, la **Liberté**.

Le despotisme populaire s'ajoute du reste à beaucoup d'autres. L'autocratie jacobine des collectivistes n'est pas moins oppressive et son action s'étend chaque jour. Persécutions religieuses féroces, expropriations pratiquées sur une grande échelle à l'égard d'une classe très nombreuse, lois d'une intolérable tyrannie contre le commerce et l'industrie, etc.

Actuellement, elle prépare, sous le nom d'impôt sur le revenu, le plus formidable engin d'oppression individuelle que la France ait connu depuis plusieurs siècles. Tous les économistes ont répété, et Paul Delombre en a refait vingt fois la preuve, dans ses beaux articles, que cet impôt, tel qu'on le propose, désorganisera entièrement nos finances déjà si incertaines sans alléger personne. Les collectivistes le savent d'ailleurs parfaitement et s'en réjouissent, puisqu'ils se proposent les deux buts suivants :

1°/ Persécuter d'une façon insupportable les gens qui ne sont pas de leur parti.

2°/ Obtenir par une inquisition fiscale de tous les instants l'inventaire des fortunes, de façon à s'en emparer, soit progressivement, soit en bloc, le jour où il sera possible de le faire par une mesure légale identique à celle qui permit d'exproprier les congrégations, sans avoir à invoquer d'autre droit que celui du plus fort.

En attendant, la loi fonctionnera comme un moyen d'oppression autorisant à écraser de taxes ceux qui déplairont et à dégrever de toute charge les amis. Les collectivistes ne se doutent guère que ce régime d'inquisition deviendrait vite tellement odieux, engendrerait de telles révoltes que son application marquerait, malgré la veulerie universelle, la fin de la République. Les moutons eux-mêmes finissent par s'insurger. Mais la passion du despotisme est trop intense dans les âmes qu'elle domine pour leur laisser aucun jugement.

Si le penchant à la tyrannie et le mépris de la liberté sont universels en France, on ne peut nier, cependant, qu'il s'y rencontre une élite d'esprits libéraux éclairés, n'éprouvant pas le besoin de persécuter et d'asservir des classes entières de citoyens pensant différemment qu'eux. Leur nombre est trop minime pour pouvoir former un parti influent. Loin d'ailleurs de s'accroître, ce parti diminue chaque jour.

Ici se pose une question embarrassante: pourquoi cette élite, déjà si faible, se réduit-elle constamment ? Comment rencontrons-nous parmi les députés et leurs électeurs, beaucoup d'esprits pacifiques et sages professeurs, médecins, industriels, ingénieurs, etc., devenus les défenseurs des doctrines les plus subversives ?

Pourquoi, par exemple, est-ce surtout chez les universitaires que se recrutent les chefs et les principaux apôtres du collectivisme révolutionnaire, de l'antipatriotisme, de l'antimilitarisme, etc. ?

Rappeler que le bon sens n'accompagne pas toujours l'instruction et que les intellectuels ne brillent pas tous par l'intelligence serait une insuffisante réponse.

Diverses raisons ont déterminé ce nouvel état mental. 11 faut citer, au premier rang, la peur, devenue, nous l'avons vu, le véritable mobile des votes parlementaires.

Un ancien député socialiste, monsieur Fournière, l'a très justement exprimé dans les lignes suivantes :

Du plus anarchiste au plus parlementaire d'entre nous, nous portons tous une chaîne de terreur, la terreur de n'être pas aussi avancé que celui qui est devant nous... Curés de la sociale, nous avons promis le paradis à nos ouailles, où les avons-nous conduites ?

Terrorisé par les clameurs des comités que dirigent d'obscurs sectaires, le député redoutant de ne pas paraître assez hardi, de ne pas flatter suffisamment les aspirations populaires, tâche de les dépasser. Pour être entendu, il crie plus fort que ses concurrents et, à force de se répéter, finit par croire à ses propres discours.

Cette cause n'est pas la seule de la mentalité que j'essaie d'expliquer. Une des principales est l'antique erreur latine que les sociétés peuvent se transformer par les lois. Tous les partis étant persuadés qu'avec de bons décrets il est facile de remédier aux maux dont chacun souffre, le député est harcelé par ce désir de «faire quelque chose». Les complications formidables des nécessités sociales lui échappant, ainsi qu'échappait jadis aux médecins la complication de l'organisme, il traite le corps social comme les docteurs traitaient alors les malades, saignant et purgeant au hasard. Eux aussi s'acharnaient à «faire quelque chose». Ils mirent plusieurs siècles pour découvrir que beaucoup mieux eût valu ne rien faire, laisser agir les lois naturelles, et éviter ainsi de mettre le doigt dans un mécanisme très compliqué et fort mal connu.

Aucune démonstration n'est arrivée à affaiblir en France cette conviction que l'Etat peut tout avec des lois. Elle est même devenue une sorte de dogme religieux intangible pour une foule de sectaires. Dans un lumineux article, monsieur J. Bourdeau analysait récemment le livre d'un professeur de l'Université, destiné à justifier le rôle providenciel de l'Etat. Suivant ce professeur, l'Etat doit se charger du bonheur du peuple, de son salut terrestre et exercer un rôle analogue à celui de l'Eglise au Moyen Age. Quels terribles éducateurs s'est donnés notre démocratie ! Combien funestes ces pédagogues vivant uniquement d'illusions loin des réalités qui conduisent le monde.

L'idée d'un Césarisme étatiste absolu pouvant tout se permettre est tellement ancrée, dans la cervelle des sectaires socialistes, que d'après eux l'Etat n'est tenu à respecter aucun engagement, aucun droit et n'a d'autre maître que son bon plaisir.

Cette prodigieuse mentalité n'avait été observée, jusqu'ici, que chez les rois nègres de l'Afrique. Ils respectaient, cependant, quelquefois leur parole. Pour les socialistes, au contraire, l'Etat n'est nullement obligé à en tenir compte. Le chef du parti socialiste en France, n'a pas hésité, dans une discussion récente au Parlement, à soutenir cette thèse. Il s'est attiré la réponse suivante, d'un ministre dont le jugement a survécu à son passé socialiste.

Comment ! un contrat est passé entre une Compagnie et l'Etat, des difficultés s'élèvent sur l'interprétation du contrat entre les deux parties, et l'une des parties réglerait elle-même ces difficultés en interprétant toute seule le contrat ! Est-ce possible ? Que deviendrait la parole de l'Etat et j'ose dire le crédit même de l'Etat si les engagements pris au nom du pays pouvaient être le lendemain, ou 20 ou 30 ans après (le temps ne fait rien à l'affaire), reniés avec cette désinvolture ?

De telles évidences devraient sembler indiscutables. Le fait qu'il soit devenu nécessaire de les défendre montre à quel point les doctrines les plus despotiques ont séduit nombre d'esprits.

Les observations précédentes révèlent la mentalité des législateurs et l'expliquent un peu. D'où vient celle du bourgeois à tendances révolutionnaires ?

Inapte généralement à la réflexion et au raisonnement, il adopte, par simple imitation, quelques formules à la mode qui lui permettent de se dissimiler la médiocrité de ses pensées. «Marcher avec son temps, être un homme de progrès», etc. Ce que cela signifie, il ne l'a jamais soupçonné et les braves gens qui l'écoutent ne le savent pas davantage.

Il est, du reste, de même que tous les Français, incurablement Etatiste et c'est pourquoi les bourgeois de tous les partis cléricaux, collectivistes, monarchistes, etc., se trouvent d'accord pour exiger de l'Etat des lois destinées à remanier le monde.

Le socialisme synthétisant cette aspiration générale fait, pour cette raison, de rapides progrès dans la bourgeoisie, bien qu'il soit un retour vers la barbarie et nous menace d'un despotisme plus dur que tous ceux étudiés par l'histoire.

Aux causes qui viennent d'être données de la mentalité bourgeoise actuelle, s'ajoute encore son antipathie apparente pour la tradition. Aucune classe n'est plus courbée sous son joug et pourtant, aucune ne la déteste davantage, sans doute parce que, de temps à autre, elle sent que, malgré tant d'efforts, il est impossible de détruire sa puissance. On la déteste comme l'esclave déteste le maître qui le domine tout en sachant bien qu'il faut lui obéir.

Pour toutes ces causes diverses, des hommes relativement éclairés en sont arrivés à se courber devant les bas démagogues des Eglises nouvelles avec autant de servilité que des courtisans asiatiques devant un souverain absolu.

Quelques rares indépendants finissent pourtant par renoncer à servir de pareils maîtres. Un des anciens chefs du parti socialiste belge, monsieur le sénateur Edmond Picard, a exprimé sa répulsion à cet égard dans une lettre publique dont voici quelques extraits :

Je ne quitte pas le parti ouvrier, mais je quitte le groupe des sectaires qui y tapagent et que, suivant la tradition, les raisonnables se laissent aller à suivre. L'inévitable surenchère s'impose à ceux qui craignent de paraître pusillanimes s'ils ne font pas autant ou plus que les extravagants.

*J'ai une âme rebelle à l'intolérance. Vous avez parmi vous, des individualités qui pratiquent, à la sauce socialiste, le **Perinde ac cadaver** d'Ignace de Loyola. Je refuse de m'y soumettre, ne fût-ce que pour* *l'exemple et pour la dignité humaine. Que ce clergé cherche ailleurs des esclaves. Suivez vos destinées. Leur fatalité vous entraine.*

Le «clergé socialiste» n'est pas embarrassé pour découvrir des esclaves. Avec l'évolution de la mentalité actuelle, il est facile de trouver des âmes prêtes à subir des tyrannies beaucoup plus redoutables que celles des anciens rois absolus. La liberté possède encore des défenseurs théoriques, mais c'est le despotisme qui séduit les foules et leurs maîtres.

Livre IV : Les illusions socialistes et syndicalistes

CHAPITRE I
Les illusions socialistes

Le socialisme dont nous discutons les doctrines ne doit pas être confondu avec le mouvement de solidarité sociale que nous voyons se développer un peu partout. Ce dernier n'est aucunement issu des théories socialistes et le triomphe de ces dernières ne pourrait même que l'entraver.

Établir universellement le même niveau égalitaire sous la main rigide de l'État ne conduirait nullement, en effet, à l'amélioration du sort des classes ouvrières, et empêcherait tout progrès.

Donc, en luttant contre les théories socialistes, nous sommes bien assurés de ne pas combattre le mouvement de solidarité sociale dont je viens de parler et que personne (sauf peut-être les socialistes) ne songe à empêcher. Le progrès matériel et moral des classes pauvres est l'objet des préoccupations universelles. On sait quels efforts se multiplient pour réaliser un tel but. Assurances contre les accidents, créations de maisons ouvrières, retraites, hygiène, éducation, crédit agricole, développement de la mutualité, organisation de la prévoyance, etc., etc., sont des preuves évidentes de la sollicitude générale. Ce n'est pas là du socialisme, mais du devoir social, chose bien différente.

Le socialisme comprenait jadis des sectes diverses n'ayant de commun qu'une haine intense de l'organisation établie. Depuis quelques années, le collectivisme semblait devoir se substituer à toutes ces sectes et devenir prépondérant. Il règne encore au Parlement et inspire beaucoup de ses votes.

Un tel triomphe ne paraît pas devoir durer. Progressivement, on a vu se développer en Allemagne, en France, et ailleurs, une nouvelle doctrine, le**Syndicalisme**, en voie de conquérir le monde ouvrier et de le détourner entièrement du collectivisme.

Les deux doctrines sont nettement opposées. Les syndicalistes tiennent essentiellement du reste à bien marquer cette divergence. Les collectivistes font leur possible au contraire pour la cacher, sachant parfaitement, combien ce nouveau mouvement est nuisible à leurs théories, et voyant chaque jour l'âme populaire se détourner d'eux.

Malgré les concessions les plus humbles des collectivistes, les syndicalistes ne cessent d'insister sur l'incompatibilité qui les sépare des socialistes. Ils y reviennent sans cesse dans leurs journaux et leurs congrès.

A celui d'Amiens où figurait un millier de syndicats représentés par 400 délégués, il fut proposé «de faire entrer les syndicats en rapport avec le parti socialiste. Cette proposition a été repoussée à la quasi-unanimité.»

Les syndicalistes tiennent surtout à montrer le côté chimérique des doctrines collectivistes. S'adressant à un des chefs du socialisme français, un membre influent du syndicalisme s'est exprimé au Congrès de 1907 dans les termes suivants :

Vos conceptions sont utopiques parce qu'elles donnent à la force coercitive de l'Etat une valeur créatrice qu'elle n'a pas. Vous ne ferez pas surgir du jour au lendemain une société toute faite, vous ne donnerez pas aux ouvriers la capacité de diriger la production et l'échange, vous serez les maîtres de l'heure, vous détiendrez toute la puissance qui hier appartenait à la bourgeoisie, vous entasserez décrets sur décrets, mais vous ne ferez pas de miracle et vous ne rendrez pas du coup les ouvriers aptes à remplacer les capitalistes. En quoi, dites-moi, la possession du pouvoir par quelques hommes politiques aura-t-elle transformé la psychologie des masses, modifié les sentiments, accru les aptitudes, créé de nouvelles règles de vie ?

Ce n'est pas en France seulement, mais en Allemagne que s'est opérée la scission entre syndicalistes et collectivistes.

Au congrès de Mannheim, en 1906, le socialiste Bebel et son parti se sont trouvé en présence des syndicalistes. «Bebel, rapporte monsieur Faguet, a été obligé, pour conserver une ombre d'autorité, de leur faire, au mépris de toutes ses déclarations antérieures, des concessions quasi complètes.»

Dans leurs journaux, les syndicalistes repoussent fièrement toute alliance avec le socialisme.

Le socialisme, écrit l'un d'eux, tend à étendre le domaine des institutions administratives. Il est un principe de lassitude et de faiblesse espérant réaliser par l'intervention extérieure du pouvoir ce que l'action personnelle ne peut atteindre. C'est le produit de nations en décadence économique, de peuples anémiés et vieillis.

Ces vérités n'étaient évidentes, il y a quelques années, que pour un petit nombre de psychologues. Il est intéressant aujourd'hui de les voir comprises par des ouvriers.

Depuis longtemps, du reste, les creuses déclamations des rhéteurs sur la dictature du prolétariat et sa substitution à la classe bourgeoise avaient été jugées à leur valeur par des socialistes éclairés.

«La dictature du prolétariat, écrivait Bernstein, cela veut dire la dictature d'orateurs de clubs et de littérateurs.»

Devant les attaques répétées des syndicalistes, les socialistes s'affolent et acceptent avec résignation des théories les plus avancées, telles que l'antipatriotisme. Un journal, organe officiel de leurs doctrines, a publié en première page, un dessin allégorique représentant des ouvriers déchiquetant des drapeaux couverts des noms les plus glorieux de notre histoire.

De si basses concessions ne sauraient empêcher la désagrégation du socialisme. Il se divise maintenant en petites chapelles s'accablant d'invectives. Ce sont là querelles de moines, possédant la vérité pure, et réservant des trésors de haine pour les impies.

Les journaux doctrinaires gémissent de ces dissensions, mais ils sont bien obligés de les confesser. Le **Mouvement Socialiste** du 15 janvier 1908 s'exprimait ainsi :

Le socialisme s'enfonce toujours davantage dans une crise inextri-

cable. Le glorieux mouvement qui avait, au cours du siècle passé, éveillé tant d'espérances, risque de s'acheminer à la plus triste des faillites. Voilà qu'à côté du socialisme ouvrier et révolutionnaire pullulent, comme autant de champignons vénéneux qui étoufferont sa poussée, des multitudes de socialismes étranges et imprévus. Nous avions le socialisme d'Etat, le socialisme municipal de l'eau et du gaz, le socialisme franc-maçon, le socialisme intégral et intégraliste, et toute une série d'autres aux adjectifs également variés. Nous avons maintenant, officiellement défendu par le plus vaste parti socialiste, le socialisme patriotique. A quand le socialisme capitataliste ?

Le côté chimérique du collectivisme éclate donc maintenant à bien des yeux. Cela ne l'empêche pas d'être toujours très puissant au Parlement, où s'élaborent sous son influence de pernicieuses lois, et c'est pourquoi nous croyons utile d'indiquer ici ses dangers. Dans un autre chapitre, nous parlerons plus en détail du syndicalisme, mouvement autrement sérieux que le collectivisme, car ce sont les nécessités économiques modernes et non des rêveries qui l'ont créé.

Un des buts fondamentaux des socialistes est d'effacer les inégalités naturelles en établissant l'égalité des conditions. On espère y arriver par la suppression de la propriété et de la fortune individuelle et la gestion de toutes les industries par l'Etat.

Cette doctrine représente, en réalité, une des formes de la lutte éternelle du pauvre contre le riche, de l'incapable contre le capable et à ce titre il remonte aux origines de l'histoire. Tous les peuples connurent de telles luttes. Pour les Grecs, elles amenèrent la perte de l'indépendance, pour les Romains la fin de la République et l'établissement de l'Empire.

La Révolution française fut peu favorable aux socialistes. Elle proclama l'égalité, mais après avoir exproprié la noblesse et le clergé, s'empressa de déclarer que la propriété était chose sacrée et la base même de l'ordre social. Il y eut bien alors quelques tentatives de socialisme communiste. On y mit rapidement fin en coupant le cou aux adeptes de la doctrine.

Comment est né le socialisme moderne, comment s'est-il développé au point d'être devenu une véritable religion ? C'est ce que j'ai expliqué dans ma**Psychologie du Socialisme** et ne saurais redire ici.

En politique comme en religion les formules vagues et imprécises sont fort utiles, chacun pouvant les interpréter à son gré. Rien de plus nuageux que le sens actuel du mot socialisme. Pour les gens satisfaits de leur sort, il exprime un désir d'améliorer les conditions d'existence de classes populaires redoutées. Pour les mécontents il traduit simplement leur mécontentement. Le commis à 1.500 francs qui n'avance pas assez vite, le marmiton dont on méconnaît les mérites, le diplômé sans emploi, deviennent immédiatement socialistes. Pour les théoriciens ce mot représente une organisation sociale, variable suivant chacun d'eux, et qui doit être substituée par la force à l'organisation actuelle.

Le primordial caractère du socialisme est une haine intense de toutes les supériorités supériorité du talent, de la fortune et de l'intelligence.

Pour ses adeptes, il a remplacé les anciens dieux et constitue une puissance mystique capable de réparer les iniquités du sort.

Le collectivisme avait fini par concrétiser la foi nouvelle. Sur les débris de la vieille société, s'élèverait un monde régénéré où, comme dans les Paradis de jadis, tous les hommes jouiraient d'une félicité éternelle.

Longtemps, l'absurdité de la doctrine ne nuisit nullement à sa propagation. Elle flattait des instincts assez bas et par conséquent assez répandus. Prendre à ceux qui possèdent est toujours tentant pour qui ne possède rien. Les dogmes d'ailleurs s'imposent par les espérances qu'ils font naître et jamais par les raisonnements qu'ils proposent. Ils triomphent, malgré leur illogisme, dès que sont déterminées dans les âmes certaines transformations mentales. Le rôle des apôtres est de produire ces transformations. Le socialisme n'en a jamais manqué.

Son succès universel rappelle les débuts du christianisme. Ce dernier, lui aussi se propageait, malgré la faiblesse logique de ses dogmes, et les réfutations des philosophes. Par la puissante action de la suggestion et de la contagion, il finit par acquérir jusqu'aux classes éclairées que son influence devait bientôt détruire.

Le grand élément de succès du socialisme fut d'apparaître au moment où l'homme ne croyant plus à la puissance de ses anciens dieux, en cherchait d'autres à invoquer. Les divinités meurent quelquefois, mais la mentalité religieuse leur survit toujours. L'esprit humain ne sait pas vivre sans religion, c'est-à-dire sans espérance.

Cette mentalité est la même dans toutes les classes sociales. Quand on renie les dieux, on croit aux fétiches. Et c'est pourquoi la religion socialiste a autant triomphé dans la bourgeoisie que dans les couches populaires. La magique puissance de la nouvelle foi est telle, que les classes éclairées perdent toute confiance dans la justesse de leur cause et ne savent pas se défendre contre les plus audacieux rhéteurs. Elles sont envahies par la peur et aussi par un humanitarisme vague, forme méprisable de l'égoïsme et grave symptôme de décadence, comme Renan l'avait déjà observé.

Le socialisme ne progresse pas en réalité par la valeur de l'idéal très bas qu'il propose, mais malgré cet idéal. C'est son côté mystique, l'espérance d'un paradis terrestre où tous les hommes jouiraient d'une éternelle félicité qui fait sa force. J'ai eu souvent occasion de montrer qu'au cours de l'histoire, les hommes se sont fait tuer pour des idées, beaucoup plus que pour satisfaire des besoins matériels. C'est l'idéal à poursuivre qui les a charmés. L'espoir de travailler, sous la férule de l'Etat collectiviste pour obtenir des bons de pain et de charcuterie ne passionnera jamais personne.

Dans un intéressant livre, **les Découvertes de l'Economie sociale**, monsieur d'Avenel est arrivé par une autre voie à la même conclusion. Voici comment il s'exprime :

Le «bien-être» ne tient vraiment qu'une place très petite dans l'histoire des nations. C'est assez tard qu'elles se sont aisées d'y penser.

Elles ont visé longtemps à des satisfactions d'un tout autre ordre. Elles se sont passionnées pour tout autre chose et, dans sa marche lente, la civilisation, celle de l'antiquité aussi bien que celle du Moyen Age, a recherché le beau bien avant l'utile. Elle a excellé à faire des statues ou des temples avant de faire des lampes ou des parapluies. Elle a su écrire avant de savoir se chauffer et a découvert le pinceau avant la fourchette.

Ces hommes ont vécu pour l'idée plus que pour la matière. Ils ont glorifié les noms des guerriers qui ont accompli les faits héroïques, dont les peuples le plus souvent ont souffert, et aussi les noms de

ceux qui ont formulé des pensées ou créé des œuvres d'art dépour-
vues d'utilité pratique. Quant aux noms de ceux qui les ont dotés
des inventions les plus nécessaires, semble-t-il, à la vie, ils les ont
laissé tomber dans l'oubli. De sorte qu'à examiner les faits au long des
siècles on s'aperçoit qu'il n'y a que les «idées» qui comptent. C'est pour
elles que les hommes vivent. C'est pour elles qu'ils meurent.

De nos jours encore, ceux qui semblent le plus attachés soit à l'argent
soit aux plaisirs qu'il sert à payer, poursuivent, au fond, une satisfac-
tion purement idéale beaucoup plus qu'un besoin corporel.

Je n'ai commencé à comprendre les divagations des théologiens
du Moyen Age qu'après avoir lu celles des socialistes sur la société future. Même ignorance de la nature humaine et des nécessités
économiques, mêmes visions chimériques, même besoin de destruction du présent pour réaliser le monde idéal enfanté par leurs
rêves.

Les théologiens disparus ont laissé des héritiers de leur esprit. Les
chimères n'ont fait que changer de nom et les fanatismes qu'elles
engendrent, les destructions dont elles nous menacent, sont les
mêmes que par le passé. Le socialisme constitue une religion dont
les apôtres ont toute l'intolérance de leurs ancêtres. Doctrines,
langage, croyances, méthodes de propagation sont presque identiques.

Nous n'avons éteint des astres fantômes, écrit justement Sageret,
que pour allumer des étoiles chimériques. Notre Cité Future vaut la
Jérusalem Céleste. Ces deux villes sont également métaphysiques.
Toutefois, on s'ennuiera peut-être moins dans la Cité Future parce
qu'on s'y ennuiera moins longtemps.

Le christianisme des premiers âges, avec lequel le socialisme offre
tant d'analogies, possédait cependant un élément de succès dont
les doctrines actuelles sont dépourvues. Les récompenses espérées
devaient être accordées dans un paradis dont nul n'était revenu.
Les promesses de bonheur terrestre faites par le socialisme depuis
60 ans et qui devaient se réaliser dans un avenir prochain n'ayant
pu s'accomplir, la confiance dans la doctrine a été ébranlée et, aujourd'hui, une foi nouvelle, le syndicalisme, tend à la remplacer.

Moins chimérique sur bien des points, elle est sans doute destinée à un plus durable avenir.

Le socialisme collectiviste repose sur une série d'illusions dont on commence maintenant à voir la vanité mais qui s'imposeront pendant longtemps encore. Elles se ramènent aux propositions suivantes : 1°/ Une société peut être refaite de toutes pièces à coups de décrets par une révolution. 2°/ Le régime capitaliste étant la source de tous les maux il suffirait de le supprimer pour établir un bonheur universel. 3°/ L'Etat doit s'emparer de toutes les propriétés, de toutes les industries, et les faire administrer par une armée de fonctionnaires chargés de répartir également les produits entre les membres de la communauté.

De pareilles théories ne tenant compte ni des passions, ni des sentiments, ni des nécessités économiques, ni d'ailleurs de réalités d'aucune sorte, il est facile, en les prenant pour base, de bâtir sur le papier des sociétés artificielles très variées. Ce sont les paradis des âmes simples.

Ces chimériques illusions demeurent, en France du moins, très puissantes encore. Elles inspirent une absolue confiance aux cafetiers et aux commis-voyageurs de province, dont se composent tant de comités électoraux, et sont au Parlement l'origine de lois fort dangereuses. On ne nie plus que le rachat d'une importante ligne de chemins de fer ait été, comme l'impôt sur le revenu, inspiré par les doctrines collectivistes. La première de ces opérations était destinée à préparer l'accaparement de toutes les industries par l'Etat. L'impôt sur le revenu n'avait d'autre but que de faire le bilan de la fortune des citoyens, de façon à pouvoir plus tard les dépouiller à volonté. Les socialistes savent fort bien qu'un tel impôt ne s'établirait qu'au prix d'odieuses inquisitions destinées à susciter de redoutables ennemis au régime républicain, sans le moindre bénéfice financier pour personne. De telles évidences n'ont arrêté cependant aucun vote. Les comités électoraux socialistes ayant parlé, le Parlement a servilement obéi.

De toutes les illusions socialistes, la plus vaine peut-être est le rêve de supprimer la classe bourgeoise dont le talent, l'intelligence et les capitaux ont créé et font prospérer les industries desquelles les ouvriers vivent.

Supposons qu'un chef d'usine ayant 1.000 ouvriers et réalisant 40.000 francs de bénéfices annuels donne gratuitement son usine aux travailleurs. Grâce aux 40.000 francs abandonnés, le salaire de chacun augmenterait en apparence de 10 centimes environ par jour. Ce chiffre de 10 centimes comme bénéfice moyen réalisé sur l'ouvrier a été également donné à la Chambre des députés dans une discussion récente.

En réalité, ils serait bientôt très amoindri, car les hommes aptes à diriger de grandes industries sont rares, et dès que la capacité du chef diminue, les bénéfices s'effondrent. Vérité éclatante que les socialistes ne veulent pas comprendre. Dans l'état actuel de l'industrie, l'homme capable devient un instrument si précieux qu'il est toujours économique de le payer fort cher.

Supposons cependant que le socialisme triomphe, avec son administration collectiviste de l'industrie et son égalisation des salaires. Immédiatement, tous les hommes intelligents : savants, artistes, inventeurs, ouvriers habiles, etc., peu soucieux de voir rémunérer leur talent avec des bons d'aliments, émigreraient vers des pays voisins qui les accueilleraient avec enthousiasme, car le talent fait prime partout. Le socialisme ne régnerait alors que sur une société composée d'individus de la plus basse médiocrité.

Bien entendu, le conquérant qui voudrait s'emparer d'un pays ainsi socialisé n'aurait qu'à lever le doigt. Les socialistes répondront que cela leur est égal puisqu'ils se déclarent de plus en plus antimilitaristes et antipatriotes, et qu'à leurs yeux patron français ou patron allemand représentent la même chose.

Pour leur ôter cette nouvelle illusion, il suffit de les renvoyer aux livres d'histoire montrant la destinée des peuples que leurs dissensions ont conduits sous la loi de l'étranger. La Pologne en est un frappant exemple. Bâtonnés et expropriés par les Allemands, vigoureusement mitraillés par les Russes dès qu'ils crient trop fort, ne pouvant même pas, sous peine du fouet, faire apprendre leur langue dans les écoles à leurs propres enfants, les infortunés Polonais expient durement les luttes civiles ancestrales. Leur destinée devrait être gravée en lettres d'or dans toutes les salles des congrès socialistes où l'anti-patriotisme s'enseigne.

Le socialisme collectiviste qui triompherait quelque part ne saurait d'ailleurs durer bien longtemps. Il ramènerait vite les despotes libérateurs que le peuple acclamerait comme il l'a fait pour tous ceux subis par la France depuis la Révolution. En attendant, les ravages produits seraient terribles. Je suis de l'avis de Laveleye montrant à la suite du socialisme victorieux «nos grandes villesravagées par la dynamite et le pétrole, d'une façon plus sauvage et surtout plus systématique que Paris ne l'a été en 1871 par la Commune.»

Faguet a recherché comment pourrait triompher le socialisme et il admet, ainsi que je l'avais fait moi-même, que ce sera peut-être par l'affaiblissement moral de l'armée. Nous avons déjà vu, dans les troubles du Midi, un régiment lever la crosse, et l'histoire de la Commune montre qu'en pareil cas un gouvernement peut s'effondrer instantanément.

Cet effondrement s'accomplirait plus simplement encore par des mesures législatives. Le même auteur fait remarquer «qu'il suffirait d'une décision législative comme en 1790, ou d'un coup d'Etat populaire pour exproprier la bourgeoisie et procéder à son égard comme elle a procédé à l'égard du clergé et de la noblesse au moment de la Révolution, et plus récemment à l'égard des congrégations possédantes et du clergé séculier.»

Il semble qu'un souffle d'aliénation aveugle aujourd'hui la bourgeoisie, car elle ébranle sans trêve les plus solides colonnes de la société qui l'abrite, notamment les finances et l'armée. Elle détruit progressivement toute discipline, et vote les pires mesures financières et militaires proposées par les socialistes sans pouvoir douter cependant que le triomphe du socialisme serait, comme l'a écrit le révolutionnaire Malato, «un despotisme plus dangereux que le système monarchique, parce qu'il serait insaisissable et impersonnel.»

La bourgeoisie se fait donc profondément illusion en suivant le courant qui la pousse et qu'il lui serait possible non de remonter, mais d'orienter. Elle perd conscience de sa supériorité, de sa puissance et de sa valeur, et ne comprend pas qu'une société ne saurait vivre sans discipline, sans tradition et sans hiérarchie.

Elle ignore surtout l'art de parler aux foules et ne conçoit guère le simplisme de leur âme. La seule vision politique de l'ouvrier est qu'il est exploité par le patron et que le gouvernement doit faire augmenter sa paye.

«La masse, écrit justement monsieur Bourdeau, n'a aucune idée nette, elle est toujours de l'avis de l'orateur qui pérore devant elle, qu'il soit favorable à la défense républicaine ou anticlérical, patriote ou antipatriote, politicien ou syndicaliste révolutionnaire.»

La foule, en effet, juge en bloc uniquement d'après l'impression produite sur elle par les vociférations des orateurs. Leurs raisons, elle ne les entend pas et, comme les femmes, se passionne pour les individus sans écouter leurs discours. Toutes les vérités seront acceptées si l'homme qui les dit lui plaît, et il lui plaît quand il est énergique. On a vu dans une circonscription du Nord, citadelle du socialisme, un candidat, assez conservateur cependant, se faire nommer député à la place de l'un des grands chefs du socialisme, non par ses raisons mais parce qu'il avait su plaire et que les foules sentaient en lui le maître réclamé toujours.

Malgré leurs instincts révolutionnaires apparents les multitudes ne demandent qu'à obéir. Toute l'histoire est là pour le dire. Les ouvriers les plus violents obéissent sans discuter aux coups de sifflet du délégué des comités révolutionnaires et se mettent instantanément en grève, sans se permettre la moindre observation. Louis XIV ou Bonaparte n'auraient jamais osé les prescriptions draconiennes décrétées par d'obscurs comités auxquels leur anonymat seul confère du prestige.

Beaucoup de socialistes sont trop intelligents pour avoir confiance dans leurs doctrines et les abandonnent dès qu'ils arrivent au pouvoir. Devenus alors partie intégrante de la bourgeoisie, ils en découvrent brusquement les qualités. On a pu lire, non sans quelque étonnement, les compliments décernés aux bourgeois par un socialiste devenu ministre, monsieur Viviani, dans un discours prononcé à Calais : *... Autour du prolétariat, disait-il, vit une bourgeoisie qui travaille, qui a ses intérêts, sa votante, ses désirs. Et c'est une grande injustice que de la dénoncer dans son ensemble à la colère ou au mépris des travailleurs. C'est elle qui, par ses penseurs et ses philosophes, a montré le vide du Ciel.*

Si la bourgeoisie n'avait fait que détruire des illusions, il n'y aurait pas lieu de lui en être extrêmement reconnaissant. Je ne sais pas, ni monsieur Viviani non plus, si le Ciel est vide. C'est une hypothèse probable mais non démontrée. En tout cas, c'est une hypothèse que la très grande majorité des Français n'admet pas encore. Or, un véritable homme d'Etat doit savoir respecter toutes lesconvictions et gouverner les peuples avec leurs idées, et non avec ses propres croyances.

Mais si les hypothèses relatives au Ciel restent incertaines, au moins est-il sûr que les progrès de la civilisation sont dus uniquement à la bourgeoisie de tous les âges puisque c'est principalement dans son sein qu'ont toujours été recrutés artistes, industriels, philosophes et savants.

La démocratie, disait monsieur Clémenceau dans un de ses discours, n'est pas le gouvernement du nombre...

A la source de toute évolution nous trouvons l'effort individuel des penseurs, tandis que le progrès général doit résulter nécessairement de l'accommodation progressive des masses aux idées soumises à la sanction de l'expérience par le génie de quelques-uns.

Ne qualifions pas ces vérités de banales puisque c'est seulement le jour où ils arrivent au pouvoir que les politiciens les découvrent.

Elles ne sauraient bien entendu effleurer les socialistes révolutionnaires, rêvant la destruction de la société actuelle.

Avec un peu plus d'intelligence, ces bruyants apôtres arriveraient à comprendre qu'ils ne gagneraient rien à se substituer au gouvernement qu'ils maudissent. Les survivants de leurs hécatombes finiraient par constater, que les méthodes de gouvernement sont peu variées et deviendraient plus réactionnaires encore que leurs prédécesseurs. C'est ce qui fut toujours observé du reste quand les Césars vinrent écraser l'anarchie.

Des révolutionnaires vainqueurs ne peuvent prendre en effet que deux partis : rester révolutionnaires, et dans ce cas perpétuer un désordre contre lequel se ligueraient vite toutes les opinions et qui par conséquent ne saurait durer, ou gouverner à peu près comme leurs aînés. Ce dernier parti fut toujours adopté par tous les démagogues triomphants. Ceux qui, avant d'arriver au pouvoir prêchaient l'insurrection, la grève générale et la violence, les combattent énergiquement une fois devenus les maîtres. Non, certes, qu'ils trahissent leurs principes, mais simplement parce qu'ils découvrent alors que le maintien de la vie d'un peuple est soumis à l'observance de certaines règles traditionnelles.

Ce ne sont pas en réalité les violences des révolutionnaires, mais la faiblesse de nos gouvernants qui constitue le vrai danger. Quand un pays est saturé d'anarchie, quand trop d'intérêts sont menacés et qu'on ne voit partout que palabres inutiles, promesses mensongères et lois stériles, les peuples se dirigent d'instinct vers un dictateur capable de ramener l'ordre et de protéger le travail. C'est ainsi que tant de démocraties ont péri.

La dictature, c'est évidemment l'ordre pour quelque temps, mais c'est aussi Waterloo, Sedan et l'invasion.

Sans doute les Romains n'eurent pas à regretter l'avènement d'Auguste, mais son règne rendit possible Tibère, Caligula, la lente décadence et l'écrasement final sous le pied des Barbares.

La reconstruction du monde détruit par ces nouveaux maîtres exigea 1.000 ans de guerres et de bouleversements. Le présent est fait surtout du passé et le passé ne se recrée pas. Aujourd'hui les barbares sont dans nos murs et nous les laissons saper jour après jour un édifice social péniblement construit. Ils pourront le détruire, mais non le remplacer. Une société périt parfois très vite, les siècles seuls permettent de la rebâtir.

CHAPITRE II
Les illusions syndicalistes

L'association des intérêts similaires est devenue la loi de l'âge moderne. La grande industrie ne l'a pas créée, mais fortement développée.

Tous les pays ont connu des formes diverses d'association. Florence et Sienne au Moyen Age, étaient des Républiques professionnelles, formées d'une agglomération de syndicats réalisant assez bien le rêve de beaucoup de théoriciens actuels. Les corporations détruites par la Révolution constituaient aussi de véritables syndicats.

L'avantage évident de telles institutions est de conférer à de petites collectivités une puissance que ne saurait posséder l'individu isolé. Elles le dispensent, en outre, d'initiative et de volonté, qualités d'un exercice fatigant et d'ailleurs assez peu répandues.

Les liens du syndicat tendent à devenir aujourd'hui la seule attache entre les hommes. Alors que les institutions politiques ne sont plus respectées, que l'idée de patrie s'affaiblit, que toutes les croyances ancestrales s'évanouissent, l'influence de l'idée syndicaliste grandit chaque jour. Elle est en voie de donner naissance à des formes de droit nouvelles. Tel par exemple le contrat collectif dans lequel le patron traite, non plus avec l'ouvrier, mais avec son syndicat. Il tend à devenir le régime normal de l'industrie.

L'ouvrier, surtout le médiocre, gagne à ce régime, mais sous la condition d'accepter une tyrannie très dure. S'il peut conserver l'illusion du pouvoir, il ne saurait garder celle de la liberté.

De cette vérité banale, que les institutions n'ont par elles-mêmes aucune vertu et que leur influence varie avec les qualités mentales des peuples les ayant adoptées, l'histoire du syndicalisme fournit, je l'ai montré déjà, une preuve frappante.

Il se présente, en effet, sous deux formes très différentes suivant les races le syndicalisme pacifique et le syndicalisme révolutionnaire. Le premier s'observe chez les Anglo-Saxons. Les syndicats ne s'y occupent que d'intérêts économiques et ignorent les luttes de classes. Chez les peuples latins, le syndicalisme est devenu, au contraire un instrument d'anarchie ne visant que la destruction de la société. C'est ce dernier que nous étudierons maintenant.

Quelques syndicats d'ouvriers français se bornent bien comme en Angleterre ou en Allemagne, à défendre leurs intérêts et ne présentent, jusqu'à présent du moins, rien de subversif. Etant peu nombreux ils ne possèdent guère d'influence.

Tout autre est le syndicalisme révolutionnaire, représenté par la bruyanteConfédération Générale du Travail. Nous avons précédemment montré son antipathie pour le collectivisme, considéré par elle, avec raison, comme une simple forme de l'Etatisme.

Cette C.G.T., à peine âgée de quelques années, prétend constituer un syndicat de syndicats. Mais, en réalité, compte très peu de syndiqués, puisque 5% à peine des ouvriers français en font partie. Il est vrai que ce n'est pas le nombre des apôtres qui fait la force d'une doctrine.

Ses débuts furent assez flottants. Elle ne commença à devenir puissante qu'après avoir eu à sa tête quelques révolutionnaires intelligents, comprenant qu'un pouvoir anonyme, hardi et possesseur d'un petit nombre de principes fixes, devait, grâce à la faiblesse gouvernementale et à l'anarchie générale, acquérir une autorité considérable.

Au double point de vue psychologique et politique, son histoire est très intéressante. Elle montre comment une poignée d'hommes résolus, peut arriver à fonder une organisation traitant d'égal à égal avec l'Etat, au point d'obliger le Parlement à voter d'urgence des lois impérieusement dictées.

En politique, l'autorité est précieuse, mais il suffit parfois de faire croire qu'on la possède. Le prestige des sorciers a duré mille ans, bien qu'ayant comme unique appui la foi dans la sorcellerie.

Fonder un pouvoir personnel est extrêmement compliqué. Créer un pouvoir anonyme est, au contraire, assez facile. On discute le premier, on subit le second.

En France, le pouvoir des comités anonymes est toujours respecté. Au Parlement, ils règnent en maîtres. L'éminent homme d'Etat R. Poincaré montrait, dans un discours récent, ces députés affolés, agitant en désordre leurs bulletins, jetant sur leurs circonscriptions muettes des regards interrogateurs, en se demandant «Vais-je plaire à mon comité ? «

Les plus farouches socialistes, interrupteurs bruyants des ministres, sont en général très modestes, très petits, devant des comités souvent composés de braillards alcooliques qui, en fait de volonté populaire, ne représentent que le leur. Appuyé sur des comités, un journal et le concours d'un nombre suffisant de ces braillards, on peut devenir un des maîtres d'un pays.

On l'a pu du moins jusqu'ici, mais les comités électoraux sont maintenant assez menacés. Ayant forcé les députés d'édicter des lois très dangereuses pour la prospérité de notre industrie, ils conduisirent les négociants à former des ligues de défense. Les Chambres de Commerce n'ont pas réussi à empêcher le ruineux rachat des Chemins de fer de l'Ouest, ordonné par les comités socialistes mais la Fédération des commerçants détaillants a fait hésiter la Chambre devant plusieurs impôts.

Quoi qu'il en soit, sous une forme ou sous une autre, groupement d'intérêts politiques ou d'intérêts professionnels, l'avenir n'est pas aux influences personnelles, mais surtout aux collectivités anonymes, guidées par des meneurs.

Les créateurs de la Confédération Générale du Travail comprirent parfaitement ces vérités élémentaires et quelques autres. Leur programme apparent fut de former un syndicat global, géré par un comité dépourvu de pouvoir visible, mais les exerçant tous, en réalité, et notamment celui d'imposer aux sociétés confédérées des ordres exécutés sans discussion.

Un premier obstacle se présentait. Pour arriver à dominer, ne fallait-il pas faire voter d'abord les ouvriers et obtenir une majorité ?

Des politiciens ordinaires auraient été arrêtés par cette difficulté. Elle n'embarrassa nullement les fondateurs de la C.G.T. Ne pouvant espérer le nombre, ils déclarèrent simplement substituer au pouvoir des majorités celui des minorités, et pour justifier une telle prétention, celle d'ailleurs de toutes les aristocraties, décidèrent hardiment, en opposition aux idées démocratiques etsocialistes, que les minorités seules ont le droit d'imposer leurs volontés. *...Ainsi apparaît, écrit l'un d'eux, l'énorme différence de méthode qui distingue le syndicalisme du démocratisme celui-ci, par le mécanisme du suffrage universel, donne la direction aux inconscients, aux tardigrades et etouffe les minorités, qui portent en elles l'avenir. La méthode syndicaliste donne, elle, un résultat diamétralement opposé. L'impulsion est imprimée par les conscients, les révoltés.*

Et sur quoi est fondée cette aptitude d'une minorité de révoltés ?Uniquement sur l'instinct. Les maîtres du parti assurent que «le plus simple ouvrier, engagé dans le combat, en sait davantage que les plus abscons doctrinaires de toutes les écoles». L'ouvrier insurgé, bien entendu, s'il est membre de la C.G.T., devient ainsi une sorte de baron féodal placé au dessus des lois.

Les conseils qu'on lui donne sont, en effet, ceux qui pourraient être présentés à un souverain absolu, n'ayant pas à tenir compte des codes.

Il faut aller de l'avant, se laisser porter par sa propre impulsion naturelle, ne se fier qu'à soi-même et se dire que ce n'est pas à nous à nous adapter à la légalité, mais à la légalité à s'adapter à notre volonté.

Les autocrates étant placés au dessus des lois, l'aristocratie constituée par les membres de la C.G.T. n'est pas tenue à les respecter.

L'ouvrier français, écrit un des grands chefs de la nouvelle autocratie, est au dessus de toute autorité, de toute hiérarchie. Il ne se demande pas, avant d'agir, si la loi lui permet ou non d'agir. Il agit et voilà tout.

Evidemment, Louis XIV et Napoléon étaient plus modestes et moins convaincus de leur grandeur.

Quant à la foule, jamais despote asiatique ne manifesta à son égard autant de mépris que les nouveaux potentats. Ils assurent, et en ceci n'ont pas tort, que les masses adoptent tout ce qu'on leur suggère et sont incapables de réflexion. En cas de révolution, le peuple se tournera du côté des plus hardis. En temps ordinaire, il n'a qu'à se taire. «Les conscients, les militants ont seuls le droit de parler au nom de la classe ouvrière.» Naturellement, les conscients sont les directeurs de la C.G.T.

Pénétrés de l'infériorité de la vile multitude, ils la traitent, à chaque occasion, comme un simple troupeau d'esclaves. Leurs délégués ne prennent même pas la peine d'expliquer les ordres donnés, celui de se mettre en grève par exemple. Si quelque ouvrier un peu indépendant esquisse une résistance, il est vigoureusement assommé par les camarades obéissant avec une parfaite servilité aux injonctions du comité. L'ordre du délégué remplace ainsi le fouet du commandeur sur les plantations jadis cultivées par les nègres.

La plus invraisemblable fantaisie préside souvent à ces grèves. La preuve en est fournie par un des membres les plus influents de la C.G.T., monsieur Victor Griffuelhes dans son opuscule **Voyage d'un Révolutionnaire**. Voici comment il s'exprime !

A Marseille, sur les quais, il y avait par chantier un délégué par le Syndicat. Il avait un pouvoir grand... trop grand. Pour un rien, je dis pour un rien, souvent ce délégué lançait en plein travail un coup de sifflet. C'était le signal, chacun devait quitter le chantier, c'était la grève. Pourquoi ? Tout le monde l'ignorait, patrons et ouvriers.

De tels aveux montrent avec quelle facilité se peuvent asservir les foules ouvrières dès qu'on possède du prestige.

Leur obéissance va jusqu'à une abnégation que n'auraient jamais exigée les pires despotes. On connaît l'aventure récente de ce patron briquetier des environs de Paris qui, voulant se retirer et n'ayant pas d'héritiers, offrit à ses ouvriers de mettre son usine en actions et de les leur distribuer en restant gérant pour quelque temps afin de ne pas laisser l'affaire péricliter. Les briquetiers acceptèrent avec enthousiasme, mais la C.G.T. intervint et, redoutant cet exemple d'accord entre patrons et ouvriers, donna l'ordre impératif à ces derniers de refuser le présent. Ils obéirent sans discussion. Guéri de sa philanthropie, le patron ferma l'usine.

Les méthodes gouvernementales employées par les chefs syndicalistes ne constituent pas assurément une innovation, puisqu'elles furent celles de tous les anciens tyrans. Il fallait une grande confiance dans la servilité des multitudes pour oser les appliquer de nos jours.

Comment se maintient ce pouvoir nouveau qui prétend remplacer tous les autres ? Les syndicalistes révolutionnaires n'ayant à tenir compte ni de la volonté populaire, ni des lois, d'ailleurs de plus en plus fléchissantes devant eux, le problème devenait relativement assez simple. Grâce aux menaces, au sabotage et aux grèves violentes, ils obtiennent a peu près tout ce qu'ils exigent. Quand une grève pacifique éclate quelque part, le comité envoie aussitôt quelques délégués pleins d'expériences, car ce sont toujours les mêmes, pousser les grévistes aux violences. Dès que les coups commencent à pleuvoir, ils disparaissent pour aller exercer leur apostolat ailleurs.

De pareilles procédés ont du reste le privilège d'exaspérer les socialistes qui croient encore au suffrage universel et à l'efficacité des lois.

Le syndicalisme, a dit l'un d'eux au Congrès de Nancy de 1907, emploie pour arriver à ses fins le boycottage, le sabotage, les grèves partielles. Telles sont les armes, vos seules armes, avec lesquelles vous avez la prétention de transformer la propriété et la soctété. C'est avec cela que vous entendez faire l'économie de la conquête de l'Etat, en-clouer ses canons. N'est-ce pas souverainement ridicule !

On leur fit remarquer ensuite que le syndicat contenait assez peu de syndiqués. Sans doute, mais point n'est besoin, je le répète, de beaucoup d'apôtres pour fonder un culte.

C'est un des grands chefs du socialisme doctrinaire, monsieur Guesde, qui s'est le plus insurgé contre le pouvoir grandissant et les méthodes de la C.G.T.

Je voudrais seulement qu'on m'expliquât, dit-il, comment casser des réverbères, éventrer des soldats, brûler des usines, peut constituer un moyen de transformer la propriété, Il faudrait en finir avec toute cette logomachie prétendue révolutionnaire. Aucune action corporative, si violente soit-elle, grève partielle ou grève générale, ne saurait transformer la propriété.

Les syndicalistes révolutionnaires répondent, très justement, que leur méthode est excellente puisqu'elle produit d'utiles résultats. Ils en fournissent comme preuve plusieurs exemples, notamment celui de l'affaire des bureaux de placement.

Les manifestations violentes et répétées avaient surpris et intimidé le gouvernement. Enrayé, le ministère Combes déposa au plus vite un projet de loi que, sans perdre haleine, votèrent en trois jours la Chambre et le Sénat. Faut-il rappeler à quel degré la leçon de ce simple fait et d'autres semblables a été efficace ?

Je n'en doute pas un instant, mais je ne doute pas davantage que si le ministre, cité plus haut, avait dépensé, pour résister à des menaces présentées de la plus insolente façon, le quart de l'énergie déployée par lui pour dépouiller et expulser de vieux moines et des religieuses sans défense, l'anarchie sociale n'aurait pas fait les progrès que chacun constate aujourd'hui.

La puissance de la C.G.T. ne repose en effet que sur l'extrême faiblesse du pouvoir. Son développement n'était possible qu'en France. En Amérique et en Angleterre, les faits exposés plus haut ne pourraient se produire. Aux Etats-Unis, leurs auteurs subiraient de nombreuses années de prison, sans aucune chance d'amnistie. En Angleterre, les syndicats étant pécuniairement responsables des détériorations commises par leurs membres, le sabotage y est inconnu.

Evidemment, cette mollesse du gouvernement constitue un facteur que les psychologues de la C.G.T. savent ingénieusement utiliser, mais ils commencent à triompher trop bruyamment. L'exagération de leurs violences est d'ailleurs salutaire, car elle finira sûrement par faire surgir un ministère de défense sociale qui les mettra rapidement à la raison par la rigoureuse application des lois. Lors de la grève de Draveil, la C.G.T. se croyant sûre de l'impunité dépassa fortement la mesure. Les grévistes ayant saboté les machines, dévalisé les passants, attaqué des voitures en circulation, les tribunaux n'osèrent pas fermer les yeux et se résignèrent à entamer des poursuites. La C.G.T. menaça alors le gouvernement de décréter une grève générale s'il ne suspendait pas l'action de la justice. A la vérité, le droit de piller les diligences et d'incendier les usines est pratiquement reconnu aux ouvriers, mais on a négligé de l'inscrire dans les codes. Il fallut donc prononcer quelques condamnations. Elles furent très anodines d'ailleurs, et peu de semaines plus tard, les courtisans de la basse popularité firent, comme d'habitude voter une amnistie.

Cette tentative de révolution eut au moins pour résultat de montrer au gouvernement la vanité des menaces qui l'ont fait tant de fois trembler. Il comprit, pour la première fois, que le pouvoir de la C.G.T. reposait surtout sur la terreur qu'elle inspire. Son action n'est considérable que parce que s'exerçant contre des ministres sans résistance.

Mais à défaut de la défense gouvernementale sur laquelle on ne peut guère compter, la C.G.T. se trouve maintenant en face d'ennemis plus sérieux que la police et l'armée. Elle a vu, bien à contre-cœur, s'enrôler sous sa bannière la secte redoutable des anarchistes. Impossible de les repousser, leur programme de destruction sociale, pour établir une sorte de communisme, était identique à celui de la C.G.T.

Les compagnons anarchistes ne connaissant guère d'autre méthode de raisonnement que le sabotage et l'incendie ne sont pas d'un maniement facile. Ces illuminés veulent bien tâcher d'anéantir la société en bloc, assassiner en attendant le plus de souverains possible, souffrir au besoin le martyre pour leur foi, mais jamais ils ne se plieront à la discipline d'un syndicat. Les membres de la C.G.T. ont victorieusement tenu tête dans les congrès aux collectivistes, mais on ne voit pas facilement comment ils réussiront à se défaire de leurs nouveaux alliés les anarchistes. Nous examinerons les conséquences de leur présence dans le prochain chapitre.

Quant aux ouvriers, esclaves dociles poussés par d'invisibles mains, ils n'ont assurément rien a gagner dans la voie où on les dirige et beaucoup à perdre. Leur salaire, en effet, dépend uniquement de l'état des affaires industrielles. Ils pourraient être syndiqués jusqu'au dernier sans obtenir une augmentation d'un centime, si le commerce de leur pays diminuait d'importance. Cette diminution, déjà commençante, deviendra beaucoup plus grande encore quand les capitaux effrayés iront chercher des pays sagement gouvernés où ne les inquiéteront pas les grèves violentes, les sabotages et les lois tyranniques que les Chambres ne cessent de voter et qui déterminent de plus en plus l'émigration des fortunes.

Ces vérités, les prétendus défenseurs des classes ouvrières se gardent bien de les dire. Ils savent pourtant que ce n'est pas en s'appropriant la fortune d'autrui que les travailleurs amélioreront leur sort, mais seulement en perfectionnant leur instruction technique. La capacité est la grande puissance de l'âge moderne et rien, absolument rien, ne peut la remplacer. Que l'ouvrier accroisse sa valeur professionnelle, qu'il finisse par s'élever au niveau de ses collègues américains dont nous parle P. Adam, gentlemen qui arrivent le matin à leur atelier élégamment vêtus, mettent une blouse, travaillent et, leur journée finie, prennent un bain et vont achever la soirée au cercle sans que rien les distingue dans leurs manières des hommes du monde les plus corrects.

A côté de ces ouvriers à 25 francs par jour végètent, il est vrai, les manœuvres ignorants et bornés qui ne gagnent que 4 francs dans le même temps. L'idéal de la civilisation est-il d'élever le manœuvre au rang du gentleman ou de créer une société artificielle qui abaisserait le gentleman au niveau du manœuvre ? Je connais la réponse des socialistes, mais je sais aussi celle dictée par le simple bon sens. Dédaignons les vagues phrases humanitaires inspirées uniquement par la basse envie. Tous nos efforts doivent tendre à fortifier la mentalité d'un peuple et non à l'amoindrir. Le progrès n'est pas dans la haine des classes, comme ne cessent de le répéter les sectaires, mais uniquement dans leur fusion.

Les socialistes, qui d'abord favorisèrent la création des syndicats, les voient maintenant se retourner contre eux. Bien vainement essaient-ils de calmer cette hostilité. Malgré leur soumission, la C.G.T. les repousse avec mépris. Dans ses meetings récents, elle a refusé la présence d'un seul député socialiste.

L'idéal des syndicalistes reste encore un peu vague car pour le moment ils ne cherchent qu'à détruire, mais leurs écrivains ont déjà pris soin de nous dépeindre la future société syndicaliste. Elle sera composée de producteurs réunis en syndicats échangeant leurs services. Cette organisation, très éloignée de la forme Etatiste prônée par les collectivistes, lui serait évidemment supérieure. Collectivistes et syndicalistes sont en réalité aux pôles de la pensée, et nulle conciliation n'est possible entre eux.

Beaucoup de braves gens prennent des airs entendus pour nous révéler que le syndicalisme représente l'aurore de temps nouveaux. Ils ne semblent pas soupçonner que cette aurore constitue simplement une régression vers un état de choses fort ancien et si insupportable qu'il fut abandonné.

Le régime syndicaliste a fonctionné, en effet, pendant des siècles dans les républiques italiennes. Elles n'étaient que des fédérations de syndicats industriels, sous la direction d'un conseil élu par ces syndicats.

Le tableau des conséquences de cette forme gouvernementale a été parfaitement tracé par un professeur au Collège de France, monsieur Renard, que sa qualité de socialiste humanitaire rend peu suspect. Je lui emprunte sa description :

Querelles de ville à ville, de quartier à quartier, de famille à famille, interminable et monotone kyrielle de vendettas, d'émeutes, d'incendies, de meurtres, de barricades, d'exils, de confiscations, voilà le spectacle désordonné, tumultueux, qu'offrent pendant des siècles les communes italiennes, Florence la Belle aussi bien que les autres. En Italie on croirait à certains moments qu'on descend avec Dante dans un de ces cercles infernaux où se poursuivent, se débattent, se mordent, se dévorent des troupes de monstres, de démons et de damnés.

Dans son livre, Socialisme à l'Etranger, monsieur Quentin-Bauchard montre que ce régime syndicaliste était si oppressif pour l'ouvrier que l'on considéra partout comme un bonheur d'en être débarrassé, même au prix de dictatures militaires très dures. La Révolution se crut obligée d'abolir les corporations, infiniment moins tyranniques cependant que les tout-puissants syndicats des républiques italiennes.

Il n'est pas douteux, d'ailleurs, que l'effort de la civilisation, effort dont est sortie la constitution des grands Etats, a été de substituer l'intérêt général à des intérêts individuels et corporatifs toujours en lutte. Le syndicalisme est donc, en réalité, je le répète, une évolution régressive et non progressive.

Que des intérêts similaires se syndiquent, rien de plus naturel. Cela existe universellement. En Allemagne, notamment, les syndicats sont innombrables. Tous les corps d'état, bouchers, professeurs, magistrats, égoutiers, etc., sont pacifiquement syndiqués. En France seulement, se manifeste la prétention des syndicats de renverser l'Etat pour être les maîtres, et revenir à une forme de gouvernement que le progrès de la civilisation a fait disparaître depuis longtemps.

Si le syndicalisme triomphait un jour, nous verrions s'ouvrir une période d'anarchie à laquelle aucune organisation sociale ne saurait résister longtemps. Les peuples révoltés contre leurs lois sont condamnés à subir bientôt les fantaisies des despotes que le désordre fait invariablement surgir, et finalement les invasions. C'est pour ne l'avoir pas compris que de grandes nations ont péri, que la Grèce, flambeau du monde antique, fut réduite en esclavage et que la Pologne disparut de l'Histoire.

Le triomphe du mouvement actuel ne serait qu'une conséquence de la désagrégation mentale dont la révolte des postiers constitue un alarmant symptôme. Dans leurs meetings, on a vu ces derniers prôner l'antimilitarisme, l'antipatriotisme et l'anarchie. Leur grève, au moment même où l'affaire des Balkans paraissait devoir entraîner la France dans une guerre redoutable, prouve à quel point des syndiqués font passer de petits intérêts particuliers avant l'intérêt général. Pour eux, la patrie, c'est leur syndicat.

La lutte se dessine de plus en plus nettement entre le syndicalisme révolutionnaire et l'Etatisme collectiviste. Ces deux formes de tyrannie sont également détestables. Je crois cependant que la première serait peut-être la moins dure, parce que de petits despotismes collectifs se font équilibre et sont dès lors moins tyranniques qu'un seul despotisme collectif tel que celui rêvé par les socialistes.

Avec l'effacement progressif des caractères et l'incompréhension générale des lois naturelles, nous sommes condamnés à subir l'une ou l'autre de ces tyrannies, à moins que ces deux forces antagonistes n'arrivent à se neutraliser l'une par l'autre. Ne l'espérons pas trop.

CHAPITRE III
L'évolution anarchique du syndicalisme

Le don de prophétie constituait, jadis, un exceptionnel présent des dieux. La Bible ne cite qu'un petit nombre de prophètes et témoigne à leur égard d'une respectueuse vénération.

Grâce sans doute aux incontestables progrès de la religiosité contemporaine, la faculté de deviner l'avenir est devenue générale. On rencontre peu d'hommes qui n'utilisent plusieurs fois par jour cette aptitude, autrefois si rare. Je ne fais pas allusion seulement aux socialistes, perpétuels prophètes, dont tous les verbes se conjuguent invariablement au futur, ainsi qu'on le leur a déjà fait observer. Je parle simplement d'individus quelconques, habitués comme la plupart de leurs contemporains à disserter longuement sur les sujets qu'ils ignorent. Vous causerez difficilement dix minutes avec eux sans entendre une prédiction. Si elle ne concerne pas l'avenir de la France ou des autres États, elle touche au sort de leurs voisins.

On ne saurait donc tirer vanité d'une faculté que tous possèdent, ou au moins exercent, d'une si continue façon. Ne pas la pratiquer serait vouloir se distinguer.

Donc, me conformant à l'usage universel, il m'arrive parfois de tenter des prédictions. Elles sont le plus souvent à longue échéance, pour m'éviter d'assister à leur irréalisation.

J'en ai cependant risqué quelques-unes à brève échéance. Parmi ces prédictions appuyées uniquement d'ailleurs sur des notions psychologiques très simples, je citerai celle publiée dans un grand journal parisien, le lendemain même de l'exécution de Ferrer et où je prédisais que cet événement si bruyamment commenté à Paris ne produirait aucune espèce d'émotion en Espagne. Vérifiée aussi fut la prédiction où j'annonçais que la C.G.T. finirait par subir l'absorbtion des éléments anarchiques qu'elle s'était si maladroitement annexés.

Sur ce dernier point voici comment s'est exprimé, juste une année après mon pronostic, le secrétaire démissionnaire de la C.G.T., monsieur Niel :

Tous nos efforts pour arrêter l'envahissement du syndicalisme par la politique ont tout bonnement abouti à ceci : c'est qu'on a fermé la porte de devant au virus socialiste pour ouvrir celle de derrière au poison anarchiste... Peu à peu, goutte à goutte, les politiciens anarchistes incorporent tout l'anarchisme au syndicalisme, à tel point qu'ils n'ont plus besoin d'employer l'expression compromettante, anarchisme, pour faire triompher leur politique anarchiste, celle plus sympathique de syndicalisme leur suffisant de plus en plus... Le syndicalisme, c'est l'anarchisme sans le mot.

Arrêtons-nous sur cette dernière définition qui synthétise fort justement le syndicalisme latin actuel «de l'anarchisme sans le mot.»

Les fondateurs du syndicalisme pacifique ont mis quelque temps à le découvrir. Les ouvriers le découvriront peut-être également et finiront par comprendre que l'anarchisme ne constitue pas une doctrine politique, mais un état mental, spécial à des variétés bien définies de dégénérés, catalogués depuis longtemps par les pathologistes. Ils s'apercevront alors que le sabotage des machines, l'incendie des usines, l'assassinat des soldats est une œuvre de demi-aliénés, ne pouvant améliorer le sort de personne.

Hallucinés par leurs impulsions morbides, les anarchistes se soucient peu d'ailleurs d'améliorer l'existence des classes ouvrières, comme réussirait à le faire un syndicalisme intelligent, celui d'Angleterre, d'Allemagne ou d'Amérique par exemple.

Une très utile leçon fut récemment donnée, sur ce sujet, aux syndicalistes français par monsieur Samuel Gompers, président de la C.G.T. américaine (American Fédération of Labour). Cette association compte deux millions d'ouvriers, alors que la nôtre en comprend seulement 300.000. Leur richesse est considérable et ils possèdent plus de 300 journaux.

Le mépris professé par les syndicalistes américains pour les agitations stériles des syndicalistes français est visible. Ils considèrent les conceptions de ces derniers comme fort puériles.

Autrefois, est-il dit dans le discours de monsieur Gompers, alors que nous étions dans l'enfance, nous avions nous aussi nos communistes, nos anarchistes, nos chevaliers du travail, nous étions impuissants.

Le syndicalisme ne doit pas être destructif, il doit être constructif. Ruiner l'industrie nationale par le sabotage et les grèves est un mouvement incohérent comme les Jacqueries du Moyen Age. Le prolétariat français n'a rien appris, il est resté impulsif.

L'assertion qui a le plus frappé les syndicalistes français et les a remplis d'horreur, est celle du président de la grande Confédération américaine leur disant «n'être nullement certain que la suppression du patronat serait un progrès. Ce pourrait même être un retour à l'esclavage.»

Nos syndicalistes auraient entendu des affirmations analogues en Angleterre et en Allemagne, mais leur mentalité étroite ne leur permet pas la compréhension de pareilles vérités. Seul le travailleur, capable d'observer, comprend que le produit de l'atelier, et par conséquent le salaire, dépend avant tout de la valeur du patron.

Cette dernière conception n'est jamais admise par les syndicalistes latins. Quand on leur demande de préciser leur rêve, ils répondent invariablement «l'atelier sans maître.»

Ce sont là évidemment utopie d'intellectuels qui n'ont pas dû fréquenter beaucoup d'ateliers ou ne les ont jamais regardés bien attentivement. Un superficiel examen leur eût vite prouvé que l'usine vaut surtout par son chef. Tel maître, telle usine.

La grande difficulté actuelle, avec les complications énormes de la technique moderne, n'est pas de recruter les soldats de l'industrie, mais leurs chefs.

Une usine prospérant sous un directeur habile dépérit promptement entre des mains inexpérimentées. L'atelier libre, c'est-à-dire sans chef, serait le vaisseau sans capitaine. Anarchie aujourd'hui, ruine demain.

Ces vérités sont au surplus dénuées d'intérêt pour les anarchistes devenus les maîtres du syndicalisme, puisqu'ils ne poursuivent d'autre but que de détruire la société, pour la remplacer par un vague communisme. Ils sont en réalité autant ennemis du syndicalisme que du collectivisme, ou de toute autre forme d'organisation sociale. Bien que redevables à la faiblesse de l'Etat moderne des lois qui leur permettent de vivre, ils se dressent maintenant contre lui et nous avons la naïveté de les supporter.

J'ai exposé dans un précédent chapitre quelques-uns des méfaits des lois que les législateurs s'obstinent à entasser, sans en prévoir les incidences. Parmi elles, on peut mentionner encore la loi créée en 1884 par un ministre, orateur excellent mais psychologue détestable, sur les syndicats professionnels.

Les avertissements ne lui manquèrent pas. En réponse à un sénateur, craignant «qu'il ne vienne un jour où le Parlement sera dominé par une Fédération d'ouvriers obéissant à un mot d'ordre donné par un grand syndicat», il se borna à railler «ce pouvoir indicible, supérieur à celui qui a pu être exercé par toutes les dictatures, qui serait attribué à je ne sais quel conseil général des syndicats.»

On lui avait pourtant signalé le danger en termes d'une psychologie très sûre «La domination, déclarait un judicieux sénateur, sera inévitablement absolue, car il n'y a pas de milieu, ou elle n'existera pas ou elle sera absolue. Ou il n'y aura pas de Fédération de syndicats professionnels ou l'union aura une autorité sans limites, car on sait comment parmi les ouvriers l'autorité sait s'imposer et se faire obéir.»

On indiqua également comme conséquences du projet, le développement de l'antimilitarisme, et de l'antipatriotisme. Rien n'y fit. L'aveuglement demeura général et la loi dont se déroulent, grandissants chaque jour, les désastreux effets fut votée.

Grâce à elle, la C.G.T. peut se maintenir impunément en guerre contre la patrie, l'armée, la société, le capital, ne cessant sa propagande antimilitariste, provoquant les pillages d'usines et les incendies.

Tous ces fanatiques vivent dans le royaume de l'illusion pure. A l'ouverture de l'**Ecole socialiste**, monsieur Jean Jaurès lui-même a montré, par l'examen d'un livre récent de deux syndicalistes révolutionnaires, que ces bruyants révoltés n'arrivaient qu'à proposer le rétablissement exact de ce qu'ils auraient détruit par une révolution violente.

Un des traits qui me frappent le plus dans la révolution qu'on nous raconte, écrit monsieur Jaurès, c'est son invraisemblable facilité ! Le Gouvernement disparaît comme un fantôme, le parlementarisme s'évanouit comme une fumée, l'armée passe au peuple. Tout cède...

Mais voilà qu'aussitôt, dans la réorganisation sociale à laquelle les syndicats président, apparaît une série de transactions et d'arrangements si opportunistes, que le plus modéré des parlementaires d'aujourd'hui y pourrait prendre des leçons !

Le paysan garde son champ, le petit boutiquier sa boutique. La Révolution d'empare des banques, mais c'est pour remettre aux déposants des carnets de chèques nouveaux...

L'Etat détruit renaît. Le Parlement reparaît dans le Congrès Concédéral, où l'on ne résoud pas seulement des questions corporatives, mais la question agraire entière, la question de la monnaie et bien d'autres aussi.

Tous les éléments de la société s'y trouvent, c'est la loi de la démocratie qui les régit. Nous avons bien sauté la barricade, mais toutes les difficultés actuelles se retrouvent de l'autre côté.

Ceux qui souvent nous ont traités, non sans dédain, d'opportunistes, tombent à notre triste niveau dès qu'ils essaient de prendre contact avec la réalité.

l'**Humanité** *du 30 novembre 1909)*

En attendant son rôle futur, la C.G.T. exerce dans le présent une action destructrice indubitable. Elle tend à ruiner beaucoup d'industries, sans se douter d'ailleurs que ce sera la misère des ouvriers vivant de ces industries. Son influence contribua fortement par les grèves maritimes et l'élévation des salaires, à la décadence de notre marine marchande. On peut juger de son état actuel par le tableau suivant, indiquant la chute des dividendes de nos grandes compagnies de navigation en moins de 10 ans.

Dividendes payés en	1900	1908
Chargeurs Réunis	50 frs.	néant

Compagnie Havraise	50	20
Messageries Maritimes	25,50	néant
Compagnie Générale Transatlantique	16	12

Dans un discours prononcé au Sénat et dont voici quelques extraits empruntés à l'**Officiel** du 11 mars 1910, monsieur Méline
montra parfaitement les résultats créés par l'anarchie législative et
l'état mental actuel de la population ouvrière :

*«Je vis dans le monde industriel. Eh bien laissez-moi vous dire que
je constate que l'esprit d'entreprise et d'initiative est découragé. Les
menaces dirigées contre le capital, les grèves à jet continu, les attentats trop souvent impunis à la liberté du travail, les menaces fiscales
dirigées contre tous ceux qui possèdent et qui épargnent, sont peut-
être pour beaucoup dans ce découragement.*

*«Les révolutionnaires qui nous poussent dans cette voie sont bien
imprudents. Ils sont en train de tuer la poule aux oeufs d'or. Ils es-
pèrent qu'avant peu il n'y aura plus de riches. S'il n'y a plus de riches,
tout le monde sera pauvre, les pauvres seront plus pauvres et ce sera
la misère générale.»*

Quant à l'objection tirée des bilans commerciaux très avantageux en apparence, attestés par nos statistiques, l'orateur n'eut pas
de peine à montrer de quelles illusions optimistes les hommes
d'Etat qui les invoquent étaient victimes. Alors que depuis vingt
ans le commerce de la plupart des pays : Allemagne, Etats-Unis,
Belgique, etc., a doublé, le nôtre, au point de vue de la progression,
est lentement tombé au dixième rang.

Et pendant que nous nous ralentissons ainsi, tous les peuples devenant de plus en plus industriels trouvent de moins en moins de
débouchés. Ces derniers se ferment successivement. «Un jour peut
venir où les difficultés de cet encombrement général ne seront plus
d'ordre économique et pourront tourner en conflits de peuple à
peuple.»

Une des causes contribuant aussi, en dehors de l'ordre qui y règne,
à la puissance de certains pays étrangers, c'est qu'au lieu de la sinistre armée des déclassés fabriqués par notre Université, ils pos-

sèdent «une jeunesse ardente et nombreuse qui se répand d'un bout du monde à l'autre et qui travaille à la prospérité des affaires de son pays d'origine.»

Monsieur Méline espère que nous aurons cette jeunesse le jour où nous serons guéris de la plaie du fonctionnarisme. plus grave est la plaie de notre Université. Le fonctionnarisme n'en constitue que la conséquence nécessaire.

Dès qu'un parti politique se fonde et quelles que soient ses doctrines, eût-il pour but de saccager des machines ou de «planter le drapeau national dans le fumier», on est toujours sûr de voir accourir à son aide une nuée de demi-intellectuels sans emploi. Notre éducation classique en fabrique des légions, incapables de remplir d'autre fonctions. Ne nous étonnons donc pas que les pires formes du syndicalisme anarchique puissent recruter de nombreux avocats.

Le sabotage des usines ou la destruction des fils télégraphiques, constituant des opérations qu'on évite de recommander trop ouvertement, par crainte des lois, les professeurs d'anarchie finirent par essayer de découvrir une philosophie, d'où pourraient se déduire, grâce à d'habiles subterfuges de langage, les pratiques du syndicalisme anarchiste.

La tentative étant malaisée réussit médiocrement. On vit avec étonnement les doctrines enseignées au Collège de France par le plus doux et le plus sagace des philosophes, monsieur Bergson, devenir l'Evangile du syndicalisme révolutionnaire. «C'est de monsieur Bergson que se réclame l'école nouvelle», nous dit monsieur le professeur Bouglé. Il est vrai que les modernistes, les néo-catholiques et d'autres sectes s'en prévalent également. «Ce que demandent les uns et les autres à leur maître involontaire, ce sont des leçons d'anti-intellectualisme.»

On doit remplacer .le raisonnement «par des intuitions illuminantes, qui seules nous permettent de comprendre la vie par une sorte de sympathie inexprimable. Il faut s'en fier en tout et pour tout, aux inspirations de l'élan ouvrier, frère de l'élan vital.»

Vous ne comprenez peut-être pas très bien ? Moi non plus, et les syndicalistes encore moins. Cela n'a du reste aucune importance.

La grande force d'une doctrine est souvent d'être incompréhensible. Les foules ne se passionnent guère que pour ce qu'elles ne comprennent pas. A l'époque du Jansénisme, l'Europe faillit être bouleversée par une doctrine de la Grâce, dont aucun théologien n'est jamais parvenu à nettement exposer les principes ni à voir l'immoralité.

En fait les théoriciens du syndicalisme ont simplement pressenti l'utilité pour une doctrine politique de posséder une philosophie. Celles d'Hegel, Comte et quelques autres avaient déjà servi à des partis très divers et d'ailleurs étaient bien vieilles. Il fallait donc en choisir une autre et naturellement on prit la plus neuve. Lorsque les anarchistes incendieront une usine, ils pourront assurer désormais le faire au nom d'une philosophie et avoir pour guides «les intuitions illuminantes de l'instinct.»

Et ceci nous montre en passant combien est dangereuse la tendance de la philosophie pragmatiste à dédaigner la raison pour lui substituer l'instinct. On oublie trop facilement qu'il fallut à l'homme des entassements d'âges, pour sortir de l'instinctif et entrer dans le rationnel. Ce n'est qu'en se dégageant progressivement de ses impulsions instinctives, que l'humanité put s'élever sur l'échelle de la civilisation.

Une civilisation, c'est la domination de l'instinctif par le rationnel. Une révolution et l'état de barbarie qui l'accompagne, c'est le revanche de l'instinctif contre le rationnel.

Si donc, comme l'affirme monsieur Bouglé, la philosophie anti-intellectualiste doit conduire «les constructions intellectuelles à retourner spontanément en poussière», on peut assurer que le même jour l'humanité retombera au plus inférieur degré de la basse barbarie. La philosophie de l'instinct a toujours été pratiquée en réalité par les sauvages et les apaches de tous les temps. Il faut la leur laisser.

Les doctrines du syndicalisme révolutionnaire et la faiblesse gouvernementale nous préparent de furieux bouleversements. Peut-être finalement en résultera-t-il quelque utilité. L'âme des peuples est parfois si stable que la modification, même légère, du moindre élément de leur vie sociale, réclame un temps fort long ou une révolution très violente. Les révolutions coûtent cher et produisent peu, mais enfin il en reste parfois quelque chose. La Terreur, vingt ans de guerres européennes et la mort violente de trois millions d'hommes furent nécessaires pour donner simplement aux Français la similitude des droits et l'égalité devant la loi. Ils eussent fini par les obtenir sans révolution, car le locomotive est une niveleuse plus puissante que la guillotine. Mais il aurait fallu attendre un peu, et les dieux n'ont pas accordé aux Latins la faculté d'attendre.

L'examen du rôle, assurément très important, joué par le syndicalisme dans l'Evolution économique du monde nous entraînerait au delà des limites possibles d'un chapitre. Voulant nous restreindre au point le plus intéressant, nous remarquerons simplement que le syndicalisme pourra peut-être, s'il réussit à se débarrasser des anarchistes, s'opposer utilement au développement du collectivisme, forme suprême de l'Etatisme, dans lequel nous nous enlisons chaque jour davantage et dont le terme ultime serait la misère dans l'égalité et la servitude.

Il ne faut pas oublier, en effet, et cesser de répéter, que le syndicalisme est l'ennemi irréductible du collectivisme. Associer les deux mots, c'est comme si on parlait de chrétiens musulmans ou de cléricaux libres penseurs.

Aux personnes ignorantes de cette divergence absolue de doctrines, que persistent à méconnaître les socialistes, je recommande la lecture d'un opuscule intéressant, dû à la plume d'un syndicaliste fervent, monsieur Edouard Berth. Il y démontre fort bien l'irréductible différence séparant le collectivisme, expression finale de l'Etatisme, du syndicalisme qui repousse de toutes ses forces l'intervention de l'Etat. L'auteur considère, non sans raison, que le développement du socialisme est une conséquence de la décadence bourgeoise. Il combat également l'anarchisme qui, explique-t-il judicieusement, «représente la résistance au progrès ou la dissolution du progrès». Quant au capitalisme si persécuté par les socialistes, les syndicalistes en comprennent parfaitement au contraire la puissance.

Le syndicalisme, dit monsieur Berth, considère le capitalisme comme un merveilleux magicien qui a su, grâce à l'audace combinée de l'initiative individuelle et de la coopération, faire sortir du travail social où elles dormaient l'infinité des forces productives humaines.

De plus en plus effacés devant leurs rivaux, les socialistes savent cependant aujourd'hui que le syndicalisme «travaille à déposséder le parti socialiste de ses électeurs ouvriers.»

Ces rivalités nous présagent bien des combats. Ne les redoutons pas trop, puisqu'ils sont inévitables et que la nature n'a pas encore trouvé d'autre moyen de réaliser ses progrès. La lutte, elle est partout. Luttes entre les espèces animales, luttes entre les peuples, luttes entre les individus, luttes entre les sexes, luttes enfin entre les cellules mêmes de notre organisme. Et ces dernières, quoique cachées, sont justement les plus impitoyables. Il faut donc se résigner à toutes ces batailles que ne sauraient prévenir nos discours. Le monde marche avec nous ou contre nous suivant la manière dont nous savons nous orienter. Les nécessités naturelles nous conduisent, et vainement chercherions-nous à les fuir. On peut les maudire. Il faut les subir.

Livre V : Les erreurs de psychologie politique en matière de colonisation

CHAPITRE I
Nos principes de colonisation

Les luttes économiques entre l'Occident et l'Orient seront, sans doute, une des sérieuses préoccupations du XXe siècle et entraîneront, fatalement, plus de ruines et de sang versé que les guerres des temps passés.

Dans ce conflit de deux civilisations aux prises, les colonies sont appelées à jouer un rôle considérable. On ne conteste plus, aujourd'hui, l'intérêt que nous avons à conserver les nôtres. Nous ne saurions donc rester indifférents à ce qui les concerne.

L'administration des colonies fondées par les diverses nations européennes, repose sur quelques principes très précis. Ces principes, engendrés par l'expérience, et qui devraient, semble-t-il, être généraux, varient, au contraire, d'un peuple à l'autre.

D'un peuple à l'autre est peut-être trop dire, car, en ce qui touche les méthodes colonisatrices, on peut distinguer, parmi les puissances européennes, deux catégories. Dans la première, nous sommes, nous Français, à peu près isolés. La seconde comprend la plupart des autres nations. Ces divers pays fondent des colonies pour les garder et en tirer profit. Supérieurs à ces préoccupations mesquines, et n'oubliant pas que notre rôle est de porter aux divers peuples de la terre les bienfaits de la civilisation, nous prétendons les gouverner avec nos institutions et nos idées.

Institutions et idées sont malheureusement repoussées avec une complète unanimité. Convaincus de notre bon droit, nous persistons dans nos doctrines, et il en sera sans doute ainsi jusqu'à ce qu'une série suffisante de désastres nous ait solidement prouvé qu'en matière de colonisation, nos grands principes constituent, théoriquement et pratiquement, de lamentables erreurs.

Dans un chapitre de mon livre **Les civilisations de l'Inde**, j'ai montré les principes directeurs suivis par l'Angleterre pour la conquête et l'administration de ses colonies, et notamment l'Inde. Comment cette dernière avait pu être soumise avec l'argent et les hommes du peuple conquis. Combien elle était sagement administrée, et, comment, par l'application récente d'un principe psychologique erroné, ce gigantesque empire échapperait peut-être un jour à ses vainqueurs.

Obligé d'être bref, je me bornerai, dans ce chapitre, à rechercher les idées courantes en France sur l'administration de notre colonie la plus voisine, l'Algérie, et quelles conséquences peut entraîner leur application.

Les études sur l'Algérie sont innombrables, mais deux d'entre elles, rédigées par des auteurs fort compétents, résument clairement la moyenne des opinions admises. L'une a pour auteur un savant professeur du Collège de France, monsieur Leroy-Beaulieu, l'autre, un ancien consul monsieur Vignon.

Je n'ai pas pour but, dans ce chapitre, d'examiner en détail les résultats de notre colonisation algérienne, mais seulement la valeur des idées psychologiques fondamentales qui ont dirigé et paraissent devoir diriger longtemps encore notre administration.

Mes critiques porteront donc uniquement sur les principes et nullement sur les hommes qui les appliquent.

Ce sont des nécessités politiques et non des théories qui dirigent les hommes d'Etat. Or, les nécessités sont filles de l'opinion. C'est donc à l'opinion qu'il faut s'en prendre, non aux personnes forcées de la subir et dont aucune ne serait assez puissante pour gouverner sans elle. La changer sera fort difficile, car si le peuple français se montre le plus révolutionnaire des peuples, en apparence, il est peut-être, au fond, le plus conservateur de l'univers.

L'Algérie, contrée aussi vaste que la France, est un pays assez peu peuplé. Elle est habitée par 5.000.000 de musulmans dévoués à nos institutions, assurent les rapports officiels. Mais, en fait, ce dévouement a besoin d'être consolidé par une armée de 60.000 hommes, c'est-à-dire à peu près égale à celle qu'emploient les Anglais pour maintenir sous l'obéissance 250.000.000 d'Hindous, dont 50.000.000 de musulmans bien autrement redoutables et difficiles à manier que leurs coreligionnaires algériens.[1]

Au milieu de cette population musulmane de l'Algérie en évolue une autre de 800.000 Européens dont 20% seulement est française. Les autres sont espagnole, italienne, maltaise, etc. Ces éléments européens, d'origines si diverses, ne se croisent pas avec les Musulmans, mais seulement entre eux, et le jour est proche où il résultera de ces mélanges une population nouvelle à caractères bien tranchés et dont les intérêts seront, naturellement, ceux de l'Algérie, beaucoup plus que ceux de la métropole. Elle apparaît un peu déjà, cette métropole, comme une sorte de Mécène généreux destiné à doter gratuitement le pays de chemins de fer, d'établissements publics et de subventions variées.

Quant aux Musulmans, constituant la majeure partie de la population, ils contiennent des descendants de tous les conquérants africains. Mais le fond paraît être formé principalement de deux

---

1 Beaucoup de musulmans de l'Inde sont d'ailleurs de purs Arabes. On les rencontre surtout dans l'empire de Nizam. A Hyderabad, ils forment une population tellement fanatique et dangereuse, que le gouvernement anglais a pris le parti d'interdire absolument aux Européens de traverser les rues sans autorisation et sans escorte. C'est, du reste, un principe général, aux Indes, d'empêcher autant que possible le contact des indigènes et des Européens. Chaque cité comprend toujours deux parties souvent séparées par plusieurs kilomètres de distance, la ville indigène et la ville européenne. Cette dernière forme ce qu'on appelle le cantonnement.

tiers de Berbères et de un tiers environ d'Arabes. Les différences entre eux sont assez faibles. La seule présentant quelque importance est la division en sédentaires et en nomades. Nous verrons plus loin que, contrairement à une opinion très répandue, Arabes et Berbères fournissent des éléments à ces deux classes.

Le livre de monsieur Leroy-Beaulieu pourrait se résumer en un mot, traduction exacte, d'ailleurs, des idées régnantes en France sur l'Algérie : «Franciser les musulmans.»

Le système politique suivi jusqu'ici pour franciser ou conquérir moralement ces musulmans est d'ailleurs d'une barbarie voisine du procédé des primitifs Américains à l'égard de ces Peaux-Rouges, qu'on dépouillait de leurs territoires de chasse en leur laissant la pleine liberté de mourir de faim.

C'est à peu de choses près notre méthode administrative du refoulement fort bien décrit par monsieur Vignon :

L'administration, dit-il, voyant les gouverneurs généraux confisquer une partie des terres des tribus après chaque insurrection, pensa qu'elle pouvait en toute justice faire choix des meilleures terres pour les colons et «refouler» les indigènes. A mesure que l'élément européen se développait, les indigènes étaient renvoyés de l'héritage de leurs pères, des tribus entières transportées au loin de la région qui était en quelque sorte leur patrie. Les résultats d'une pareille politique suivie pendant plus de 30 ans ne pouvaient être douteux. Ici, l'Arabe incessamment refoulé, toujours plus incertain de recueillir le fruit de son travail, ne songeait ni à bien cultiver, ni à améliorer le sol. Là, privé des terres labourables de sa tribu, de la jouissance même de l'accès des cours d'eau, ne pouvant lutter contre la sécheresse, il ne recueillait pas le blé suffisant à sa nourriture et voyait ses troupeaux diminuer ou disparaître. Partout enfin, ces mille souffrances entretenaient les haines de l'indigène contre le colon et creusaient, au lieu de le combler, le fossé déjà profond qui sépare les deux races.

Le sénatus-consulte de 1863 qui déclara les tribus propriétaires des territoires dont elles avaient la jouissance n'a pas mis fin au système du «refoulement», mais il a changé de forme et de nom. Aujourd'hui il s'appelle le système de «l'expropriation pour cause d'utilité publique»..

Deux traits essentiels caractérisent ce système : d'une part, il ne pro-

cure la terre aux colons qu'en l'ôtant aux indigènes, il constitue des cercles exclusivement européens d'où les indigènes sont écartés avec soin en tant que propriétaires. D'une autre, il condamne à la misère l'indigène dépossédé. L'ancien propriétaire du sol reçoit une indemnité en argent qui est fixée par les tribunaux. Elle varie généralement de 50 à 80 francs par hectare. L'indigène se trouve donc échanger les 30 ou 40 hectares sur lesquels il vivait aisément avec sa famille contre une somme de 1.500 à 2.000 francs, c'est-à-dire qu'au lieu d'un fonds de terre suffisant à ses besoins pour toute sa vie, il n'a plus qu'un capital qu'il épuise en une ou deux années.

Une des plus étranges applications faites en Algérie de l'omnipotente intervention de l'Etat a été la colonisation officielle. Il faut en lire la lamentable histoire dans le livre que je viens de citer. On y verra les conséquences de ces distributions gratuites de terres à des déclassés de toutes sortes, aussi aptes à cultiver le sol qu'à professer le sanscrit, de ces créations de villages officiels devenus aujourd'hui des déserts, etc. Les résultats de cette désastreuse expérience, et les frais excessifs entraînés par elle, n'ont pas suffi pourtant à éclairer nos administrateurs, puisque, il y a quelques années, un gouverneur général demandait 50 millions pour exproprier encore des Arabes et créer d'autres villages en remplacement de ceux qui avaient si misérablement échoué ! Heureusement, le projet fut repoussé par les Chambres, car il préparaitsûrement une nouvelle révolte de la population musulmane et un nouveau gouffre pour les millions de la métropole. Qu'un pareil projet ait pu être proposé, discuté et près d'aboutir, cela montre à quel point l'éducation de l'opinion française demeure encore primitive en matière de colonisation.

Il n'est pas surprenant qu'avec de telles expériences l'Algérie nous coûte excessivement cher. On évalue ce que nous avons payé pour elle à plus de 4 milliards déduction faite des recettes. Au prix de tant de sacrifices, avons-nous au moins pacifié le pays ? Tâchons de nous le persuader, mais n'oublions pas que, pour y conserver une paix relative, il nous faut y entretenir constamment une importante armée.

Depuis la conquête de l'Algérie, deux principes fondamentaux, alternés suivant les mouvements de l'opinion, semblent avoir exclusivement dirigé notre politique colonisatrice. L'un consiste à exproprier les Arabes, puis à les refouler dans le désert. L'autre à les franciser en leur imposant nos institutions. Les Arabes ne se sont pas laissé refouler, par l'excellente raison que le désert ne peut nourrir personne, et qu'avant de consentir à mourir de faim, plusieurs millions d'hommes commencent généralement par opposer quelque résistance. Les indigènes n'ont pas plus accepté d'être francisés que refoulés, parce que jamais jusqu'ici un peuple n'a pu changer sa constitution mentale, pour adopter celle d'un autre.

Les deux systèmes sont donc également détestables et le passage successif de l'un à l'autre ne nous offre aucune chance de les améliorer. On continuera la série des ruineuses expériences, jusqu'au jour où nos gouvernants, enfin éclairés, s'aviseront que laisser au pays conquis ses institutions, ses coutumes, son genre de vie, ses croyances comme le font tous les peuples colonisateurs, les Anglais et les Hollandais notamment, est la plus simple, la moins coûteuse et la plus sage des solutions.

Cette solution serait actuellement impossible, puisque l'opinion publique est contre elle. La conduite de nos administrations, les idées émises dans les journaux et dans les livres, le prouvent suffisamment.

A peu près dégagés en Occident de l'influence des croyances religieuses, nous supposons volontiers qu'il en est universellement ainsi. Fort peu d'auteurs européens ont compris qu'en Orient la question religieuse prime toutes les autres. Institutions civiles et politiques, vie publique ou privée sont, pour les disciples de Mahomet, comme pour ceux de Siva ou de Bouddha, uniquement régies par a la loi religieuse. Manger, boire ou dormir, ensemencer son champ, recueillir sa récolte, constituent chez l'Oriental des actes religieux. Les Anglais le comprennent si bien que, malgré leur protestantisme rigide, ils restaurent aux Indes les pagodes, entretiennent largement les prêtres de Siva et de Vichnou, et ne favorisent nullement le zèle de leurs propres missionnaires. On chercherait vainement sous le ciel britannique des avocats pour soutenir qu'une colonie doit périr plutôt qu'un principe.

Protéger la religion musulmane, nous appuyer sur les congrégations influentes, fortifier l'autorité des prêtres musulmans au lieu de la combattre et de l'affaiblir, aurait dû être la base de notre politique. Le premier résident français à Tunis, un des bien rares gouverneurs ayant su s'assimiler les choses de l'Orient, et qu'on s'est d'ailleurs empressé d'en retirer, faisait preuve d'un sens politique très profond quand il suggérait au bey de Tunis la promulgation de décrets religieux pour affirmer aux yeux des croyants la légitimité des mesures qu'il voulait imposer.

Respecter les coutumes religieuses des Arabes, c'est respecter toutes leurs institutions, ces dernières dérivant uniquement, comme je le disais plus haut, des croyances religieuses. Monsieur Leroy-Beaulieu réprouve cette politique qu'il qualifie de politique d'abstention et ajoute que «le respect complet des coutumes, des traditions, des mœurs de ce que l'on a appelé la nationalité arabe exigerait que notre armée et nos colons quittassent l'Afrique.»

Pourquoi le respect des mœurs et coutumes arabes entraînerait-il le départ obligatoire de notre armée et de nos colons ? L'auteur oublie totalement de nous le dire. Je crois qu'il aurait grand'peine à étayer son opinion d'aucune raison sérieuse. La politique défendue ici est celle adoptée à l'égard des musulmans par les Anglais aux Indes sans que ces derniers paraissent nullement disposés à abandonner leur immense empire.

Les mesures conseillées par monsieur Leroy-Beaulieu sont bien conformes à nos idees d'égalité universelle. Elles consistent dans «la fusion de l'élément indigène avec l'élément européen.» Cette fusion est représentée comme «un état de choses où les deux populations d'origine différente seraient placées sous le même régime économique et social, obéissant aux mêmes lois générales et suivraient dans l'ordre de la production la même impulsion.»

Le tableau apparaît séduisant sur le papier. C'est le rêve égalitaire de nos théoriciens de 93 et d'aujourd'hui. Il ferait un peu sourire le plus modeste employé du service civil des Indes. On peut être un savant remarquable sans soupçonner l'abîme qui sépare la pensée et les sentiments d'un Oriental de ceux d'un Occidental.

L'auteur prévoit bien quelques obstacles à sa politique de fusion, mais les surmonte aisément. D'abord il assure, toujours sans dire sur quelles observations s'appuie son assertion, que «les Kabyles ne diffèrent des Europeens que par un point, la religion.» Quelle erreur ! On serait plus près de la vérité en disant qu'entre l'Européen civilisé et le Berbère actuel, la différence est aussi considérable qu'entre un Gaulois du temps de Brennus et un Parisien de nos jours.

Les Berbères, suivant monsieur Leroy-Beaulieu, étant identiques aux Européens, les Arabes, seuls, resteraient à franciser. La chose lui paraît fort simple : «Il faudrait, explique l'auteur, radicalement modifier le système de la tribu, de la propriété collective, de la famille polygame. Ces trois points obtenus, il ne resterait plus que des détails dont on viendrait à bout avec le temps.»

Ces petites transformations, qui réjouiraient assurément les plus purs des socialistes, semblent si faciles à l'auteur qu'il ne juge même pas utile d'indiquer le moyen de les opérer. Je crois cependant que pour toute personne un peu familiarisée avec l'étude de la constitution mentale des Arabes, réaliser de telles modifications n'offre guère moins de difficultés que de changer un indigène australien en professeur au Collège de France, ou d'apprendre à voler à un batracien.

Monsieur Leroy-Beaulieu n'est pas tendre d'ailleurs pour les Arabes, qu'il paraît considérer comme une collection de sauvages. Leur organisation est simplement, suivant lui, «l'ancienne constitution de tous les peuples pasteurs». L'auteur croit évidemment que tous les Arabes sont des pasteurs et tous les Berbères des sédentaires. En réalité, nomades et sédentaires subsistent chez les deux peuples. Les plus purs des Berbères, les Touaregs, sont exclusivement nomades. En lisant ce qu'écrivait Ibn Khaldoun au XIV° siècle, on voit que cette division des Berbères de l'Algérie en sédentaires et en nomades ne date pas d'hier.

«Depuis les temps les plus anciens, dit Ibn Khaldoun, cette race d'hommes (les Berbères), habite le Maghreb, dont elle a peuplé les plaines, les montagnes, les plateaux, les régions maritimes, les campagnes et les villes. Ils construisent leurs demeures, soit de pierres, soit d'argile, soit de roseaux et de broussailles, ou bien de toiles faites de poil de chameau. Ceux d'entre les Berbères qui jouissent de la puissance et qui dominent les autres s'adonnent à la vie nomade et parcourent avec leurs troupeaux les pâturages auxquels un court

voyage peut les amener. Jamais ils ne quittent l'intérieur du Tell pour entrer dans les vastes plaines du désert. Ils gagnent leur vie à élever des moutons et des bœufs, réservant ordinairement les chevaux pour la selle et pour la propagation de l'espèce. Une partie des Berbères nomades fait aussi métier d'élever des chameaux, se donnant ainsi une occupation qui est plutôt celle des Arabes. Les Berbères de la classe pauvre tirent leur subsistance du produit de leurs champs et des bestiaux qu'ils élèvent chez eux. Mais la haute classe, celle qui vit en nomade, parcourt le pays avec ses chameaux, s'occupant aussi de dévaliser les voyageurs.»

Les distinctions faites autrefois par quelques auteurs entre Berbères et Arabes, au point de vue de l'aptitude à la civilisation, reposaient sur des observations fort superficielles et ne sont plus soutenables aujourd'hui. Il y a, je le répète, parmi les Berbères, des sédentaires et des nomades, comme il y en a parmi les Arabes. Le mode d'existence dépendant du milieu, ces deux formes de la vie sociale résultent de la nature du sol et non de la race. Dans les plaines sablonneuses, Arabes et Berbères sont nomades. Dans les régions fertiles ils sont sédentaires. On trouve des Arabes nomades et des Arabes sédentaires en Algérie, aussi bien qu'en Egypte, en Syrie et en Arabie.

Des Berbères sédentaires et des Arabes sédentaires, je ne vois guère qui l'emporte comme développement intellectuel. Si l'on devait pencher d'un côté, ce serait plutôt vers les Arabes, possesseurs jadis d'une civilisation très haute, alors que celle des Berbères fut toujours assez rudimentaire.

«Au point de vue moral, les Berbères paraissent même très inférieurs aux Arabes. Les premiers sont célèbres depuis la plus haute antiquité par leur perfidie. Ils étaient nombreux sans doute dans les armées carthaginoises et ont dû contribuer certainement à la mauvaise renommée de la foi punique. Lorsque Mouza, conquérant arabe de l'Espagne, fut interrogé par le calife de Damas sur les Berbères habitant les provinces qui forment l'Algérie actuelle, il lui en fit le tableau suivant que beaucoup de personnes trouveront encore très exact : «Ils ressemblent fort aux Arabes dans leur manière d'attaquer, de combattre. Ils sont patients, sobres et hospitaliers entre eux, mais ce sont les gens les plus perfides du monde : promesses ni parole ne sont sacrées pour eux.»

La réforme sur laquelle monsieur Leroy-Beaulieu insiste le plus (mais toujours en oubliant de nous indiquer son mode d'application pratique) est la suppression de la polygamie. Il nous développe les avantages de la monogamie et révèle à ses contemporains que «le ménage est essentiellement le domaine de la femme unique. Sans elle l'âme de la famille manque, et le ressort de la prospérité de la maison est absent. C'est là une des grandes causes de la stagnation où se trouve la société arabe.»

Je ne veux pas entrer dans le fond de la question et objecter que tous les Orientaux étant polygames, il faut bien quelques puissants motifs à cette coutume. Je ne ferai pas remarquer non plus que la polygamie légale des Orientaux vaut bien la polygamie hypocrite des Européens et son cortège de naissances illégitimes. On pourra trouver des développements suffisants sur ces questions et quelques autres dans mon histoire de **La Civilisation des Arabes**et y voir aussi que sous la domination arabe, les harems ont produit autant de bas-bleus illustres et de femmes savantes que nos lycées de filles.

Il est bien démontré aujourd'hui que la polygamie n'a jamais causé la stagnation des musulmans. Est-il nécessaire de rappeler que les Arabes, et les Arabes seuls, nous ont révélé le monde gréco-latin, et que les universités européennes, y compris celle de Paris, ont pendant 600 ans vécu exclusivement des traductions de leurs livres et de l'application de leurs méthodes ? La civilisation arabe fut une des plus brillantes qu'ait connues l'histoire. Elle est morte comme bien d'autres, mais ce serait se contenter d'explications par trop superficielles que d'attribuer à la polygamie les conséquences de facteurs d'une tout autre importance.

On ne saisit pas très bien d'ailleurs les motifs de l'animosité du vertueux professeur contre la polygamie, puisqu'il nous annonce qu'elle est restreinte aux familles riches, et perd du terrain. Si elle devient si rare et de si peu d'influence, pourquoi donc alors vouloir la supprimer, et comment justifier que cette coutume puisse être «une des grandes causes de la stagnation où se trouve la société arabe ?»

Monsieur Leroy-Beaulieu range notre éducation latine parmi les principaux moyens d'action sur les Arabes. C'est là, du reste, une opinion générale aujourd'hui, que j'ai partagée comme tout le monde, et dont il m'a fallu beaucoup de voyages et d'observations pour me dépouiller complètement. Bien que ne pouvant espérer convertir à mes idées un seul lecteur français, le sujet est trop grave pour que je ne dise pas toute ma pensée. Elle sera exposée dans un prochain chapitre. On y verra que loin d'améliorer la condition des indigènes, l'instruction européenne n'a d'autre résultat que de les rendre moralement et matériellement tout à fait misérables.

Les raisons psychologiques du déplorable effet produit sur des races relativement inférieures ou, du moins, différant profondément de celles de l'Europe par notre éducation européenne n'étaient pas impossibles à prévoir. Cette éducation adaptée par des transformations séculaires à nos sentiments et à nos besoins ne pouvait l'être à des sentiments et à des besoins différents. Ses premiers résultats sont de dépouiller brusquement l'Arabe, l'Hindou ou un Oriental quelconque des idées héréditaires sur lesquelles sont fondées ses institutions et ses croyances, base de son existence. Si le rêve de monsieur Leroy-Beaulieu et de tous les auteurs qui prônent l'éducation européenne des Arabes s'accomplissait, l'Algérie serait pour nous ce que fut la Vénétie pour l'Autriche, ce qu'est l'Irlande pour l'Angleterre, l'Alsace pour l'Allemagne.

Nos historiens gémissent quelquefois dans leurs livres de la perte de l'Inde, jadis en partie conquise par le génie du grand Duplex. Ne la regrettons pas trop. Gouvernée comme nous gouvernons Pondichéry et nos autres colonies, c'est-à-dire avec les principes exposés par monsieur Leroy -Beaulieu, l'Inde, rapidement mise à feu et à sang, n'eût pas tardé à nous échapper.

On a recommencé en Indo-Chine exactement les mêmes lourdes fautes qui rendent partout notre domination si intolérable et si ruineuse.[1]

Nous envoyons administrer des Orientaux par des agents politiques qui les traitent à la façon d'un département français, avec une armée de fonctionnaires, n'ayant pas les notions les plus va-

1 En Indo-Chine et partout. Le docteur Colin a publié sur le Sénégal et le Soudan une série d'articles où il montre les tristes résultats de notre incurable manie de vouloir imposer à tous les peuples nos institutions. «En nous attaquant prématurément à l'organisation de la société nègre, dit l'auteur, nous aurons la guerre, la guerre perpétuelle et sans merci, et nous trouverons devant nous tous les peuples fétichistes et musulmans, sans compter que les esclaves eux-mêmes seraient contre nous.»

gues des mœurs et des coutumes du peuple indigène, et le heurtant à chaque instant. Alors que notre grande colonie devrait rapporter 200 millions par an à la métropole, suivant l'assertion d'un ancien gouverneur, monsieur Harmand, nous continuons à y semer millions et soldats, sans autre résultat que de nous faire profondément haïr, perdre tout prestige et montrer une fois de plus au monde notre désolante incapacité à comprendre quelque chose aux besoins, aux sentiments et aux idées des races étrangères et, par conséquent, à les gouverner.

Le danger apparaît donc clairement de vouloir imposer aux indigènes des colonies des institutions, des idées et des besoins de peuples différents. Nous pouvons ajouter, d'ailleurs, que pareille tâche est impossible et qu'aucune nation n'a jamais réussi à la réaliser. Le vernis provisoire de l'éducation européenne modifie fort peu l'indigène. Causez quelque temps avec des lettrés hindous, élevés dans les écoles anglo-indiennes, vous constaterez, malgré une instruction à peu près égale à celle du bachelier ou du licencié européen, l'abîme subsistant entre leurs idées et les nôtres. Il fallut de longs siècles aux Barbares pour se créer, avec les débris du monde romain, une civilisation, une langue et des arts adaptés à leurs besoins. Ces grandes transformations, le temps seul peut les accomplir. L'histoire prouve que deux civilisations trop différentes, mises en présence, ne se combinent jamais. Les peuples conquérants qui ont pu en influencer d'autres sont uniquement ceux dont les sentiments, les idées, les institutions et les croyances ne présentaient pas de divergences trop accentuées. Les Orientaux agissent aisément pour cette raison sur des Orientaux, mais jamais les Occidentaux n'ont pu acquérir d'action sur eux.

Tel est le secret de l'influence immense exercée par les Arabes en Orient, et qu'ils possèdent encore en Afrique, en Chine et dans l'Inde. Partout ils ont réussi sans effort à faire adopter aux peuples en contact avec eux les éléments les plus fondamentaux de leur civilisation la religion, la langue et les arts. Implantée dans un pays, la civilisation musulmane y semble fixée pour toujours. Elle a fait reculer dans l'Inde des religions pourtant bien vieilles et rendu entièrement arabe cette antique Egypte des Pharaons sur laquelle les Perses, les Grecs et les Romains eurent si peu d'influence.

Gustave Le Bon

L'islamisme compte 50 millions de sectateurs dans l'Inde, 20 millions en Chine, et ce nombre s'accroît rapidement chaque jour. Il conquiert aujourd'hui tout le continent africain, alors que les efforts des missionnaires européens échouent misérablement.

L'explorateur européen, parvenu à grand'peine au centre de l'Afrique, trouve des caravanes d'Arabes laissant derrière elles leur religion et souvent leur langue.

Les Européens peuvent être des colonisateurs habiles, mais, depuis Rome, les seuls peuples réellement civilisateurs ont été les musulmans. Seuls, en effet, ils réussirent à faire adopter à d'autres races les éléments essentiels d'une civilisation : la religion, les institutions et les arts.

Les Européens parviennent assez aisément, comme les Anglais dans l'Inde, à dominer un peuple inférieur, mais modifier sa mentalité, il n'y faut pas songer. L'écart entre nos sentiments, nos besoins et les leurs est trop considérable pour que les étapes en puissent être brusquement franchies. La civilisation adaptée à nos besoins ne l'est nullement aux leurs. Notre vie factice, nos inquiétudes perpétuelles, nos révolutions fréquentes, nos nécessités artificielles et le travail incessant qu'elles entraînent, la vie de l'ouvrier de l'usine ou des mines, péniblement attelé à un dur labeur et ne possédant de la liberté que le mot, rien de tout cela ne le tente. Je fus toujours frappé dans mes voyages, de constater que les lettrés orientaux, ayant visité l'Europe, étaient les moins séduits par notre civilisation. Je n'en ai jamais connu qui n'aient considéré l'Oriental comme beaucoup plus heureux, plus honnête et plus moral que l'Européen tant qu'il n'a pas subi son contact. Le seul résultat de notre civilisation sur les Orientaux est de les dépraver et de les rendre misérables.

Impossible d'insister longuement sur les vérités qui précèdent. On ne peut qu'énoncer brièvement ici des idées dont le développement exigerait un volume. Pour en revenir à monsieur Leroy-Beaulieu, j'ai l'espoir qu'en y réfléchissant il reconnaîtra que l'idée de franciser un peuple demi-barbare en lui inculquant notre éducation, théorie si générale encore en France, n'est véritablement plus soutenable par un savant. Laissons de telles idées aux démagogues socialistes. On n'a plus aujourd'hui le droit d'ignorer que les institutions d'une race ont un enchaînement nécessaire, qu'elle ne peut pas les choisir à volonté, mais doit subir celles en rapport avec ses besoins et imposées par son évolution. Inutile de rechercher la civilisation théoriquement la meilleure pour une nation, mais bien celle qui lui convient.

Je n'ai cessé depuis vingt ans de répéter les vérités qui précèdent. Elles commencent, bien que très lentement par faire leur chemin. Dans son remarquable ouvrage, **Domination et Colonisation**, un des hommes les plus familiers avec les choses de l'Orient, monsieur l'ambassadeur Jules Harmand, s'exprime de la façon suivante :

C'est la plus grande des erreurs et la plus fatale pour le conquérant et pour ses sujets de ne pas reconnaître qu'il y a des races et des sociétés supérieures de par la nature et par l'accumulation des circonstances évolutives, qu'il y en a d'autres moins favorisées, et que plus la distance qui les sépare est grande et moins il est possible de les rapprocher par des lois communes et par les mêmes procédés de culture.

...Ce sont ces convictions, dictées par l'observation des faits, qui doivent inspirer la conduite des Européens dans leur expansion lointaine, accomplie par la domination des peuples si différents d'eux-mêmes. Leur application seule, résolument désassimilatrice, systématiquement respectueuse de la constitution mentale de ces peuples, des organisations politiques et sociales qui sont la résultante de leurs besoins matériels et moraux, peut-être profitable en même temps au dominateur et au sujet, et justifier ces vastes et difficiles entreprises.

Nos hommes politiques sont pour la plupart très loin encore de ces idées. Couramment des administrateurs font traduire et afficher, dans les pays barbares qu'ils gouvernent, la proclamation des **Droits de l'homme**, pour se concilier les populations envahies et leur faire apprécier les bienfaits de nos institutions. Cette enfantine conception donne l'exacte mesure de leur mentalité en matière de colonisation.

A nos méthodes d'assimilation forcée se joignent, dans les colonies un peu éloignées, des procédés d'autocratie jacobine, qui les rendent rapidement inhabitables pour des Européens. Le moindre petit gouverneur (fruit sec de la politique le plus souvent), se croit un potentat et se conduit en despote asiatique.

Gustave Le Bon

Le **Matin** du 29 mars 1910 contenait à ce sujet une correspondance d'un voyageur à la Guyane dont voici un extrait :

Les hauts fonctionnaires envoyés de la métropole ne passent que pour amorcer une affaire ou une candidature. S'ils séjournent un peu, ils sont en proie à la folie autocratique, promulguent des ukases effarants, ordonnent des arrestations, séquestrations, expulsions, répandent la terreur, préparent la révolte. Quand, à la dernière extrêmité, le gouvernement central les, rappelle, c'est pour les envoyer ailleurs en fructueuse mission.

Pour le malheureux colon, nulle sûreté politiquement, l'arbitraire commercialement, l'arbitraire. L'interprétation variable des tarifs de douane permet à l'administration de ruiner Pierre au bénéfice de Paul. Nulle garantie pour l'avenir d'une entreprise. Vous achetez des terres pour y planter des cacaoyers, sur lesquels on vous promet une prime de 80 centimes quand ils seront en rapport. Vous engagez vos capitaux le moment venu, il se trouve que la prime est réduite à 30 centimes, et qu'au surplus il n'y a pas de crédits au budget pour la payer. Vous réclamez ; on vous objecte : «L'administration n'est pas allée vous chercher en France. Que venez-vous faire ici ?»

Il est aisé de deviner à quelle misérable situation, semblables procédés ont conduit ces colonies. Le résultat est rendu frappant, par la comparaison avec des pays voisins. Alors que la Guyane anglaise et la Guyane hollandaise ont atteint un haut degré de prospérité, la Guyane française retourne à l'état sauvage.

J'ai déjà montré dans un précédent chapitre, en reproduisant des fragments d'une circulaire du gouverneur actuel de la Côte-d'Ivoire, combien étaient maladroitement féroces nos méthodes de colonisation et à quel point elles avaient exaspéré les populations.

Un journal anglais, l'**African Mail** faisait justement remarquer que les révoltes de toutes ces peuplades, auxquelles nous prétendons imposer par la violence les bienfaits de notre civilisation, etaient fatales.

Les autorités récoltent ce qu'elles ont semé, et depuis deux ans la Côte-d'Ivoire est le théâtre de combats incessants aboutissant à un état de choses, presque sans précédent, dans les annales de l'Afrique occidentale moderne. On peut tirer de ce qui se passe actuellement à la Côte-d'Ivoire plusieurs leçons, dont la principale est la folie qu'il y a à frapper d'impôts les tribus des forêts qui n'ont substantiellement rien gagné à l'occupation européenne. Une telle politique ne peut être appliquée que par des méthodes brutales incendies de villages, raids sauvages et incidents déshonorants. Lorsqu'une administration civilisée exhibe sur des lances les têtes des chefs indigènes rebelles pour montrer ses prouesses, lorsqu'elle hypothèque les récoltes des villages indigènes pour le paiement de ses impôts, on ne peut guère se montrer surpris que les communautés indigènes soient préparées à courir le risque d'une destruction complète pour secouer un joug si odieux.

Comme consolation (d'ailleurs médiocre), de nos insuccès coloniaux, nous pouvons dire que les Allemands ne furent pas plus heureux. Les Belges ont employé des procédés aussi durs que les nôtres, mais, possédant en plus beaucoup de méthode et des hommes capables, ils ont su retirer de leur grande colonie du Congo d'immenses richesses. N'ayant nullement la prétention (toujours un peu hypocrite), d'être les bienfaiteurs de l'humanité, ils se sont bornés à devenir les bienfaiteurs de leur propre pays. C'est généralement le seul but qu'on puisse se proposer et obtenir en matière de colonisation.

CHAPITRE II

Résultats psychologiques de l'éducation européenne sur les peuples inférieurs

Nous venons d'étudier les idées françaises reçues en matière de colonisation. Abordant la question sous un point de vue plus spécial, nous allons maintenant rechercher quelle influence notre civilisation européenne, nos institutions, notre éducation, peuvent exercer sur les populations indigènes des colonies.

Ce sujet a toujours été, en France, l'objet de débats passionnés, et on sait la voie funeste dans laquelle l'opinion et les pouvoirs publics se sont engagés pour tenter d'en trouver la solution.

Il n'est question que de franciser les Arabes de l'Algérie, les populations jaunes de l'Indo-Chine, les nègres de la Martinique ; d'imposer à ces colonies nos mœurs et nos lois, de les transformer en véritables départements français.

La France ne se trouve pas seule d'ailleurs intéressée à l'étude de ce grave problème. Il est essentiellement international, et s'est posé ou se posera tôt ou tard chez toutes les nations possédant des colonies, c'est-à-dire dans l'Europe entière.

Les principes généraux que je défends n'ont jamais rallié, dans notre pays, de nombreux suffrages. Pour persister à les soutenir, il faut avoir acquis cette conviction profonde, résultat de nombreux voyages, que l'application soutenue de ces principes assure aux colonies anglaises et hollandaises la persistante prospérité dont elles jouissent. Régies par des méthodes psychologiques fort différentes, les nôtres se trouvent dans une situation fort peu brillante, si l'on s'en rapporte à la statistique, aux plaintes unanimes de leurs représentants, enfin aux charges toujours croissantes qu'elles imposent à notre budget.

Des divers facteurs de la civilisation, celui supposé le plus important est l'éducation ! C'est le seul que nous nous proposons d'étudier maintenant.

Les résultats de l'éducation européenne sur les indigènes ne peuvent être considérés comme concluants que lorsqu'ils résument des tentatives faites pendant de longues années sur un nombre considérable d'individus. Si je citais, dès le début, les expériences accomplies dans nos propres colonies françaises, en Algérie, par exemple, on pourrait me répondre qu'elles ont été exercées sur une trop petite échelle. Il est donc nécessaire d'appuyer l'observation faite dans nos colonies par d'autres recueillies ailleurs. C'est pourquoi nous parlerons d'abord des expériences d'éducation européenne tentées aux Indes par les Anglais.

L'essai a porté sur une population de 250.000.000 d'hommes. Il dure depuis 70 ans. C'est une des plus gigantesques expériences qu'ait connues l'histoire.

Ce fut en 1835, sous l'inspiration de Lord Macaulay, alors membre du Conseil du Gouvernement général à Calcutta, que commença l'éducation anglaise de l'Inde.

Les livres et les sciences de l'Inde paraissant tout à fait méprisables à l'éminent homme d'Etat, comparés à la **Bible** et aux ouvrages anglais, devaient être, suivant lui, rigoureusement bannis de l'enseignement. Grâce à son influence, le gouvernement de

Lord Bentinck décida qu'on enseignerait exclusivement, dans les écoles anglaises de l'Inde, la littérature anglaise et les sciences européennes.

L'expérience se continue depuis cette époque. L'Inde possède aujourd'hui quatre universités européennes, 130.000 écoles et 3 millions d'élèves. Plus de 50 millions de francs sont consacrés à cet enseignement. Un tiers de cette somme est destiné aux écoles primaires, le reste à l'enseignement secondaire et aux universités.

Au point de vue de l'utilité pratique immédiate, c'est-à-dire pour obtenir à bas prix les milliers d'agents subalternes nécessaires aux Anglais dans leurs administrations : postes, télégraphes, chemins de fer, bureaux, etc., l'utilité des résultats obtenus n'est pas contestable. Les écoles anglaises fournissent surabondamment un contingent d'employés que les Anglais seraient obligés de se procurer en Europe à des prix vingt fois supérieurs.

Mais ce point de vue n'est pas le seul. Il faut se demander encore premièrement si les individus imprégnés de cette éducation anglaise sont devenus amis ou ennemis de la puissance qui les en a dotés, secondement si l'instruction européenne élève leur intelligence et développe leur moralité.

A ces questions, la réponse théorique ne semble d'abord pas douteuse. L'instruction n'est-elle pas considérée comme une sorte de panacée universelle ? Capable de rendre tant de services en Europe, ne doit-elle pas en rendre d'aussi appréciables aux Indes, chez un peuple dont la civilisation était déjà ancienne et très développée ?

Les résultats de l'expérience ont été diamétralement opposés aux indications de la théorie. A la profonde stupéfaction des professeurs, l'instruction européenne n'a fait que déséquilibrer entièrement les Hindous et leur enlever l'aptitude au raisonnement, sans parler d'un énorme abaissement de la moralité, dont j'aurai à m'occuper plus loin.

Les partisans de l'éducation européenne ne songent plus à le nier aujourd'hui. Leur opinion peut se résumer dans les citations suivantes, empruntées à un livre de monsieur Monier Williams, jadis professeur de sanscrit à Oxford, et qui a comme moi visité l'Inde en tous sens :

Je dois avouer en toute vérité, dit-il, que je n'ai pas été favorable-

ment impressionné par les résultats généraux de notre campagne éducatrice. J'ai rencontré un grand nombre d'hommes mal instruits et mal formés, c'est-à-dire sans force dans le caractère et sans équilibre dans l'esprit. De tels hommes peuvent avoir appris beaucoup dans les livres. Mais s'ils pensent par eux-mêmes, leur pensée est sans consistance. La plupart d'entre eux ne sont que de grands bavards. On les croirait atteints d'une sorte de diarrhée verbale. Ils sont incapables d'un effort durable, ou, s'ils ont la force d'agir, ils agissent en dehors de tout principe arrêté, et comme entièrement détachés de ce qu'ils disent ou écrivent.

... Ils abandonnent leur propre langue, leur propre littérature, leur propre religion, leur propre philosophie, les règles de leurs propres castes, leurs propres coutumes consacrées par les siècles, sans pour cela devenir de bons disciples de nos sciences, des sceptiques honnêtes ou des chrétiens sincères.

... Après beaucoup d'efforts, nous fabriquons ce qui s'appelle un indigène instruit. Et aussitôt il se tourne contre nous. Au lieu de nous remercier pour la peine que nous avons prise à son sujet, il se venge sur nous du tort que nous avons causé à son caractère, et il fait servir l'imparfaite éducation reçue en l'employant contre ses maîtres.

La pauvreté mentale de l'indigène instruit n'est égalée que par son incurable manie de discourir à tort et à travers. Il abordera le premier Européen rencontré pour lui demander gravement et sans attendre d'ailleurs les réponses, s'il préfère Shakespeare à Ponson du Terrail, si le roi d'Angleterre chasse le tigre à Londres, et quel est le nombre de ses femmes.

L'incohérence de ses idées est frappante. Vichnou, Siva, Jupiter, la Bible, le prince de Galles, les héros de la Grèce et de Rome, les anciennes républiques, les monarchies modernes, dansent dans son cerveau une sarabande effroyable. Volontiers s'imagine-t-il que le roi d'Angleterre, son premier ministre et le prince de Galles forment une trinité semblable à celle de Brahma, Vichnou et Siva. Il interprêtera toutes ses notions nouvelles d'après les conceptions héréditaires de sa race, les seules auxquelles il puisse atteindre, malgré l'infatuation où son éducation anglaise l'a plongé.

Le dernier passage de la citation reproduite plus haut répond clairement à la question que nous nous sommes posée : l'éducation européenne fait-elle de l'indigène un ami ou un ennemi du peuple qui la lui inculque ?

Par milliers d'ailleurs pourraient être fournies les observations du même ordre. On ne trouve guère d'administrateur anglais dans l'Inde qui ne soit solidement convaincu que la totalité des indigènes élevés dans les écoles anglaises, deviennent des ennemis irréconciliables de la puissance anglaise, alors que ceux éduqués dans les écoles hindoues ne lui sont pas hostiles. Ces derniers apprécient au contraire la paix profonde que leur assure la domination britannique, domination du reste moins pesante que celle de la race mogole, sous le joug de laquelle ils vivaient auparavant.

Pour connaître l'opinion des Hindous élevés à l'européenne, il suffit de lire les nombreux journaux publiés par eux, et où le gouvernement anglais est traité aussi durement que le nôtre par les plus furieux . Il est instructif de voir des Hindous, jadis remarquables par leur extrême douceur, devenir féroces aussitôt que l'éducation anglaise les a effleurés. Si l'Angleterre réussit à maintenir son prestige devant des attaques semblables, c'est que ces dernières ne rencontrent nul écho au sein d'une population dont l'immense majorité ne sait pas lire.

Le cri de guerre des lettrés hindous, instruits par les Anglais, est «L'Inde aux Hindous !» Devise d'ailleurs dépourvue de sens dans un pays composé des races les plus diverses, parlant plus de 200 langues entièrement différentes, n'ayant aucun intérêt commun, et ne connaissant d'autre unité politique et sociale que le village et la caste.

Mais si la classe nouvelle des lettrés n'est pas encore très redoutable actuellement, à cause de son faible nombre, elle constitue, ce nombre s'accroissant chaque jour, une sérieuse menace pour l'avenir de la puissance britannique aux Indes.

Les faits cités répondent suffisamment aux deux questions posées : l'éducation européenne élève-t-elle le niveau intellectuel de l'Hindou ? Fait-elle de lui l'ami du peuple qui la lui inculque ? Reste à élucider ce dernier point fondamental : l'éducation européenne développe-t-elle la moralité de l'Hindou ?

La réponse sera catégorique. Loin d'élever le niveau moral des

Hindous, l'éducation européenne l'abaisse à un degré dont les personnes qui les ont fréquentés peuvent seules avoir l'idée. Cette éducation transforme des êtres inoffensifs et honnêtes en individus fourbes, rapaces, sans scrupules, insolents et tyranniques envers leurs compatriotes, platement serviles avec leurs maîtres. Voici comment s'exprime à cet égard le professeur anglais déjà cité :

Il faut tenir compte, dit-il, que les Européens ont des vices aussi forts que leurs vertus, et que l'Hindou, quoique rarement capable de s'assimiler nos qualités, est au contraire très apte à s'emparer de nos défauts... Des officiers instruits par une longue expérience, et qui ont vu s'étendre progressivement notre empire de l'Inde, m'ont dit que dans les territoires nouvellement annexés, on n'a jamais constaté d'abord chez les habitants la fourberie, l'amour des procès, la fausseté, l'avarice et autres défauts, qu'ils montraient ensuite d'une façon si frappante devant nos tribunaux comme dans leurs rapports officiels avec nous.

*

Mais c'est surtout le contact des employés subalternes

élevés dans les écoles anglaises, qui révèle leur absence profonde de moralité. L'administration anglaise, parfaitement édifiée sur ce point, est obligée de prendre les précautions les plus minutieuses et de multiplier à l'infini les moyens de contrôle pour se mettre à l'abri des déprédations de ses agents hindous des chemins de fer et des postes.

Pourquoi cette immoralité ne s'observe-t-elle que chez les indigènes élevés à l'européenne ? Simplement parce que notre éducation, mal adaptée à la constitution mentale de l'Hindou, a eu pour conséquence de détruire en lui les résultats des influences ancestrales, d'ébranler les vieilles croyances sur lesquelles se basait autrefois sa conduite, et de les remplacer par des théories trop abstraites pour lui. Il a perdu la morale de ses pères, sans avoir pu adopter celle des Européens. Jadis dépourvu de besoins, sa nouvelle éducation lui en crée une foule, sans lui donner les moyens de les satisfaire. Il méprise ses frères, mais se sent méprisé par ses maîtres. Ne trouvant plus de place dans la société, désorienté et misérable, il devient forcément l'implacable ennemi de ses éducateurs.

Ce n'est pas l'instruction elle-même, assurément, mais je le répète, une instruction mal adaptée à la constitution mentale d'un peuple, qui produit ces tristes effets. On peut s'en convaincre par la comparaison des résultats de l'éducation européenne avec ceux de l'éducation exclusivement hindoue telle qu'elle se pratique depuis des siècles.

Les lettrés hindous, élevés par des Hindous, sont des hommes instruits, honnêtes, estimables, dont plusieurs pourraient figurer dans les grandes assemblées savantes européennes, et dont la conduite pleine de dignité est sans parenté avec l'attitude à la fois insolente et rampante des Hindous sortis des écoles anglaises.

L'inimitié pour leurs maîtres, des indigènes élevés à l'européenne n'est aucunement spéciale à l'Inde.

Nous avons commis les mêmes erreurs en Indo-Chine et récolté les mêmes résultats. La preuve en est fournie par l'extrait suivant d'un rapport de monsieur Klobukowski gouverneur de l'Indo-Chine, reproduit par **Le Journal** du 27 décembre 1909.

Après avoir constaté l'antipathie croissante des Annamites contre nous, monsieur Klobukowski ajoute : *Dans des conversations ou des conférences, on excitait les habitants des campagnes contre le gouvernement français et les mandarins qui collaboraient à notre oeuvre.*

A côté de ces lettrés, propagateurs d'idées aventureuses, la classe remuante des gradés universitaires sans place, aigris, froissés dans leur orgueil d'être tenus à l'écart des affaires, continue à fomenter contre nous, par esprit de caste, une sourde hostilité. Et parmi eux, se distinguent des jeunes gens que nous avons vus naître, demi-savants pleins de convoitises, avides de se produire et de s'élever, disaient-ils, au niveau du Japon !

Eclairé par l'expérience sur la valeur de nos idées latines d'assimilation, monsieur Klobukowski ajoute mélancoliquement :

Ce n'est pas toujours aider au progrès des peuples placés sous notre influence que prétendre substituer nos coutumes à leurs rites séculaires et nos conceptions sociales à leurs traditions fortes et pratiques, telles, par exemple, et en première ligne, l'admirable commune annamite, cette cellule originelle de l'organisme national, dont une tendance trop fréquente de notre administration à l'intervention directe a souvent faussé ou même entravé le fonctionnement.

*Il ne faut toucher que d'une main fort légère à l'œuvre de généra-
tions successives. Le temps, loin d'effriter cet édifice, d'une originalité
d'ailleurs saisissante, où s'abritent les mœurs et la législation d'un
peuple, le consolide au contraire. Ce fut une erreur grave (et, nous le
voyons aujourd'hui, d'une répercussion lointaine), de procéder, dans
le domaine politique et administratif, à des innovations hâtives et
trop brusques, risquant de contrarier des habitudes invétérées.*

Quittons ces pays lointains et arrivons à la plus importante de
nos colonies, l'Algérie. La majorité des politiciens français tombent
d'accord pour proposer de la franciser (c'est l'expression consa-
crée), au moyen de l'éducation. Il s'agit sans doute ici de races bien
différentes de celles de l'Inde. Voyons cependant si les expériences
déjà accomplies en Algérie peuvent faire espérer des résultats
meilleurs que ceux obtenus par les Anglais dans leur grand empire asiatique. Il est assez difficile de vérifier expérimentalement
sur les musumans algériens la valeur de notre éducation, car ils
ne fréquentent guère nos écoles. Mais bien que les conséquences
observées l'aient été sur une petite échelle, elles sont déjà suffisamment probantes. En voici quelques unes, racontées dans un travail
de monsieur Paul Dumas : **Les Français d'Afrique**.

*En 1868, pendant la famine, monsieur Lavigerie, archevêque
d'Alger, inaugurant en cela son système de propagande, recueillit
un grand nombre d'enfants indigènes abandonnés, garçons et filles.
Cette fondation charitable a donné lieu à la plus instructive, mais
aussi à la plus navrante des expériences. Il n'y a pas longtemps, me
rendant d'Alger à Constantine, j'eus occasion de causer dans le train
avec un ecclésiastique fort distingué, qui me parut ne plus nourrir
aucun espoir au sujet de l'amélioration de cette malheureuse race
arabe, Il me raconta l'histoire lamentable des orphelins de monsieur
Lavigerie. «Quatre mille enfants environ, me dit-il, lui ont passé par
les mains. Une centaine seulement sont restés chrétiens. Presque tous
sont revenus à l'islamisme. Ces orphelins ont d'ailleurs, en Algérie, la
plus détestable réputation. Les divers colons bien intentionnés qui se
sont avisés d'en employer quelques-uns ont dû se débarrasser d'eux
au plus vite. Voleurs, fainéants, ivrognes, ils synthétisent tous les*

vices, ceux de leur race qu'ils ont indélébilement dans leur sang, et les nôtres par dessus le marché. On a eu l'idée de les marier les uns aux autres. On a ensuite installé ces ménages dans des villages spéciaux, on les a pourvus de terres, on les a outillés, on les a mis dans le meilleur état pour bien faire. Les résultats ont été lamentables. En 1880, dans un de ces villages, ils ont assassiné leur curé !»

L'expérience qui précède, fort connue en Algérie, est tout à fait caractéristique puisqu'elle a porté sur 4.000 enfants, placés dans les meilleures conditions pour subir notre influence, puisqu'ils étaient entièrement soustrait à l'action de leurs parents.

Qu'il s'agisse d'enfants ou d'adultes, d'instruction par les livres de l'école ou d'éducation par le contact journalier des hommes, les résultats ont toujours été analogues. Aucune discipline n'est plus apte assurément à dompter les âmes que celle du régiment, et nous ne possédons pas de moyen plus efficace de fusionner l'Arabe et le Français que de les enrôler sous le même drapeau. Or, beaucoup d'Arabes ont servi dans les régiments d'Algérie, commandés par des sous-officiers et des officiers français. Ont-ils été francisés par ce contact de plusieurs années ? Nullement. Ils peuvent être soldats assurément, mais en déposant l'uniforme, ils se débarrassent du même coup de leur faible vernis européen.

Aussitôt libéré, dit l'auteur cité plus haut, notre turco s'est hâte de reprendre son burnous, il a repris le chemin de son douar ou de son village, il n'aime toujours que le couscous, il prendra autant de femmes qu'il lui en faudra et qu'il pourra en entretenir. Moralement, il estimera toujours qu'il n'y a qu'un seul Dieu qui est Dieu, et que Mahomet est son prophète, que les chrétiens sont des chiens, fils de chiens, que la femme est une bête de somme... Il est devenu aussi peu Français que possible. La plupart du temps il s'est assimilé quelque chose de nous, nos vices, hélas et, parmi eux, le seul des nôtres qui peut-être n'était pas le sien : l'ivrognerie.

L'opinion que je viens d'exposer sur l'impossibilité d'infuser aux Arabes d'Algérie notre civilisation, par nos méthodes d'éducation, ne m'est nullement personnelle. On la trouve répandue chez toutes les personnes ayant étudié l'Algérie, sans préjugés ni intérêt individuel, en un mot allégées de théories préconçues. J'ajouterai que cette opinion est également celle des Arabes les plus lettrés. Les avis que j'ai pu recueillir de musulmans les plus divers, depuis le Maroc jusqu'au fond de l'Asie, ont été unanimes. Tous considèrent que notre éducation rend les musulmans ennemis invétérés des Européens, envers lesquels ils ne professaient d'abord qu'indifférence. Les Arabes éclairés que j'ai consultés affirment sans exception que le seul résultat de nos essais éducateurs est de dépraver leurs compatriotes, de leur créer des besoins factices sans fournir les moyens de les satisfaire, en un mot d'assombrir leur sort et d'en faire des révoltés. L'instruction que nous nous efforçons avec tant de peine d'inculquer leur apprend la distance que nous mettons entre eux et nous. Chaque page de nos livres d'histoire enseigne à ces vaincus que rien n'est plus humiliant que la résignation sans révolte à la domination étrangère. Si l'éducation européenne se généralisait dans notre colonie méditerranéenne, le cri des musulmans algériens serait bientôt : **L'Algérie aux Arabes !** de même que **L'Inde aux Hindous !** est le mot d'ordre de tout indigène de l'Inde imbu de la civilisation anglaise.

Ces faits, qu'il s'agisse de l'Inde, de l'Algérie ou d'autres pays, étant identiques, suffisent à prouver combien est vain l'espoir de modifier un peuple par l'éducation. Continuer à tenter de telles expériences serait dangereux chez une nation dont on ne peut dire qu'elle soit encore pacifiée, puisqu'il nous faut une puissante armée pour l'empêcher de se révolter.

Il ne faudrait pas conclure de ce qui précède que je sois, à un degré quelconque, ennemi de l'instruction.

J'ai tenu a prouver seulement que le genre d'éducation applicable à l'Européen civilisé ne l'est nullement à d'autres hommes d'une civilisation différente ni surtout à ceux n'ayant pas de civilisation du tout.

Des modifications que serait forcée de subir l'instruction européenne pour être utile aux races inférieures, je n'ai pas à m'occuper ici et remarquerai seulement, en passant, que l'éducation technique d'abord puis des notions très simples, comprenant les éléments du calcul et quelques applications des sciences à l'agriculture, à l'industrie ou aux métiers manuels, suivant les régions, devraient constituer les seules bases de leur instruction. Ils s'y intéresseraient sans doute davantage qu'à la généalogie des rois de France ou aux causes de la guerre de Cent ans. Ils en retireraient aussi, je pense, plus de profit. Si je ne formule pas d'ailleurs de programmes détaillés, c'est que j'ai la claire notion de la parfaite inutilité de tout ce qu'on pourrait écrire sur ce sujet.

CHAPITRE III
Résultats psychologiques des institutions et des religions européennes sur les peuples inférieurs

Notre éducation européenne a donc pour résultat invariable de démoraliser l'indigène et de le transformer en ennemi acharné de l'Européen, sans élever son niveau intellectuel. Laissant de côté ces effets de l'éducation européenne sur l'indigène, dont j'essaierai plus loin de fournir l'explication, je vais aborder maintenant un autre facteur d'assimilation, en recherchant quelle influence les institutions européennes peuvent exercer sur les indigènes des colonies.

L'idée qu'on transforme un peuple en changeant ses institutions, est trop répandue en France, pour être ébranlée. Avec notre goût de l'uniformité (sinon dans la durée, au moins dans l'espace), nos institutions actuelles nous apparaissent toujours comme les meilleures, et notre tempérament nous conduit à vouloir les imposer. Généralement fondées sur des abstractions et déduites de la raison pure, nos spéculations politiques et sociales acquièrent rapidement, à nos yeux, l'autorité de vérités révélées. Comme tous les apôtres, nous sentons le besoin de les propager pour le bonheur de l'humanité.

La plupart des nations civilisées s'étant montrées assez réfractaires à nos leçons, nous avons dû nous rabattre sur nos possessions coloniales, pour les franciser à outrance. Les résultats obtenus sont du plus haut intérêt pour les philosophes.

Nos théories nous ont conduits progressivement à faire de nos colonies de vastes départements français. Peu importe, d'ailleurs, la population qui les occupe. Nègres, jaunes, Arabes, sauvages même, doivent bénéficier de la**Déclaration des Droits de l'Homme** et des grands principes. Tous possèdent le suffrage universel, des conseils municipaux, des conseils d'arrondissement, des conseils généraux, des tribunaux de tous les degrés, des députés et des sénateurs qui les représentent dans nos assemblées.

De braves nègres, à peine émancipés et dont le développement cérébral peut être assimilé à celui de nos ancêtres de l'âge de la pierre taillée, sautent à pieds joints dans toutes les complications de nos formidables machines administratives modernes.

Ce régime fonctionne depuis un temps assez long pour qu'on puisse en apprécier les effets. Ils sont incontestablement désastreux. Des pays, jadis prospères, sont tombés dans la plus basse décadence. Les statistiques nous les montrent réduits à vivre du budget que leur consacre la métropole et ne cessant de faire entendre, par leurs représentants officiels, d'exigeantes lamentations.

Bien que l'assimilation ait causé la ruine de nos colonies, toutes réclament une assimilation encore plus complète que celle existante.

Ne nous imaginons pas cependant nos sujets d'outre-mer aussi naïfs que leur langage le ferait supposer. Quand ils exigent l'assimilation, ce n'est pas qu'ils admirent les rouages compliqués de notre système administratif et judiciaire. Leur rêve, en effet, est d'être assimilés à la métropole pour les avantages pécuniaires du régime et non pour les charges qui en résultent. Au lieu de construire à leurs frais, routes, ports ou canaux, comme cela se pratique dans les colonies anglaises, les indigènes souhaiteraient vivement voir l'Etat se charger de ces travaux publics, sans être tenus à payer nos impôts. Etre assimilés signifie pour nos colonies devenir les pensionnaires de l'Etat, considéré comme une sorte de providence toute-puissante, aux inépuisables trésors. Leurs vœux, en ce sens, sont exprimés avec une candeur ne laissant place à aucun doute. Ils se résument clairement dans la phrase suivante, émise par un président du Conseil général de la Réunion :

«Nous souhaitons l'assimilation progressive de la colonie à la métropole et sa transformation en un département français, mais sans que cette assimilation puisse nous assujettir aux mêmes impôts que ceux payés en France.»

Le système de l'assimilation, séduisant en théorie par son apparente simplicité, présente, au contraire, dans la pratique, une extraordinaire complexité.

Nos institutions administratives et judiciaires sont fort compliquées, parce qu'elles répondent aux besoins non moins compliqués d'une civilisation très ancienne. Nés et vivant sous leur joug, nous y sommes faits, et cependant récriminons à toute occasion contre les lenteurs et les vexations de l'administration ou de la procédure ? Que de formalités administratives entraînent chez les nations civilisées les actes les plus inévitables, la naissance, le mariage et la mort ! En France même, est-il beaucoup de citoyens possédant des notions précises sur les attributions d'un conseil municipal, d'un conseil d'arrondissement, d'un conseil général, d'un juge de paix, d'un tribunal de première instance, d'une cour d'appel, etc. ? Et vous voulez qu'un malheureux nègre, un Arabe, un Annamite, se représente le jeu de tant de rouages enchevêtrés, qu'il doit accepter tout à coup, d'un seul bloc ? Songez à tous les devoirs nouveaux que, sous peine d'amende, il n'a plus le droit d'ignorer, aux nombreux fonctionnaires avec lesquels il va se trouver en contact, le guettant à chaque détour de la vie. Il ne peut vendre ou acheter un lopin de terre, réclamer une dette à son voisin, sans subir les formalités les plus longues et les plus compliquées. Vous l'avez enfermé, lui, le barbare, l'homme à demi-civilisé, dans une série inextricable d'engrenages. Jusqu'alors il n'avait connu que des institutions simples et parfaitement en rapport avec ses besoins une justice sommaire, mais peu coûteuse et rapide, des impôts dont il comprenait le mécanisme, auxquels il était habitué et qui ne comportaient rien d'imprévu. Lui dont la vie ignorait les entraves, et pour lequel le lointain pouvoir absolu d'un chef ne signifiait souvent rien de direct et de réel, il trouve que la prétendue liberté dont nous le dotons se présente sous des formes singulièrement tyranniques.

Ces objections ne sauraient ralentir le zèle de nos théoriciens, qui se croient le devoir de faire le bonheur des peuples malgré eux. En dépit des répugnances les plus naturelles, nos colonies doivent bon gré mal gré jouir des bienfaits de nos institutions compliquées.

Pour maintenir ces institutions, on leur expédie des légions de fonctionnaires. C'est à peu près d'ailleurs notre seul article d'exportation sérieux. A la Martinique, où 95% de la population est nègre, on compte 800 fonctionnaires français. Dans les 3 ou 4 petits villages de l'Inde nous appartenant encore, et dont les habitants sont exclusivement hindous, nous avons, en dehors d'un sénateur et d'un député, plus de 100 fonctionnaires, dont 38 magistrats. En Indo-Chine, ils forment une armée.

Tous partent d'Europe animés d'un zèle ardent, mais il leur faut bientôt reconnaître que forcer un peuple à renier ses institutions pour adopter celles d'un autre est une utopie réalisable seulement dans les livres. Leurs tentatives n'ont pour résultat qu'une complète anarchie. Aux prises avec des difficultés de toute sorte, chacun d'eux essaye d'improviser un système bâtard destiné à concilier tous les intérêts, et qui, naturellement, n'en satisfait aucun.

De temps à autre, un gouverneur énergique et clairvoyant pratique des coupes sévères parmi ces rangs épais de bureaucrates, et la colonie respire momentanément. C'est ainsi que, dans l'Indo-Chine, monsieur Constans en supprima d'un seul coup un nombre suffisant pour peupler une petite ville, et réalisa ainsi sur cet unique chapitre une économie annuelle de plus de 8 millions. Bien entendu aussitôt son départ, on s'empressa de les réintégrer.

Ce n'est pas uniquement au défaut de capacité de nos fonctionnaires qu'il faut attribuer leur insuccès, mais à l'absurdité du devoir imposé. Ils quittent la France avec la mission d'appliquer nos institutions à des peuples qui ne sauraient les accepter ni même les comprendre. De loin, rien ne leur semble plus facile. Mais, sitôt à leur poste, le découragement les saisit avec le sentiment d'une complète impuissance. Les gouverneurs eux-mêmes renoncent à cette trop lourde tâche. On vit autrefois, en 6 ans, 15 gouverneurs généraux se succéder en Indo-Chine, soit une moyenne de 5 mois pour chacun. S'ils y restent plus longtemps aujourd'hui, c'est que l'emploi étant royalement rétribué, on le donne à des hommes politiques influents.

Instruit par l'échec désastreux de son prédécesseur, chaque nouveau gouverneur essaye un système différent, et ne fait qu'accroître l'anarchie. Ce n'est pas toujours, d'ailleurs, ses vues personnelles qu'il applique, mais celles que le télégraphe lui impose. Le gouverneur cité plus haut faisait remarquer, dans un intéressant discours prononcé devant la Chambre des députés, qu'en un règne de 6 mois, il avait dû obéir à 3 ou 4 ministres, «lui donnant chacun une impulsion différente.»

Les conséquences d'un tel système, on le devine aisément.

Anarchie d'abord, révolte ouverte ou tout au moins haine profonde des populations, ensuite. Les témoignages, malheureusement, sont unanimes sur ce point.

La cause réelle de la piraterie en Indo-Chine, lisons-nous dans un ouvrage récent, n'est pas une idée de patriotisme qui soulèverait les populations indigènes contre l'envahisseur. C'est nous qui l'avons suscitée. Nous avons indisposé les populations paisibles en réquisitionnant des porteurs, en éloignant de leurs terres des agriculteurs pour en faire des coolies, en brûlant des villages, en tyrannisant les indigènes, en établissant partout et sur tout des taxes lourdes, dépassant 3 ou 4 fois la valeur des produits. La piraterie n'est que le résultat des tracasseries de nos administrateurs et des crimes des mandarins que nous couvrons.

Notre ruineux système ne sème pas ses tristes conséquences uniquement en Indo-Chine. Nous tentons également d'assimiler toutes nos colonies anciennes et nouvelles, et partout avec le même insuccès. Je ne veux pas rappeler, car cet exemple n'est pas exactement applicable à ma démonstration actuelle, que la cause du dernier bouleversement qui faillit nous enlever l'Algérie fut l'incompréhensible mesure par laquelle nous avons naturalisé en bloc toute la partie juive de la population. Mais je citerai, d'après des témoins oculaires, les faits observés au Sénégal. Dans une série d'articles publiés par un grand journal parisien, monsieur Colin montre jusqu'où peut conduire la manie d'imposer nos institutions à des peuples qui n'en veulent pas.

En nous attaquant prématurément à l'organisation de la société nègro-arabe, dit monsieur Colin, nous aurons la guerre, la guerre perpétuelle et sans merci, et nous trouverons devant nous tous les peuples fétichistes et musulmans, sans compter que les esclaves eux-mêmes seront contre nous.

Peut-être pas la guerre durable, ni au Sénégal ni dans nos autres colonies, tant que, très visiblement, nous resterons les plus forts. Mais l'hostilité des populations si maladroitement troublées, nous l'avons éveillée partout.

Un observateur judicieux, ayant longtemps habité nos colonies, monsieur Poitou-Duplessis, ancien médecin principal de la marine, écrit :

L'application prématurée du sucrage universel aux colonies, la mise à l'élection de tous les postes principaux ont eu pour effet de faire tomber tout le pouvoir aux mains des noirs sept à huit fois plus nombreux, et, grâce à la faiblesse, à la pusillanimité du pouvoir métropolitain et de ses représentants, de rendre le séjour des îles impossible pour la race blanche, vouée aujourd'hui à l'oppression ou à la disparition. C'est le retour fatal à la barbarie. L'exemple de Saint-Domingue est là pour le prouver... Si l'on considère le nombre d'électeurs que représente tel ou tel député colonial qui vient légiférer à Paris sur nos intérêts les plus chers, on arrive à cette conclusion singulière qu'un nègre des Antilles compte 7 à 8 fois plus dans la balance des destins de la patrie que n'importe lequel des citoyens français.

Tels sont les résultats produits par l'application des institutions européennes aux indigènes des colonies.

Ayant successivement étudié l'influence de l'éducation et des institutions, il ne me reste plus qu'à examiner celle des croyances religieuses.

Sur l'action que nous pouvons exercer par elles, je serai fort bref. Accuser nos hommes d'Etat actuels de prosélytisme religieux serait injuste et le temps est passé où l'on prenait les armes pour défendre les missionnaires troublant par leurs prédications les institutions sociales des Orientaux. Si l'on devait nous reprocher quelque chose ce serait plutôt un prosélytisme négatif. Mais enfin, nos indigènes coloniaux restent généralement parfaitement libres dans la pratique de leurs différents cultes. J'aborde donc seulement ce côté de la question, pour compléter ma démonstration qu'aucun des éléments d'une civilisation supérieure ne peut s'imposer à des peuples inférieurs.

Quelques chiffres suffiraient à montrer le peu d'influence de nos croyances religieuses sur les Orientaux. Mais ils sont superflus devant les aveux d'impuissance échappés aux missionnaires eux-mêmes.

En ce qui concerne les Arabes, j'ai déjà cité le cas des 4.000 orphelins du cardinal Lavigerie. Elevés dans la religion, chrétienne, soustraits à tout contact indigène, l'immense majorité de ces orphelins est retournée à l'islamisme aussitôt parvenue à l'âge adulte.

L'expérience se poursuit sur une bien autre échelle en Orient, et notamment dans l'Inde anglaise. Au sein d'un congrès de l'Eglise anglicane, un chanoine, monsieur Isaac Tylor, fut obligé de constater le navrant insuccès des missionnaires anglais, qui, en de nombreuses années, malgré la protection du gouvernement et d'énormes dépenses, n'avaient recruté qu'un nombre très minime de prosélytes, et parmi les plus basses castes. Dans les pays musulmans, où les missionnaires ne peuvent espérer l'appui de leur gouvernement, les échecs sont plus signalés encore. Après avoir dépensé un demi-million et dix ans d'efforts, en Arabie, en Perse, en Palestine, ils n'ont pu obtenir en dehors des conversions un peu forcées de leurs serviteurs que celle d'une jeune fille, notoirement connue d'ailleurs pour être à demi idiote. Ces exemples, ajoutés à tant d'autres, montrent l'impossibilité où nous sommes de faire pénétrer nos idées, nos conceptions, notre civilisation, dans les cerveaux des Orientaux par quelque moyen que ce soit.

L'impuissance des croyances religieuses est importante à noter après celle de l'instruction et des institutions. Mais, je le répète, elle ne constitue pour ma thèse qu'un argument accessoire. Je ne suis nullement l'ennemi des missionnaires, dont je respecte le courage et les illusions, et qui nous rendent souvent de grands services dans les pays demi-civilisés ne nous appartenant pas, la Syrie, par exemple, en répandant notre langue au moyen de leurs écoles. Toutefois, la diffusion de la langue française dans ces pays sous-développés et à fort taux de natalité, est un «avantage» qui pourrait avoir de néfastes répercussions dans l'avenir.

Ma tâche pourrait paraître terminée, après avoir montré que notre éducation et nos institutions, appliquées aux indigènes des colonies, n'ont d'autre résultat que de troubler profondément leurs conditions d'existence et les transformer en ennemis irréconciliables des Européens.

De tels faits sont indépendants de toute théorie. Mais ils doivent avoir des causes, et ce sont ces causes que je veux essayer maintenant de déterminer. Les faits sont les conséquences de lois générales qu'il faut toujours tâcher de découvrir. C'est ce que nous allons tenter maintenant en recherchant les causes de notre impuissance à élever au niveau de la civilisation européenne les peuples demi-civilisés ou barbares. Alors peut-être apparaîtront nettement au lecteur les raisons profondes de l'impénétrabilité des races.

CHAPITRE IV

Raisons psychologiques de l'impuissance de la civilisation euro-péenne à transformer les peuples inférieurs

L'étude des éléments divers d'une civilisation, notamment les ins-titutions, les croyances, la littérature, la langue et les arts, montre qu'ils correspondent à certains modes de penser et de sentir des peuples qui les ont adoptés, et se transforment seulement quand ces modes de penser et de sentir viennent eux-mêmes à se modi-fier.

L'éducation ne fait que résumer les résultats de la civilisation. Les institutions et les croyances représentent les besoins de cette civili-sation. Si donc une civilisation n'est pas en rapport avec les idées et les sentiments d'un peuple, l'éducation synthétisant cette civilisa-tion restera sans prise sur lui. De même les institutions, correspon-dant à certains besoins, ne sauraient correspondre à des besoins différents.

Le parallèle le plus sommaire montre facilement que la distance mentale qui sépare les peuples de l'Orient (musulmans et Indo-Chinois notamment), de ceux de l'Occident est trop considérable pour que les institutions des uns puissent être applicables aux autres. Idées, sentiments croyances, modes d'existence, tout diffère profondément. Alors que les nations de l'Occident tendent chaque jour davantage à se dégager des influences ancestrales, celles de l'Orient vivent presque exclusivement du passé. Les sociétés orientales ont une fixité de coutumes, une stabilité inconnue au-jourd'hui en Europe. Les croyances que nous avons perdues, elles les conservent avec soin. La famille, si fortement ébranlée chez les peuples occidentaux, demeure intacte chez l'Oriental, dans son immuabilité séculaire. Les principes, qui ont perdu leur action sur nous, gardent toute leur puissance sur eux. Ils ont un idéal très fort et des besoins très faibles, alors que notre idéal est incertain et nos besoins très grands. Religion, famille, autorité de la tradition et de la coutume, toutes ces bases fondamentales des sociétés antiques, si profondément sapées en Occident, ont conservé un prestige indiscuté en Orient. Le souci de les remplacer n'a pas encore traversé leur esprit.

Mais c'est surtout dans les institutions que se révèle entre l'Orient et l'Occident un incomblable abîme. Toutes les institutions politiques et sociales des Orientaux, qu'il s'agisse d'Arabes ou d'Hindous, dérivent uniquement de leurs croyances religieuses, alors qu'en Occident les peuples les plus dévots ont depuis longtemps séparé institutions politiques et croyances.

Point de code civil en Orient, il existe seulement des codes religieux. Une nouveauté quelconque n'y est acceptée qu'à la condition d'être le résultat de prescriptions théologiques. Sous peine de perdre toute influence, les Anglais en sont réduits, je le rappelle, malgré leur protestantisme rigide, à restaurer les pagodes et entretenir largement les prêtres de Vichnou et de Siva et à professer en toutes circonstances les plus grands égards pour la religion de leurs sujets et les institutions qui en découlent. Le vieux code, religieux et civil, de Manou, est resté la loi fondamentale de l'Inde depuis 2.000 ans, comme le Coran, code également religieux et civil, demeure la loi suprême des musulmans depuis Mahomet.

Ce n'est pas seulement dans la constitution mentale, les institutions et les croyances, que résident les divergences profondes qui nous séparent des peuples de l'Orient. Elles éclatent dans les moindres détails de l'existence, et principalement dans la simplicité de leurs besoins comparée à la complexité des nôtres.

Les modestes aspirations de l'Oriental, l'acceptation de conditions d'existence considérées en Europe comme la noire misère, frappent toujours le voyageur. Une couverture, une cabane ou une tente, quelques végétaux suffisent à son ambition. Les mêmes hommes élevés à l'européenne acquièrent fatalement aussitôt un certain nombre des besoins factices créés par notre civilisation. Et comme il est impossible de les gratifier en même temps des ressources nécessaires pour satisfaire ces besoins, les simples, les heureux, deviennent mécontents, misérables et révoltés. Dans les Indes anglaises surtout, où l'éducation européenne sévit sur une large échelle, le fait est significatif. Un indigène imprégné d'éducation anglaise, et muni de protections, peut obtenir des appointements de 30 francs par mois. Aussitôt à la tête de ce revenu, il s'essaye à singer le gentleman européen, porte des chaussures, des lunettes cerclées d'or, devient membre d'un club indigène, fume des cigares, lit des journaux. Finalement il trouve son sort tout à fait déplorable avec une somme qui ferait vivre largement deux familles élevées dans les usages hindous.

La simple comparaison des besoins d'un Arabe d'Algérie et d'un colon européen, suffit à prouver combien deux races, parvenues à des degrés inégaux de civilisation, peuvent, sur le même sol, avoir des exigences différentes. La petite provision de graines nécessaire pour son couscous, de l'eau pure, une tente comme habitation, un burnous pour vêtement, voilà comblées toutes les aspirations de l'indigène. Combien plus compliqués les besoins de son voisin le colon européen, même appartenant aux couches sociales inférieures. Il lui faut une maison, de la viande, du vin, des vêtements variés. En un mot, le matériel de nécessités factices auquel l'a habitué le milieu européen.

De ces faits multiples, constatés en tous lieux, se dégage clairement cette loi psychologique : l'éducation européenne, appliquée à l'indigène, le rend profondément misérable parce qu'elle lui impose des idées nouvelles et un mode de vie raffiné sans lui procurer les moyens de la pratiquer. Elle détruit les legs héréditaires de son passé et le laisse désorienté en face du présent.

Devons-nous espérer que nos institutions et nôtre éducation européenne rapprocheront de nous les Orientaux distancés aujourd'hui par un si vaste abîme ? Les exemples que j'ai cités n'autorisent guère cette espérance, et la théorie vient à leur appui, en nous enseignant que la plus difficile transformation à accomplir chez un peuple est celle de ses sentiments héréditaires. Or c'est précisément la différence de leurs hérédités qui sépare si profondément l'Orient de l'Occident.

Sur ces sentiments nationaux, formés par les mêmes ambiances, les mêmes institutions, les mêmes croyances agissant depuis des siècles. Sur ces sentiments, dis-je, l'éducation demeure sans prise. Ils représentent, en effet, le passé d'une race, le résultat des expériences et des actions de toute une longue série de générations, les mobiles héréditaires de la conduite. Constituant l'âme d'un peuple, leur poids est considérable. Ces caractères des peuples, nul ne l'ignore, jouent un rôle fondamental dans l'histoire. Les Romains ont dominé la Grèce, et une poignée d'Anglais domine aujourd'hui l'Inde, beaucoup plus par le développement de certaines qualités nationales, la persévérance et l'énergie, notamment, que par l'élévation de leur intelligence. Nulle éducation ne saurait empêcher certains peuples, les nègres, par exemple, de rester impulsifs, imprévoyants, incapables d'énergie durable, d'efforts soutenus.

Si l'on ne considère l'instruction que comme l'art de fixer dans la mémoire un certain nombre de théories livresques, nous pouvons assurer que les peuplades qualifiées par les anthropologistes de races inférieures, en y comprenant les plus inférieures, telles que certains nègres peuvent être éduquées comme les Européens. Un professeur de notre Université, à son retour d'Amérique, monsieur Hippeau, parle avec admiration des jeunes nègres qu'il a vus dans les classes, répétant des démonstrations de géométrie et traduisant Thucydide à la perfection «Jamais on n'a mieux compris, dit-il, que les nègres et les blancs sont enfants du même Dieu. Que la nature n'a établi entre les uns et les autres aucune différence fondamentale.»

J'ignore, faute de lumières suffisantes sur ce point, si les nègres et les blancs sont les enfants d'un même Dieu, mais ce que je crois bien savoir, c'est que l'auteur est dupe ici d'une illusion, partagée d'ailleurs par beaucoup de personnes s'occupant de l'éducation des peuples inférieurs, les missionnaires notamment.

Je dis d'une illusion, et voici pourquoi? L'enseignement des écoles se compose presque uniquement d'exercices de mnémotechnie destinés à approvisionner la mémoire de matériaux que l'intelligence, quand elle se développera, pourra utiliser. Elle les utilisera, grâce à des aptitudes intellectuelles héréditaires, des modes de sentir et de penser qui représentent la somme des acquisitions mentales de toute une race. Ce sont précisément ces différences d'aptitudes, apportées par l'homme en naissant, qui établissent entre les races des inégalités dont aucun système d'éducation ne saurait effacer la trace.

L'enfant appartenant à un peuple demi-civilisé ou demi-sauvage réussira généralement aussi bien à l'école que l'Européen, mais uniquement parce que les études classiques sont surtout des exercices de mémoire créés pour des cerveaux d'enfants, et que la différenciation intellectuelle entre les races ne se manifeste guère avant l'âge adulte. Alors que l'enfant européen perd, en grandissant, son cerveau d'enfant, l'homme inférieur, incapable, de par les lois de l'hérédité, de dépasser un certain niveau, s'arrête à une phase inférieure de développement et laisse en friche les matériaux fournis par l'instruction du collège. Suivez dans la vie ces blancs et ces nègres, jadis égaux à l'école, et bientôt vous apparaîtront les différences profondes qui séparent les races.

Le seul résultat définitif de l'instruction européenne, aussi bien pour le nègre que pour l'Arabe et pour l'Hindou est d'altérer, je le répète, les qualités héréditaires de leur race sans leur donner celles des Européens. Ils pourront acquérir parfois des lambeaux d'idées européennes, mais les utiliseront avec des raisonnements et des sentiments de sauvages ou de demi-civilisés. Leurs jugements flottent entre des idées contraires, des principes moraux opposés. Ballotés par tous les hasards de la vie et incapables d'en dominer aucun, ils n'ont finalement pour guide que l'impulsion du moment.

Ne nous laissons donc pas illusionner par ce faible vernis jeté provisoirement sur un indigène au moyen de notre éducation européenne. On peut la comparer à un de ces vêtements éphémères de théâtre qu'il ne faut regarder de trop près. J'ai eu des centaines de fois l'occasion de causer avec des lettrés hindous, élevés dans les écoles anglo-indiennes, ou même ayant pris leurs grades dans des universités européennes. Toujours il m'a fallu constater qu'entre leurs idées et les nôtres, leur logique et la nôtre, leurs sentiments et les nôtres, la distance restait immense. Est-ce à dire que ces peuples demi-civilisés ou barbares n'arriveront jamais au niveau de la civilisation européenne ? Ils y atteindront un jour, sans doute, mais seulement après avoir franchi successivement (et non d'un seul coup), les nombreuses étapes qui les en séparent. Nos pères, eux aussi, ont été plongés dans la barbarie. Il leur a fallu de nombreux siècles d'efforts pour en sortir et pouvoir utiliser les trésors de la civilisation antique. On sait quelles modifications successives ils durent faire subir à ses éléments la langue, les institutions et les arts, notamment, pour se les adapter. A leurs cerveaux de barbares, une civilisation raffinée ne pouvait pas plus convenir que la nôtre aux cerveaux des peuples inférieurs.

Les lois de l'évolution sociale sont aussi rigoureuses que celles de l'évolution des êtres organisés. La graine ne devient un arbre, l'enfant ne devient un homme, les civilisations ne s'élèvent aux formes supérieures qu'après avoir passé par toute une série de développements graduels et presque insensibles dans leur lente succession. Nous pouvons, par des mesures violentes, troubler chez les peuples cette évolution fatale (comme on peut suspendre l'évolution de la graine en la brisant), mais il ne nous est pas donné d'en modifier les lois.

Une des principales raisons psychologiques de notre impuissance à imposer notre civilisation aux peuples inférieurs peut être exprimée très brièvement : Elle est trop compliquée pour eux. Les seules institutions, les seules croyances, la seule éducation, capables d'agir sur leur mentalité, sont celles dont la simplicité les met à la portée de leur esprit et qui ne bouleversent pas leurs conditions d'existence.

Telle est justement la civilisation musulmane, et ainsi s'explique la profonde influence, en apparence si mystérieuse, que les musulmans ont exercée et exercent encore en Orient. Les peuples conquis par eux étaient ou sont le plus souvent des Orientaux, possédant des sentiments, des besoins, des coutumes de vie fort analogues aux leurs. Par conséquent, en s'assimilant les éléments fondamentaux de la civilisation musulmane, ils n'ont pas eu à subir ces modifications radicales que l'adoption d'une civilisation occidentale compliquée entraîne.

Les historiens ont cru pouvoir attribuer le prodigieux ascendant moral et intellectuel exercé par les musulmans dans le monde à leur force matérielle.

Il n'est plus permis aujourd'hui d'ignorer que la civilisation musulmane continua de se répandre longtemps après que la puissance politique de ses propagateurs était anéantie. Le Coran compte 20.000.000 de sectateurs en Chine, où les mahométans n'ont jamais exercé aucun pouvoir. Il en a recruté 50.000.000 dans l'Inde, c'est-à-dire infiniment plus qu'à l'apogée de la domination mogole. Ces nombres énormes s'accroissent sans cesse. Les mahométans sont, après les Romains, les seuls civilisateurs ayant réussi à faire adopter par les races les plus diverses les éléments fondamentaux de toute culture sociale, la religion, les institutions et les arts. Loin de tendre à disparaître, leur influence grandit chaque jour et dépasse les limites atteintes aux epoques splendides de leur puissance matérielle. Le Coran et les institutions qui en découlent sont si simples, tellement en rapport avec les besoins des peuples primitifs, que leur adoption s'opère toujours sans difficulté. Partout où passent les musulmans, fût-ce en simples marchands, on retrouve leurs institutions et leurs croyances. Aussi loin que les explorateurs modernes aient pénétré en Afrique, ils y ont trouvé des tribus professant l'islamisme. Les musulmans civilisent actuellement les peuplades de l'Afrique dans la mesure où elles peuvent l'être, étendant leur puissante action sur le continent mystérieux, alors que les Européens qui parcourent l'Orient soit en conquérants, soit en commerçants, ne laissent pas trace d'influence morale.

La conclusion de ce chapitre et des précédents est très nette. Ni par éducation, ni par les institutions, ni par les croyances religieuses, ni par aucun des moyens dont ils disposent, les Européens ne peuvent exercer d'action civilisatrice rapide sur les Orientaux, et moins encore sur les peuples inférieurs.

L'histoire récente du Japon ne saurait modifier aucune des conclusions qui précèdent. Ne pouvant traiter ici en détail ce cas particulier d'un peuple arrivé à un degré de civilisation déjà haute, qui paraît la changer pour une autre civilisation élevée mais différente, je me bornerai à une remarque essentielle. Par l'adoption en bloc des résultats de la technique européenne, le Japonais n'a transformé en réalité ni ses lois fondamentales, ni ses croyances, ni surtout son caractère. Il représente ce que serait un baron féodal revenu à la vie et auquel on apprendrait l'usage des locomotives et le maniement du canon. Sa mentalité se trouverait-elle beaucoup modifié par cette éducation ? L'âme japonaise ne l'a pas été davantage, mais la variation apparente de la vie extérieure du Japon a dissimulé aux Européens la fixité de sa vie intérieure.

Quoi qu'il en soit, aucune des nations que nous essayons de coloniser ne possédait (quand nous l'avons conquise), une culture comparable à l'ancienne civilisation du Japon. Nous pouvons donc répéter que nos espoirs d'assimiler oude franciser un peuple conquis sont de dangereuses chimères. Laissons aux indigènes leurs coutumes, leurs institutions et leurs lois. N'essayons pas de leur imposer l'engrenage de notre administration compliquée, et ne conservons sur eux qu'une haute tutelle. Pour y arriver, réduisons énormément le nombre de nos fonctionnaires coloniaux. Exigeons d'eux une étude approfondie des mœurs, des usages et de la langue des indigènes. Assurons-leur surtout une situation considérable, capable de leur conférer le prestige nécessaire.

Ces projets dé réformes, ou pour mieux dire de simplifications, je me borne à les énoncer d'une façon sommaire considérant leur développement comme inutile. Il faudra longtemps encore pour atteindre l'opinion publique. Les idées politiques actuelles, si contraires à celles que j'ai exposées, forment un courant qu'il n'est pas aisé de remonter. La chimérique entreprise d'assimilation à laquelle nous consacrons tant d'hommes et d'argent nous est dictée par des motifs de sentiments, sur lesquels la logique rationnelle reste impuissante. Cette dernière ne triomphe qu'au prix des plus cruelles expériences. Les catastrophes seules ont le pouvoir de faire jaillir la lumière dans les esprits chargés d'illusions.

On ne peut se demander sans douleur est-il vraiment possible que, pour réaliser des rêves, aussi chimériques que les croyances religieuses auxquelles nos pères ont sacrifié tant de vies, nous persistions dans nos dangereux errements ? Est-il croyable qu'on rencontre encore des hommes d'Etat convaincus de notre mission d'assurer malgré eux, les bonheur des autres peuples ? Est-il admissible qu'on entende journellement des économistes prétendre transformer la constitution mentale d'une race telle que celle des Arabes, en «modifiant radicalement chez eux le système de la propriété collective et de la famille ?»

Songeons à ce que nous ont coûté quelques-unes de ces grandes théories humanitaires et simplistes si déplorablement ancrées dans notre esprit ! C'est en leur nom que nous avons versé des flots de sang pour la liberté ou l'unité de peuples devenus aujourd'hui nos pires ennemis. C'est pour elles que nous nous obstinons à franciser des populations jadis paisibles sous leurs antiques lois. Qu'avons-nous recueilli de nos utopiques entreprises, sinon des haines et d'incessantes guerres ?

Gustave Le Bon

Il éprouve toujours un sentiment de profonde humiliation, le voyageur français quittant nos colonies pour visiter celles d'autres Européens, Anglais et Hollandais notamment, qui se gardent soigneusement de nos grands principes. Quel merveilleux spectacle que ce gigantesque empire des Indes, où 250 millions d'indigènes sont gouvernés dans une paix profonde par un millier de fonctionnaires, appuyés d'une petite armée de 60.000 hommes, et qui se couvre de canaux, de chemins de fer, de travaux de toute sorte, sans réclamer un centime à la métropole ! Le prestige moral constitue la seule force de cette poignée de gouvernants, mais un prestige que nous n'avons jamais su obtenir dans nos colonies. Sans doute, ces millions d'indigènes n'ont point le suffrage universel, ils ne possèdent pas de conseils généraux et ne sont pas representés en Europe par des sénateurs et des députés. Ignorant nos institutions compliquées, ils s'administrent eux-mêmes, suivant leurs vieux usages, sous la haute et lointaine tutelle d'un nombre insignifiant d'Européens intervenant le moins possible dans leurs affaires.

Sont-ils plus malheureux que les indigènes de nos colonies, tiraillés en tous sens par nos milliers d'agents, pris dans l'engrenage de lois et de coutumes incompréhensibles pour eux ? A ceux qui le croiraient je conseille la visite des trois ou quatre petits villages, derniers vestiges de notre grand empire des Indes. Ils y trouveront des centaines de fonctionnaires français, dont le seul rôle possible est de bouleverser de fond en comble les antiques institutions hindoues et ils verront de quel poids pèse sur l'indigène ce que nous appelons le régime de la liberté, les discordes et les luttes intestines engendrées par nos méthodes chez une population jadis si pacifique, sans que tous nos sacrifices nous procurent même un peu de respect.

Pour comprendre la portée psychologique d'un système différent, visitez quelques lieues plus loin les mêmes populations placées sous la domination anglaise. Dès les premières minutes, vous serez frappé des égards de l'indigène pour ses conquérants, vous y verrez à quel point l'unique fonctionnaire surveillant d'un vaste district pénètre peu dans la vie publique ou privée des citoyens, respecte leurs institutions, leurs coutumes, leurs mœurs et leur laisse une liberté non pas fictive, mais réelle. Si je pouvais imposer à tous les Français un pareil voyage, la thèse que je défends n'aurait plus de contradicteurs, et nous renoncerions vite à l'idée d'imposer nos lois à des peuples étrangers pour le seul triomphe de nos grands principes.

Assurément il ne faut pas les dédaigner ces principes. Ce sont les formes d'un idéal nouveau, fils des illusions religieuses que nous avons perdues et l'homme n'a pas encore appris à vivre sans illusions. Abdiquons seulement le rôle d'apôtres, et n'oublions pas que dans la lutte économique où le monde moderne s'engage de plus en plus, le droit de vivre appartiendra uniquement aux peuples forts. Ce n'est pas avec des chimères que nous assurerons l'avenir de notre patrie. C'est avec des chimères que nous pourrions le perdre.

CHAPITRE V
Les formes nouvelles de la colonisation

Les procédés de colonisation pratiqués aux diverses périodes de l'histoire sont peu nombreux puisqu'ils se réduisent à deux. Les Romains n'en ont d'abord connu qu'un : conquérir un peuple à main armée, prendre ses trésors et vendre comme esclaves les plus vigoureux de ses habitants. Les autres repeuplaient lentement le pays jusqu'à ce que ce dernier étant enrichi de nouveau, le pillage put recommencer.

On finit cependant par s'apercevoir que cette méthode à la fois coûteuse et simpliste n'est pas très profitable aux vainqueurs et, vers l'époque des premiers empereurs, Rome en découvrit une seconde, consistant à exploiter les populations conquises par l'intermédiaire de gouverneurs qui les chargeaient d'impôts, leur laissant cependant de quoi vivre et en échange leur assurant la paix.

Ce dernier procédé ne s'est pas sensiblement modifié pendant le cours des siècles. Bien appliqué, il est généralement d'un bon rapport, mais entraîne beaucoup de complications par suite de la nécessité de défendre le pays conquis contre les agressions armées des rivaux jaloux. En outre, il faut savoir administrer avec ordre et intelligence.

Si l'administration est mauvaise, le peuple colonisé ne procure que des désagréments et constitue une cause perpétuelle de conflits.

Personne n'ignore que nos colonies non seulement ne nous rapportent rien, mais coûtent fort cher et sont, par les guerres lointaines dont elles nous menacent, un danger permanent.

Aux deux systèmes précédemment énoncés, les Allemands en ont ajouté un troisième très ingénieux. Il consiste simplement à ne recueillir que les bénéfices d'un pays, en laissant à des étrangers les charges de son gouvernement et de sa défense.

Après avoir laissé d'autres peuples prendre la peine de conquérir et de garder un pays, les Allemands s'y installent ensuite et l'exploitent comme ils le font au Maroc aujourd'hui. Ils laissent aux conquérants, les dépenses d'hommes et d'administration et le pouvoir nominal et gardent les bénéfices d'abord, puis plus tard, le pouvoir réel que confère toujours la richesse. Ils gardent ainsi l'amande et laissent les possesseurs du sol de disputer les coquilles.

La réalisation de ce programme exigeait certaines qualités de caractères jointes à une supériorité industrielle et commerciale, permettant d'éliminer tous les rivaux. Grâce à une éducation technique remarquable, les Allemands ont acquis cette supériorité, et la lutte contre eux est devenue presque impossible aujourd'hui. Les Anglais eux-mêmes y ont renoncé. Partout où les premiers s'installent, en nombre d'abord restreint, puis chaque jour grandissant, ils s'emparent de toutes les industries, de tout le commerce, et deviennent bientôt les maîtres.

C'est ainsi qu'en moins de vingt ans, ils ont conquis une place prépondérente dans cette magnifique région méditerranéenne, dite Côte d'Azur, jadis grand enjeu de l'histoire. Leur puissance se dessine actuellement sur 200 kilomètres de côtes et s'accentue rapidement.

C'est un peu en colonie de peuplement mais surtout en colonie d'exploitation que les Allemands transforment la Côte d'Azur. Ils s'emparèrent d'abord de l'industrie des hôtels, qui sont maintenant presque entièrement dans leurs mains. Le personnel y est exclusivement germanique et la clientèle de plus en plus allemande. En 1906, je fis à Menton un relevé montrant que sur 1.000 étrangers disséminés dans 22 hôtels figuraient 350 Allemands et 50 Français.

Je n'ai rencontré sur la Côte d'Azur aucun hôtel, sauf quelques auberges de dernière catégorie tenues par des Français.

Cet envahissement, si surprenant pour ceux qui comparent la Côte d'Azur actuelle à son état antérieur, est aussi le résultat d'une cause économique profonde, que l'habileté des hôteliers ne suffirait pas à expliquer.

Avant la guerre de 1870, l'Allemand était pauvre et laborieux. Il est resté laborieux mais il n'est plus pauvre. Son développement industriel l'a conduit à la richesse et aux goûts de luxe qu'elle entraîne. Ce sont les Français qui sont appauvris aujourd'hui.

Donc, l'Allemand travaille et s'enrichit. Après des mois de labeur, il vient chercher sur la Côte d'Azur repos et distractions, espérant bien d'ailleurs y trouver, en outre, quelques affaires fructueuses à traiter placement de marchandises, spéculations de terrains, etc.

L'industrie des hôtels, créés surtout par lui, est si lucrative que le rêve de chaque gérant d'hôtel est naturellement d'en fonder un, à son tour. Quand il fait preuve de capacités, un banquier de Hambourg ou d'ailleurs lui fournit facilement les fonds. Les Banques allemandes recherchent fort les placements industriels, alors que nos sociétés de crédit françaises ont réussi à en détourner entièrement le public, le dirigeant exclusivement vers les placements de fonds d'Etat ou de valeurs étrangères susceptibles de procurer aux banques des remises,[1] d'autant plus fortes naturellement que les valeurs à placer sont plus véreuses. Un Etat quelconque, Venezuela, Haïti ou tout autre de même nature, est toujours sûr de trouver de grandes maisons françaises pour lancer ces emprunts. Les banquiers allemands ne sont pas assurément plus patriotes que les nôtres, mais beaucoup plus intelligents et savent mieux placer leurs fonds, c'est-à-dire ceux de leurs clients. On m'a cité le gérant d'un hôtel de Monte-Carlo, qui, ayant économisé 60.000 francs, trouva un banquier pour lui en avancer 200.000, et acheta un hôtel qu'il revendit 1.000.000 au bout de cinq ans.

J'ai pu me procurer, il y a quelques années, les comptes de deux grands hôtels de Menton, que les habitués du pays reconnaîtront facilement à ce détail, qu'ils sont situés sur une hauteur à faible dis-

1 Le chiffre des remises versées par le Gouvernement russe aux cinq maisons de Banque de Paris qui se sont chargées du lancement récent d'un' emprunt de 1.200 millions s'est monté à 8%, soit 96 millions. Il est navrant de penser que ces sommes énormes dont nous aurions tant besoin pour refaire notre outillage industriel, si inférieur maintenant, passèrent en presque totalité dans les mains des Allemands, fournisseurs attitrés de la Russie pour l'outillage militaire, industriel et naval.

tance l'un de l'autre. Le premier a réalisé, pour la saison 1904-1905, 397.444 frs. de bénéfices, le second 167.153 francs. Nulle mine d'or n'équivaut à de telles exploitations. Quel service nous rendrait l'homme de génie qui nous apprendrait à profiter des richesses de la France, si ingénieusement exploitées par des étrangers, au lieu de nous prêcher l'émigration dans de lointaines régions fiévreuses, pauvres et à peine peuplées ! Avant de prétendre coloniser le Congo ou Madagascar, pourquoi ne pas songer à profiter des richesses dont la France est remplie, aux yeux de qui sait les voir ?

Dans le rapide qui me ramenait à Paris, j'eus pour compagnon un vieux professeur allemand de philosophie. Un incident imprévu de la route nous ayant fait entrer en relation, je lui soumis les observations qui précèdent et l'invitai à me donner ses impressions, dégagées de toutes vaines formules de politesses. Pour le mettre d'ailleurs à son aise sur ce dernier point, j'avais commencé par plaindre charitablement les Allemands d'être conduits par un César capricieux et despotique.

Le philosophe sourit, me demanda la permission d'allumer sa pipe et posément s'exprima comme il suit :

Laissons de côté les Césars. L'histoire nous montre qu'ils apparaissent toujours quand un peuple est livré à des divisions intestines. Ils s'appellent tantôt Sylla et tantôt Bonaparte. Ne nous plaignez pas trop de vivre sous un régime demi-césarien, car vous marchez à grands pas vers des Césars de décadence, destinés à vous sortir de l'anarchie où vous vous enlisez chaque jour. Vous en serez bientôt à l'ère des pronunciamientos et mieux vaut un César, illustre et accepté comme le nôtre, que les Césars d'occasion qui surgiront chez vous, ainsi qu'ils l'ont déjà fait plus d'une fois.

Ne nous occupons donc, si vous le voulez bien, que des faits économiques qui ont attiré votre attention sur la Côte d'Azur, et qui sont d'ailleurs, je le reconnais volontiers, rigoureusement exacts.

Je suis assez âgé pour avoir suivi l'évolution allemande depuis la guerre de 1870. C'est uniquement le développement de l'éducation technique, jointe à certaines qualités de caractère, qui sont, comme vous l'avez bien vu, les causes de son développement industriel et commercial. L'intelligence, généralement assez lourde de mes com-

patriotes, n'y est pour rien. Il leur suffit de posséder de la discipline et de la méthode. Ces qualités et une instruction convenable assurent toujours le succès dans la vie. L'Allemand idéaliste de jadis a complètement disparu. Il ne perd plus son temps à disserter sur la philosophie. Il fonde des usines, des banques, des ports, des entreprises de toute sorte et s'enrichit rapidement. Je l'ai connu à l'époque où il vivait pauvrement, considérant la viande comme un article de luxe, ne voyageant qu'en troisième classe, et ne fréquentant que des hôtels borgnes. Aujourd'hui, ce même Allemand est riche et dépense largement. Comme tous les parvenus, il est devenu insolent et grossier. Vos employés de chemins de fer du littoral s'en plaignent justement. Je confesse qu'il se conduit souvent en rustre et ignore tout à fait les raffinements d'une civilisation avancée.

Ce sont là des défauts évidents, mais qui n'ôtent rien à son mérite. L'Allemand est assuré maintenant d'être le premier partout où il s'installera, grâce à la supériorité de son outillage, de son organisation et de son éducation technique. Même dans votre capitale, il vous fait une concurrence redoutable, absorbant l'une après l'autre à son profit vos grandes industries produits chimiques, objectifs photographiques, instruments de précision, outillage électrique, etc. Le reste suivra. Il commence déjà à installer, sur votre territoire même, des usines pour éviter vos barrières de droits protecteurs, qui bientôt n'auront plus rien à protéger.

Ce que vous avez constaté sur la Côte d'Azur vous le constateriez donc également ailleurs. Nous allons coloniser maintenant le Maroc, comme nous avons colonisé la plus belle partie de la Méditerranée, bientôt tout entière dans nos mains. Qui tient l'industrie et le commerce d'un pays en est le vrai maître. L'affaire marocaine, à laquelle vos journaux n'ont rien compris, était en réalité très simple. Nous ne tenions nullement à entreprendre la très coûteuse et très improductive conquête de cette contrée et, volontiers, nous vous aurions laissé la gloire et les dépenses de cette opération, si l'administration despotique et tatillonne de vos colonies ne les rendait inhabitables, même pour des Français. C'est seulement dans la France même que le pouvoir est trop discuté pour être bien gênant et vous avez vu sur la Côte d'Azur qu'il ne nous importune guère. Il fallait donc simplement vous empêcher de gouverner le Maroc, c'est-à-dire de le fermer à notre commerce et nous y avons réussi pleinement. Point n'était besoin d'une guerre pour cela. La menace en suffisait et l'Allemagne n'avait aucun intérêt à vous la faire maintenant. Nous y songerons seulement le jour où vos pacifistes, vos internationnalistes, vos antimilitaristes et autres variétés d'imbéciles, auront achevé de dissocier dans vos âmes l'idée de patrie qui fait notre force. Nous n'aurons alors qu'un bien faible effort à tenter pour vous imposer toutes nos volontés.

Mon pays ne tenait donc nullement la guerre. L'heure n'était pas venue d'ailleurs de lutter contre l'Angleterre, votre alliée, que nous ne redoutons pas au point de vue commercial et industriel et qui, au contraire, sur ces deux points, nous redoute beaucoup. La guerre avec elle est inévitable peut-être, mais l'enjeu en sera autrement important que le Maroc.

Hambourg est devenu trop petit. Un grand port militaire et commercial nous est nécessaire, et il n'y a guère qu'Anvers dans notre voisinage. Nous y avons multiplié nos maisons de commerce, nos entreprises maritimes, nos banques, mais cela ne suit pas, car dans ce port si voisin de l'Angleterre, la puissance militaire doit accompagner la puissance commerciale. Les Belges connaissent parfaitement d'ailleurs ces aspirations qui sont celles de tous les Allemands et que certains atlas de géographie ont vulgarisées partout. J'ai lu le discours qu'un de leurs hommes d'Etat les plus éminents, le sénateur Edmond Picard, prononça à ce propos devant le Parlement belge. Cri d'alarme très justifié, mais bien inutile. Les peuples n'échappent pas à leur destinée. Les Belges la retarderaient peut-être un peu, en se fondant avec la Hollande, mais ils ne paraissent pas assez subtils pour comprendre que bientôt il n'existera plus de place dans le monde pour les petites nations.

Naturellement, et c'est là que gît l'unique difficulté, les Anglais s'opposeront à cette entreprise. Voilà pourquoi la guerre avec eux est à craindre. Vous vous y joindrez sans doute, mais, à ce moment, plus affaiblie encore qu'aujourd'hui, votre seul rôle probable sera de payer les frais d'une guerre nécessivement fort coûteuse.

D'ici là, en effet, vos luttes religieuses et politiques achèveront de vous user. Vous êtes arrivés à un degré d'intolérance, à un besoin de persécution qui finiront par vous rendre odieux à tous les peuples assez civilisés pour pratiquer la liberté. Vos innombrables syndicats, *dont la tyrannie est autrement lourde que ne le fut jamais celle des plus furieux despotes, ne syndiquent guère que des jalousies et des haines. La haine et l'envie semblent les seuls sentiments ayant survécu dans l'âme des Latins. Vous ressemblez à des insectes luttant âprement au fond d'une mare, pour s'arracher les maigres provisions que quelques-uns possèdent, alors qu'autour d'eux s'étendent de riches prébendes. Vous descendez rapidement au dernier rang des peuples, après avoir été si longtemps au premier. Vous devenez une petite nation repliée sur elle-même, écrasée d'impôts, ne subsistant qu'à force d'économie et de privations, et de plus en plus incapable de s'offrir le luxe d'avoir des enfants.*

Pour remonter cette pente de la décadence, il vous faudrait renoncer à vos haines politiques et religieuses, hypothèse bien improbable, et changer entièrement votre système d'éducation, ce que vous avez très inutilement tenté. Il vous faudrait en outre un esprit de solidarité que vous n'acquerrez jamais. Vous êtes restés un peuple d'artistes et de beaux parleurs. De telles qualités, prépondérantes jadis, n'ont plus cours dans la phase savante, industrielle et économique de l'âge actuel. Le monde moderne est gouverné par la technique et, qu'il s'agisse de guerre ou d'industrie, la technique demande avant tout une précision qui s'obtient seulement par un travail méthodique, continu et une persévérance que vous ne possédez pas. L'imprécision restera toujours le grand défaut des Latins. Voyez, comme je le remarquais à l'instant, le sort d'industries jadis florissantes chez vous, dès que nous les avons abordées avec notre outillage et nos méthodes. En quelques années, vous avez été forcés de renoncer à la lutte. Sur le terrain maritime, vous avez dû également à peu près disparaître. Consultez le cours de la Bourse et voyez par leur cote, la misérable situation de vos grandes compagnies de navigation, alors que les nôtres, si prospères, distribuent de beaux dividendes à leurs actionnaires. Les arguments humanitaires et pacifistes jouent aujourd'hui un rôle prépondérant dans vos discours. Ils constituent même la principale force des socialistes. Mais quelle puissance peuvent-ils avoir contre les nécessités économiques qui régissent le monde moderne ? Exactement celle des conjurations adressées par de superstitieux Napolitains au Vésuve, pour calmer ses fureurs. On n'éteint pas les volcans avec des mots. Ce sont uniquement des nécessités économiques qui dominent aujourd'hui les forces inconscientes conduisant

*les peuples. L'Allemagne commence à avoir trop d'enfants alors que
vous n'en avez plus assez. Elle fabrique trop de produits qu'il lui faut,
à tout prix, écouter, ce qui lui sera bientôt impossible. Le monde devient trop petit et la clientèle de l'Orient conquise par le Japon disparaît pour nous. C'est donc vers nos plus proches voisins que nous
devrons tourner les yeux industriellement d'abord, militairement
ensuite. Nous jetterons chez vous l'excédent de nos produits et de
notre population et attendrons seulement, ce qui ne saurait être bien
long, que les divisions et l'anarchie vous aient suffisamment affaiblis
pour rendre impossible votre défense. Les lois de l'histoire restent tes
mêmes. La destinée du plus faible fut toujours de disparaître devant
le plus fort, ou de le servir. Le progrès ne s'est jamais réalisé autrement. Elle est encore plus vraie aujourd'hui qu'il y a 2.000 ans, l'im-
pitoyable sentence du vieux Brennus «Malheur aux vaincus !»*

Ainsi parla le rude Germain. On aurait pu opposer bien des objections à ses farouches assertions, mais à quoi bon ? Les convictions individuelles ne se transforment guère avec des arguments.
Nous approchions, d'ailleurs, de Paris, et je pensais aussi que les
paroles de philosophe contenaient bien des fragments de vérité.
Je me bornai donc à un léger haussement d'épaules, accompagné
d'un vague sourire, tout en éprouvant un peu les sensations d'un
voyageur poussé vers un abîme très profond et très noir.

Livre VI : L'évolution anarchique et la lutte contre la désagrégation sociale.

CHAPITRE I
L'anarchie sociale

Il n'était ni pacifiste ni humanitaire, le consul Marcius Censorinus,
mais il savait utiliser la psychologie de ses adversaires.

Quand ce subtil guerrier se présenta devant Carthage, la grande
cité passait pour la plus riche capitale du monde antique. Les arts,
le commerce y florissaient et les pacifistes également. Après avoir

longuement vanté à ces derniers les bienfaits de la paix et maudit les horreurs de la guerre, Censorinus conclut en leur disant : «Livrez-moi vos armes et Rome se chargera de vous protéger.» Les pacifistes (gens de mentalité toujours médiocre), s'empressèrent d'obéir. «Livrez-moi maintenant vos vaisseaux de guerre ils sont encombrants, d'un entretien coûteux et bien inutiles puisque Rome vous défendra contre vos ennemis.»

Les pacifistes obéirent encore. «Votre soumission est louable, leur dit alors le consul. Il ne me reste plus qu'un sacrifice à vous demander. Pour éviter une révolte possible, Rome m'ordonne de raser Carthage. Elle vous autorise, d'ailleurs, à vous établir dans le désert, sur le point que vous choisirez, sous condition qu'il soit situé à 80 stades de la mer.»

Alors seulement les Carthaginois comprirent les dangers du pacifisme et, devant la perspective assurée de mourir de faim dans les sables, entreprirent de se défendre. Il était trop tard. Carthage fut prise, incendiée avec tous ses habitants et disparut de l'histoire.

Cette aventure, bien qu'un peu ancienne, contient cependant d'assez modernes enseignements. J'imagine qu'elle a dû, après la première grève des postiers, hanter les songes d'un de nos hommes d'Etat, à ce moment président du Conseil. Je base cette supposition sur la lecture du discours qu'il prononça devant le monument de Gambetta. On y relève les vérités suivantes :

Il n'y a de droit que pour les forts... L'avenir est à qui ne redoute rien. Toute société capable de tolérer la révolte des fonctionnaires s'effondrerait sous le mépris universel. La prompte répression devient en conséquence ici une nécessité de salut public.

Ce langage contraste heureusement avec celui d'un autre membre du gouvernement qui, pour remédier à l'insurrection des fonctionnaires, aux menaces, aux grèves et aux sabotages des ouvriers, n'a trouvé que ces vagues formules :

«Tenir compte des faits nouveaux, être de son temps, faire confiance à la classe ouvrière.»

L'auteur termine en s'adressant à ceux qu'il nomme les «heureux de la vie» et leur conseille des libéralités aux ouvriers et aux fonctionnaires.

Ce pauvre langage est une des manifestations de la nouvelle philosophie humanitaire qualifiée de solidarité et que, suivant la juste expression de Georges Sorel, il serait plus exact de nommer «la philosophie de l'hypocrite lâcheté.» L'humanitarisme est notre plaie sociale.

On connait la réponse des ouvriers et des fonctionnaires insurgés à ces bêlements humanitaires. Plus ils se sentent redoutés, plus ils méprisent et menacent. A la moindre résistance, grève, sabotage et incendie.

La dominante actuelle des gouvernants est, malheureusement, la peur, l'horrible peur qui fit perdre tant de batailles et prépara tant de révolutions.

Les sages paroles de l'ancien président du Conseil, précédemment cités, et prononcées après la grève des postiers, auraient beaucoup gagné à l'être au moment même de cette grève, alors que la défense offrait peu de difficultés.

La défense était facile, en effet. Céder ne fit que donner aux révoltés conscience de leur force et provoquer leur mépris. Machiavel l'avait indiqué depuis longtemps : les foules n'ont aucune reconnaissance pour ce qu'elles obtiennent par la force.

Machiavel étant très vieux, n'a pas été écouté et on est d'abord entré dans la voie des concessions. L'**Officiel** enregistra vite une augmentation notable des traitements des postiers. Leurs exigences, naturellement, ne manquèrent pas de croître et le gouvernement dut reconnaître que, sous peine de se démettre, il devenait impossible de toujours se soumettre.

C'est, d'ailleurs, avec la plus extrême insolence et la menace répétée d'une nouvelle grève que les postiers révoltés manifestèrent leurs volontés. Les autres fonctionnaires, voyant le succès de cette méthode d'intimidation, commencèrent aussitôt à clamer des revendications. Pour y satisfaire, il eût fallu doubler le budget et, par conséquent, les impôts.

Sans doute, les ministres et le Parlement se soucient médiocrement des conséquences de leur faiblesse, sachant bien qu'ils ne seront plus là pour en supporter les effets, mais les exigences avaient grandi si vite que, sous peine de trop indigner l'opinion, force fut de résister un peu.

La seconde grève des postiers n'a pas été sans résultats utiles. Il est bon que le public souffre un peu des grèves des postes, des chemins de fer, etc., pour comprendre ce que lui prépare le régime syndicaliste. Alors, et seulement alors, l'opinion, fort puissante aujourd'hui, se dressera énergiquement contre tous les révolutionnaires.

Si l'on avait continué à subir les caprices des révoltés, ils auraient créé un Etat dans l'Etat, vite devenu un Etat contre l'Etat. Ce fut une véritable dérision que cette prétention de quelques milliers de commis d'arrêter la vie d'un grand pays. On serait stupéfié des insanités pouvant germer dans de faibles cervelles si ne se révélait, dans le mouvement actuel, un de ces cas d'épidémie mentale propagée par contagion, très fréquente aux époques troublées et qui ne sauraient surprendre les personne familières avec la psychologie des foules.

H faut apprendre à se défendre, et cela sans crainte. La peur, cette terrible conseillère, a toujours été l'origine de perturbations sanglantes et de tous les despotismes militaires qu'elles engendrent. Croit-on, en vérité, que les agents des postes, les instituteurs, etc., auraient osé tenir le langage reproduit dans les journaux s'ils n'avaient été assurés de la terreur qu'inspiraient leurs discours ? Peut-on tolérer un instant que des fonctionnaires entretenus par l'Etat viennent prêcher l'antipatriotisme et l'antimilitarisme, c'est-à-dire la destruction de la société dont ils vivent ? Doit-on accepter que des instituteurs s'expriment comme l'a fait un de leurs représentants autorisés dans un meeting public :

Afin d'émanciper le prolétariat, je réclame pour les instituteurs le droit de s'affilier aux Bourses du travail, à la C.G.T. et celui d'incruster dans le cerveau des enfants la haine de la bourgeoisie.

Il n'y a pas à discuter avec des dévoyés fanatisés par quelques meneurs. Ces gens, qui se plaignent si bruyamment, appartiennent, en réalité, à une des fractions les plus privilégiées de la bourgeoisie. On a relevé l'amusant paradoxe de ce chef du mouvement des postiers jouissant de près de 6.000 francs d'appointements, devant toucher plus de 3.000 francs de retraite, et se qualifiant de prolétaire ! Si le syndicalisme triomphait, les salaires de tous ces employés seraient vite ramenés à ceux des ouvriers.

Pendant la grève des postiers, nous avons assisté à ce spectacle singulier d'un gouvernement dont une partie était insurgée contre l'autre. De quoi, en effet, est formé le gouvernement d'un pays ? Ce n'est pas seulement du Parlement qui vote les lois et de la douzaine de ministres en ordonnant l'exécution. Il se compose surtout du million de fonctionnaires qui les exécutent et entre lesquels l'autorité est dispersée. Que ces fonctionnaires se révoltent, l'Etat s'évanouit. Les ministres, on s'en passe, mais comment se dispenser de fonctionnaires dans une organisation aussi étatiste que la nôtre ? Jamais, heureusement, ne se présentera l'ombre d'une difficulté pour les remplacer. Il faut des années pour former un mécanicien ou un forgeron mais quelques semaines suffisent à fabriquer un excellent chef de bureau, un estimable receveur des postes, un bon percepteur, un parfait facteur. Dans cette immense armée de fonctionnaires, les techniciens dont le métier exige un peu d'apprentissage, tels que les télégraphistes, constituent l'exception.

Epictète a dit :»Ce qui trouble les hommes, ce ne sont pas les choses elles-mêmes, mais les opinions qu'ils s'en font.«

Voilà précisément le danger de l'heure présente. Il ne réside pas dans les faits eux-mêmes, mais dans les illusions provoquées par eux et les idées qui les engendrent. Les chimères seules soulèvent les peuples et l'histoire montre qu'il a fallu des siècles de luttes et des fleuves de sang pour ébranler la puissance de certains fantômes.

A aucune époque, le sort des classes populaires ne fut plus favorisé qu'aujourd'hui, comme l'a fort bien montré récemment l'enquête de monsieur d'Avenel. A aucun âge, cependant, elles ne firent entendre des plaintes plus vives.

Les divergences d'intérêts seraient faciles à concilier. Ce qui reste inconciliable, ce sont les haines et les jalousies semées par des politiciens flattant bassement les foules. Nous en voyons maintenant l'éclosion.

La contagion mentale a rendu le mécontentement universel. Le socialisme, il y a peu de temps, le syndicalisme et l'anarchisme, maintenant, sont devenus les panacées offertes à tous les maux.

Les foules imprégnées des nouvelles doctrines, se composent d'un mélange hétérogène d'arrivistes fervents, de fanatiques convaincus, d'universitaires aigris, d'humanitaires larmoyants et d'une masse immense de doux imbéciles qui suivent tous les mouvements parce que leur faible mentalité les condamne à toujours suivre quelque chose.

Les croyances actuelles collectivisme, anarchisme, syndicalisme, etc., sont fondées uniquement sur les visions que leurs disciples ont de l'avenir. Ces visions restent forcément chimériques, l'avenir nous étant fermé, mais elles n'en constituent pas moins de puissants mobiles d'action.

L'audace croissante des partis révolutionnaires provient surtout de la grande pusillanimité des gouvernants dont l'humanitarisme craintif est tout à fait néfaste. Aucune illusion sur les résultats de cette faiblesse ne reste possible. Dans son intéressant livre **Réflexions sur la violence**, monsieur Georges Sorel, défenseur désabusé des doctrines socialistes, s'exprime ainsi :

Le facteur le plus déterminant de la politique sociale est la poltronnerie du Gouvernement... Il n'a pas fallu beaucoup de temps aux chefs des syndicats pour bien saisir cette situation. Ils enseignent aux ouvriers qu'il ne s'agit pas d'aller demander des faveurs mais qu'il faut profiter de la lâcheté bourgeoise pour imposer la volonté du prolétariat. Une politique sociale fondée sur la lâcheté bourgeoise qui consiste à toujours céder devant la menace de violences, ne pouvait manquer d'engendrer l'idée que la bourgeoisie est condamnée à mort et que sa disparition n'est plus qu'une affaire de temps.

Convaincus de la peur qu'ils inspirent, les socialistes révolutionnaires accentuent chaque jour leurs menaces. On peut en juger par le programme récent de la «Fédération Socialiste de la Seine.» :

Pour son combat, qui ne peut prendre fin qu'avec la société et l'état capitaliste eux-mêmes, et par la main-mise du prolétariat sur la matière et les instruments de la production de l'achat et de l'échange, le parti emploie tous les moyens d'action suivant les circonstances action électorale et parlementaire, action directe, grève générale et insurrection.

C'est dans cette idée qu'il affirme que l'idée collectiviste ou communiste se fera par une propagande portée jusque dans le fond des campagnes, afin de susciter en tous milieux l'esprit de révolte.

Bien entendu, il ne faudrait pas demander à ces farouches sectaires étatistes quelles conséquences entraînerait la réalisation de leurs rêves. Ils ne voient pas si loin et ne songent qu'à détruire. On peut cependant considérer comme certain que si une divinité malfaisante exauçait d'un coup de baguette tous les souhaits révolutionnaires et transformait la société suivant leurs désirs, le sort de l'ouvrier sous le régime syndicaliste serait infiniment plus dur qu'aujourd'hui.

De cet avenir lointain les révolutionnaires se préoccupent nullement. Leur but est de provoquer les fureurs populaires et ils y réussissent parfaitement. Les socialistes parlementaires qui s'imaginent canaliser à leur profit ces colères, se trompent fort et s'illusionnent plus encore, en croyant calmer les anarchistes par des concessions auxquelles ces derniers ne tiennent nullement, telles que le rachat des Chemins de fer et l'impôt sur le revenu.

Aucune illusion ne devrait être permise sur les effets de ces mesures en regardant de quel côté se tournent progressivement les masses ouvrières. Est-ce vers les auteurs de ces vaines réformes ou vers les syndicats révolutionnaires qui n'en proposent d'autres que la destruction violente de la société au moyen d'un guerre civile ?

En dehors des motifs d'ordre économique que je n'examinerai pas ici, une cause évidente détermine cette orientation nouvelle des classes ouvrières vers les révolutionnaires. Entre des gouvernants timides, inclinés devant toutes les menaces, et un pouvoir autocratique solidement constitué comme celui de la C.G.T., la foule n'hésite pas. Elle se dirige d'instinct, comme toujours, du côté où elle sent une autorité active, des convictions inébranlables.

Impossible de méconnaître que le syndicalisme révolutionnaire possède une autorité forte. Il conduit, en effet, les masses ouvrières, courbées sous son joug, avec des procédés devant lesquels hésiteraient les plus rudes despotes. Bien que parlant peu, ces maîtres redoutés savent se faire obéir des foules en apparence les plus indisciplinées. Abandonnant aux faibles les longs discours, ils se contentent d'agir. Leurs décrets sont formulés par un comité généralement anonyme, les grèves commandées à coups de sifflets ou par un ordre porté à bicyclette par un délégué qui n'a pas à fournir d'explications. Qui résiste est aussitôt assommé par des camarades trop heureux de paraître zélés aux yeux de leurs maîtres.

On se souvient de l'avanture de ce contremaître d'Herserange qui, ayant eu l'audace, après un ordre d'expulsion du syndicat, de venir chercher ses hardes, n'échappa à la mort que par l'intervention de la gendarmerie qui le retira des mains des ouvriers en fort piteux état. Dans une fabrique de tabac, une cigarière subit dernièrement un sort analogue, pour avoir osé accepter un salaire supérieur à celui décrété par le syndicat.

Tous les commandements sont exécutés alors même qu'ils dépassent les bornes de l'insanité pure. A Hazebrouck, les ouvriers sont demeurés en grève plusieurs mois sur l'ordre d'un délégué du syndicat, parce que les directeurs d'une usine de tissage s'étaient permis d'installer, à la place de leur vieil outillage, des machines perfectionnées, employées d'ailleurs en Amérique depuis dix ans. Si les Chemins de fer n'existaient pas, je doute que leur création fût possible aujourd'hui en France, avec la mentalité ouvrière actuelle, et la faiblesse des gouvernants.

De tels exemples sont nécessaires à ceux qui croient les collectivités populaires susceptibles de raisonner. La supériorité des meneurs de la C.G.T. est précisément d'avoir compris qu'elles ne raisonnent jamais et n'obéissent qu'à la force ou au prestige. Aussi repoussent-ils le suffrage universel et proclament le droit des minorités, c'est à-dire de quelques meneurs des syndicats. Ce droit, peu démocratique assurément, finira cependant par s'imposer puisque les foules l'acceptent docilement.

Le danger du mouvement révolutionnaire ne consiste pas uniquement dans les violences suscitées par lui car elles ne sauraient durer. Il réside principalement, je le répète, dans l'anarchie mentale propagée par voie de contagion, parmi toutes les classes. C'est ainsi qu'ont pris naissance la grève des employés des postes, celle des sergents de ville de Lyon, le soulèvement des instituteurs, les syndicats des fonctionnaires, etc. Devant ces essais d'intimidation, le gouvernement cédant toujours, a fortifié dans l'âme des révoltés la conviction qu'il suffit de menacer pour obtenir.

Tiraillés entre des intérêts contraires, apercevant derrière chaque insurgé l'électeur de demain, les législateurs perdent toute notion de l'engrenage des nécessités économiques et votent au hasard, sans en prévoir les incidences, des lois contradictoires dès que les menaces deviennent trop bruyantes.

Etant d'ailleurs humanitaires et surtout craintifs, ils se disent qu'après tout ces réclamants ont un peu raison, que sans doute il est regrettable de voir des usines saccagées, des gardiens assassinés, des industries ruinées, mais qu'on doit faire preuve d'indulgence vis-à-vis des égarés. N'est-il pas certain qu'avec de bonnes lois ces égarés rentreront dans le devoir et deviendront bien sages ? Aussi se hâte-t-on d'amnistier ceux qui après avoir trop massacré ou incendié subissent quelques jours de prison. S'ils récidivent, c'est évidemment que les lois n'étaient pas assez bonnes, et on s'empresse d'en faire d'autres.

Ainsi s'établit, aussi bien au Parlement que dans toute la classe bourgeoise, un état d'esprit des plus dangereux, puisqu'il a créé l'atmosphère d'anarchie ou nous sommes plongés.

Monsieur Raymond Poincaré a très justement marqué les conséquences de cette mentalité nouvelle des classes dirigeantes dans un de ses beaux discours :

Lorsque, dit-il, le collectivisme nous montre en un éternel mirage l'oasis où l'humanité se reposera dans l'égalité parfaite de ses fatigues séculaires, nous demeurons incrédules... Mais sommes-nous bien sûrs de ne jamais faciliter nous-mêmes inconsciemment la tâche de ces rêveurs ? Nous sourions de leurs utopies, nous protestons contre leur politique que nous croyons décevante et chimérique et tous les jours pourtant, dans l'illusion d'apaiser leur hostilité systématique, nous leur livrons des lambeaux de nos convictions.

C'est hélas ce qu'a fait lui-même l'éminent homme d'Etat, montrant ainsi la puissance inconsciente de l'état d'esprit qu'il indique si clairement. Ses collègues du Sénat comptaient sur lui pour combattre le rachat des Chemins de fer de l'Ouest. Bien que seul capable de faire échouer un projet si désastreux pour nos finances, il s'est cependant abstenu. La peur est un puissant transformateur des opinions.

C'est justement pourquoi on constate tant de contradictions entre les paroles des hommes d'Etat et leur conduite. Nous avons vu un président du Conseil protester dans un discours contre les «criminelles divagations» des syndicats. Cette protestation ne l'a pas empêché, ainsi que le lui a fait remarquer un grand journal, de continuer «à payer sur les fonds des contribuables la propagande antipatriotique sous prétexte de subventions aux syndicats.»

Une des caractéristiques les plus visibles de la mentalité actuelle des peuples latins est l'affaissement de la volonté, même (j'allais dire surtout), chez les plus hautes intelligences. Or ce fut toujours par cet affaiblissement du caractère, et non par celui de l'intelligence, que de grands peuples disparurent de l'histoire.

En dehors de leurs causes apparentes immédiates, les événements sont déterminés par un engrenage d'enchaînements lointains. Dans la graine visible l'arbre invisible est contenu. Les crises politiques actuelles nous frappent par leur violence, mais elles sont accompagnées et souvent engendrées par beaucoup d'autres. Leur ensemble révèle une perturbation profonde des esprits.

Il suffit de jeter les yeux autour de soi pour constater que la désorganisation actuelle porte sur toutes les forces morales, vrais soutiens d'un peuple. Crise de la famille qui se dissocie et ne se multiplie que fort lentement, crise des besoins augmentant beaucoup plus rapidement que les moyens de les satisfaire, crise de l'autorité que personne ne respecte, l'idée d'égalité faisant repousser toutes les supériorités, crise de la morale qui s'effondre pendant que la criminalité s'accroît dans d'énormes proportions, crise de là volonté qui s'affaisse chaque jour, crise des fonctionnaires qui s'insurgent, des magistrats n'osant plus rendre justice, des instituteurs professant l'anarchie, etc. Les syndicats qui se multiplient ne syndiquent guère que des mécontentements et des haines: haine de la patrie, de l'armée, du capital, des capacités. Il faut vraiment que l'armature mentale formée par l'hérédité soit bien résistante, pour qu'une société qui se désagrège ainsi, puisse se maintenir encore.

Du haut en bas de l'échelle sociale, la discipline s'évanouit et l'autorité disparaît. A cet effondrement général, les dirigeants n'opposent hélas, qu'une tranquille résignation. Ceux qui jadis ordonnaient ne songent maintenant qu'à obéir. Monsieur Aulard, professeur d'histoire à la Sorbonne, donna récemment de cet état d'esprit un exemple, qui aurait dû mieux le renseigner à l'égard de la psychologie populaire, que les montagnes de paperasses réunies par lui sur l'époque de la Révolution.

Donc, cet admirateur convaincu des vertus des foules fut obligé, par suite d'un retard de train, d'aller un matin chercher dans une grande gare de Paris sa valise laissée à la consigne. Le local affecté à ce dépôt était occupé par quatre solides facteurs déambulant d'un pas tranquille. Jugeant, à l'allure modeste et un peu terne du réclamant, que ce n'était pas un de ces voyageurs de marque dont on peut espérer une rétribution sérieuse, ils considérèrent comme inutile de se déranger trop vite et continuèrent leur promenade. Un peu humilié par cette dédaigneuse indifférence, le professeur se plaignit au chef des facteurs qui écrivait dans un bureau voisin. Ce dernier reconnut que son interlocuteur avait parfaitement raison, mais ajouta que, ne possédant aucune autorité sur ses subordonnés, il ne pouvait que livrer la valise lui-même et poussa l'obligeance jusqu'à la placer sur un chariot qu'il roula vers la porte de sortie. Les quatre facteurs s'étant par hasard retournés aperçurent la manoeuvre. Exaspérés par la perte possible d'un pourboire, même modeste, ils se précipitèrent sur leur chef, l'accablèrent d'invectives et le sommèent de laisser sur place la valise, sous peine d'être assommé. Le chef se sauva précipitamment en adressant à ses subordonnés d'humbles excuses.

Je sais bien qu'on ne doit pas avoir une confiance illimitée dans les dires d'un professeur d'histoire, plus apte à réunir des documents qu'à les interpréter, mais alors même que la relation précédente (d'ailleurs non démentie par les intéressés), ne serait qu'à demi exacte, elle n'en resterait pas moins fort instructive.

Chacun, du reste, peut observer journellement autour de lui des faits analogues. Regardez par exemple un simple cantonnier dans l'exercice de sa profession. Faites-vous renseigner ensuite sur le rendement actuel de son travail et comparez-le au rendement d'il y a vingt ans. Le déchet est énorme. Pourquoi d'ailleurs travaillerait-il sérieusement, ce cantonnier ? N'a-t-il pas la certitude d'être protégé contre ses chefs par son député ?

L'anarchie sociale ne se manifeste pas seulement dans les couches inférieures de la société. Elle est, comme toutes les épidémies mentales, une maladie essentiellement contagieuse. La contagion mentale conduit aujourd'hui les conservateurs eux-mêmes à s'allier aux pires anarchistes. Nous avons vu récemment l'archevêque de Paris fraterniser avec un des chefs de la C.G.T. Dans un récent congrès catholique, le droit de grève, c'est-à-dire de révolte du fonctionnaire, fut énergiquement soutenu par un prêtre. «Des prêtres, écrit le**Temps**, défendent et répandent les théories les plus audacieuses, les plus antisociales, les plus anarchiques !»

Le besoin d'une basse popularité ne se développe donc pas seulement chez les socialistes avancés, mais chez des conservateurs qui devraient être les plus fermes soutiens de la société.

«Ils peuvent, disait justement le journal cité plus haut, contribuer efficacement à ruiner un ordre social dont ils sont d'ailleurs parmi les principaux bénéficiaires. Quant à recueillir eux-mêmes de ces dégâts un profit politique, utopie, chimère !»

Les syndicalistes et les révolutionnaires se serviraient peut-être d'eux mais ne leur accorderaient rien.

C'est surtout par les progrès de l'antipatriotisme que se révèle le développement de notre anarchie. Dans les discours, toujours pleins d'éloges, qu'ils adressent aux instituteurs et aux membres de l'Université, les ministres feignent de croire que le développement de l'antipatriotisme et de l'antimilitarisme (ce qu'on appelle aujourd'hui «l'hervéisme»),[1] est exceptionnel en France. A qui espèrent-ils faire illusion ? Cacher un mal n'est pas le guérir.

Malgré sa réserve habituelle, monsieur Raymond Poincaré n'a pas hésité dans un discours récent à insister sur la grandeur du mal.

Après avoir montré que ces antipatriotes qui refusent de défendre la France contre l'étranger, prêchent avec enthousiasme la guerre civile pour établir le triomphe de leur parti, l'orateur ajoute très justement :

Monsieur Hervé est-il un isolé, un esprit fantasque, qui tient une gageure personnelle ? Pour peu que nous jetions un coup d'œil sur les délibérations de certains congrès, nous sommes malheureusement forcés de constater que s'il met une violence calculée dans l'expression de ses idées, il n'est pas seul à les professer, et qu'il est en définitive, un personnage représentatif. N'exagérons pas l'influence de son action et celle de ses semblables. Mais ne croyons pas détruire cette action

---

1 Gustave Hervé (1871-1944), journaliste antimilitariste jusqu'en 1914.

en la niant.

Pendant que monsieur Hervé écrivait des lignes sacrilèges, vous savez ce que disait Bebel au Reichstag :»Si jamais on attaquait l'Allemagne, si son existence était en jeu, alors, je puis en donner ma parole, tous, du plus jeune au plus vieux, nous serions prêts à mettre le fusil sur l'épaule et à marcher sus à l'ennemi. Cette terre est aussi notre patrie. Nous nous défendrions jusqu'à notre dernier souffle, je vous en fais serment !»

En présence du contraste qui éclate entre ces deux langages, le langage du socialisme allemand et celui du révolutionnaire français, comment ne pas se rappeler la parole d'Edgar Quinet :»Si la France se fait cosmopolite, elle deviendra immanquablement dupe de tous les autres peuples.» Oui, c'est le mot qu'il faut reprendre. L'antipatriotisme ne peut être à l'heure ou nous sommes, dans l'Europe où nous vivons, que la plus effroyable duperie. Il n'aurait d'excuse que dans ce pays chimérique dont parlait ironiquement Waldeck-Rousseau, chez un peuple sans passé et sans rivaux, habitant, au milieu d'un océan ignoré, une île assez fertile pour le nourrir et assez pauvre, en même temps, pour ne tenter l'ambition de personne. L'histoire montre par d'éloquents exemples le sort des peuples tombés dans l'anarchie.

Mais l'histoire ne parle que de choses passées qui ne sont pas toujours applicables au présent. C'est donc dans le présent qu'il faut examiner les faits. Un vaste continent occupé par 25 républiques espagnoles nous renseigne sur le sort des nations tombées dans l'anarchie par l'absence d'idéal moral, d'ordre et de discipline. Ces malheureuses républiques ont sombré dans une demi-barbarie et si leur commerce et leur industrie n'étaient pas entre les mains d'étrangers elles y retourneraient tout à fait. Des bandes armées les ravagent sans trêve, cherchant à s'emparer du pouvoir pour faire nommer président un de leurs chefs. La puissance de ce dernier est très éphémère, car d'autres bandes, désireuses de pouvoir piller à leur tour, l'assassinent bientôt.

L'extrait suivant paru dans quelques journaux et qui pourrait s'appliquer plusieurs fois l'an à la plupart de ces républiques montre ce qu'est devenue la vie sociale dans ces contrées :

Les dépêches américaines représentent le Nicaragua comme étant dans un état de pleine anarchie justifiant l'intervention des Etats-Unis, demandée par les Nicaraguéens eux-mêmes.

D'après ces dépêches, tout le pays est en pleine fermentation et se soulève contre le président Zelaya. Les manifestations continuent dans les rues de Managua et de Corinto, où l'on se bat à coups de révolver. On craint un massacre général de détenus politiques dont les prisons regorgent et qu'on laisse mourir de faim. Des comités de vigilance se sont formés pour empêcher le président de fuir.

Dans un combat qui vient d'avoir lieu à Rama, les zelayistes seraient vainqueurs. Le général Vasquez, chef des forces gouvernementales, aurait fait massacrer un grand nombre de révolutionnaires qui auraient violé l'armistice. Le gouvernement américain insistera sur le châtiment du président Zelaya pour violation criminelle du droit des gens. Il n'acceptera qu'ensuite la coopération du Mexique pour imposer aux Etats centre-américains la paix et le respect de leurs obligations.

Imposer à ces gens-là le respect de leurs obligations ! Cette notion implique déjà un niveau de civilisation que d'eux-mêmes ils n'atteindront jamais. Souhaitons que les États-Unis s'emparent de ces pays pour les y élever. Par l'entière transformation de Cuba en peu d'années et l'organisation prospère d'un pays que l'administration latine avait plongé dans la plus complète anarchie, ils ont montré ce que peuvent l'ordre et la discipline et créé un admirable exemple du rôle de ces qualités dans l'histoire.

Les peuples latins feront sagement de le méditer et de songer qu'ils laissent se dissocier chaque jour les qualités de caractère assurant la grandeur des peuples et sans lesquelles aucune société civilisée ne saurait se maintenir.

CHAPITRE II
Les progrès de la criminalité

Un des résultats les, plus visibles du développement de l'anarchie sociale est l'extension de la criminalité.

La lecture des récentes discussions parlementaires sur la criminalité et la peine de mort est instructive. On y apprend avec quelle facilité des orateurs, dont l'intelligence n'est cependant pas au-dessous de la moyenne, arrivent à déraisonner lorsqu'ils ont pour guide unique leurs convictions sentimentales. Nous y voyons comment, du groupement habile des mêmes chiffres, il est possible de tirer des conclusions diamétralement contraires.

Pour protéger la vie des assassins et leur permettre d'exercer sans trop de risques l'industrie dont ils vivent, des motifs variés ont été invoqués dont je vais donner la liste. Je laisserai de côté dans cette énumération les causes de la criminalité découvertes par un député socialiste et révélées par lui à ses collègues. Les crimes disparaîtront, assure-t-il, quand les citoyens « seront sûrs de trouver de quoi vivre au soleil librement, sans être opprimés comme ils le sont à l'heure actuelle par tout un système capitaliste qui les broie sans qu'ils puissent s'en libérer. »

Supprimons ces vilains capitalistes et évidemment il n'y aura plus d'assassins. La grande force des socialistes est de ne jamais hésiter devant ces solennelles absurdités.

Voici les divers arguments présentés à la Chambre contre la peine de mort

La peine de mort est mauvaise parce qu'elle ne préserve pas la société et punit des irresponsables.

La peine de mort n'est ni moralisatrice ni exemplaire.

La peine de mort est un crime social. Un homme n'a aucun droit sur la vie d'un autre homme.

La peine de mort ne s'explique que par l'idée de vengeance.

On a pu constater qu'un certain nombre de guillotinés étaient des fous. Comme on ne peut pas toujours reconnaître d'une façon certaine les stigmates de la folie avant l'exécution, il faut, afin de ne pas s'exposer à décapiter un fou, un irresponsable par conséquent, supprimer la guillotine.

La peine de mort déshonore plus ceux qui l'appliquent que ceux qui la subissent.

La peine de mort n'a jamais exercé aucune action efficace sur la marche des crimes dans aucun pays.

Seul le dernier de ces arguments présente un aspect sérieux. Il a été invoqué par monsieur Briand et ce ministre s'est donné un mal énorme pour essayer de le justifier sans réussir d'ailleurs à convaincre personne et peut-être pas lui-même.

Pour prouver que la peine de mort n'a aucune influence sur la criminalité, on a cité surtout les données de la statistique. Malheureusement, ses chiffres sont aussi précis que navrants. La criminalité a augmenté dans des proportion véritablement terrifiantes : 30% pour les assassinats, et l'ensemble de la criminalité doublé en 5 ans. Voici d'ailleurs les documents fournis à la Chambre par le Président de la Commission de la réforme judiciaire :

Si nous considérons, non pas seulement les affaires jugées, mais l'ensemble des crimes commis, ce qu'on appelle la criminalité connue, voici les chiffres : 795 en 1901, 1.313 en 1905, 1.434 en 1907.

J'avais donc absolument raison, conclut monsieur Berry, en disant que la criminalité allait en croissant d'année en année depuis la suppression en fait de la peine de mort. Les assassins, assurés de ne plus subir l'expiation suprême, ne redoutent plus d'accomplir les plus grands crimes.

Devant cette recrudescence, on comprend que tous les Conseils généraux, sauf trois, aient sollicité des pouvoirs publics le maintien de la peine de mort et du pouvoir exécutif son application.

La terreur que la peine de mort inspirait autrefois aux criminels est péremptoirement démontrée, par l'orateur précédemment nommé, à l'aide des faits les plus probants aveux des criminels ayant reculé devant le meurtre par peur de la guillotine, opinion de tous les chefs de sûreté, des avocats ayant plaid» pour les coupables, etc.

Il est évident, d'après ses déclarations, que l'assassin du marchand de bestiaux Leuthereau, ne le tua que parce qu'il savait ne pas être guillotiné et ne pas risquer grand' chose. «Les responsabilités, déclara-t-il après son crime, je les connais. J'irais en Nouvelle Calédonie ou en Guyane, et comme je suis instruit et que je sais être bon sujet quand je veux, je serai, au bout d'un an ou deux, employé de l'administration. Dans dix ans, j'aurai une concession et je me referai une nouvelle vie, une vie peut-être plus heureuse que celle que j'aurais menée en France.»

Le rôle de la peine de mort est tellement indiscutable que les rares pays, comme la Suisse, l'ayant supprimée, sont obligés d'y revenir. Dix cantons l'ont rétablie les uns après les autres.

En sa qualité de socialiste, monsieur Briand avait son siège établi, mais les chiffres étaient si clairs, les faits si concluants qu'il importait de se débarrasser au moins des premiers. Sa façon d'épiloguer a été peu probante, mais ingénieuse.

Les meurtres, souvent non prémédités, ont été séparés des assassinats qui le sont généralement. Bien entendu, la victime périt dans les deux cas et ce doit être une maigre consolation pour elle, lorsqu'on l'égorge, de succomber à un meurtre et non à un assassinat. Monsieur G. Berry montra l'absurdité de cette distinction en relatant les meurtres de passants par les voyous sans autre motif que le simple plaisir de tuer et répondit avec raison au ministre de la justice : «Un meurtre accompli dans certaines conditions vaut un assassinat.»

Le ministre a simplement maintenu ses distinctions. Il eût mieux fait de se taire. Les applaudissements dont furent saluées les paroles de son adversaire le lui ont suffisamment démontré.

Essayons maintenant, nous élevant au-dessus de cette casuistique de théologiens, de voir le fond du problème et les mobiles secrets de tant de longs discours. Le moteur inconscient de ces discussions a été la grosse question de la responsabilité qui a tant pesé sur la répression depuis 50 ans, mais que l'on peut considérer comme à peu près élucidée maintenant.

Responsabilité implique libre arbitre. Or, les savants et les philosophes ne croient guère aujourd'hui à ce libre arbitre. Donc, l'individu criminel ne serait pas responsable de ses actes.

Il ne l'est pas en effet, philosophiquement, mais l'est complètement au point de vue social, car, sous peine de périr, une société doit se défendre et n'a pas à se préoccuper de subtilités métaphysiques. Très certainement, ce n'est pas la faute du voyou assassin s'il possède une mentalité de voyou au lieu de celle d'un Pasteur. Cependant le voyou et Pasteur jouissent d'une considération fort différente. Le mouton, lui non plus, n'est pas responsable de sa qualité de mouton et cependant elle le condamne fatalement à se voir dépouiller de ses côtelettes par le boucher.

Cette distinction entre la responsabilité sociale et l'irresponsabilité philosophique a mis quelque temps à être comprise. Les divers congrès consacrés à son étude, et notamment celui des médecins aliénistes, tenu à Genève en 1907, ont fini par la mettre nettement en évidence. J'emprunte à R. de Gourmont le résumé des opinions émises à ce dernier congrès :

Fous et demi-fous doivent être également condamnés s'ils sont coupables, c'est-à-dire s'ils ont volontairement ou involontairement violé les lois sociales... S'il faut abandonner l'idée de responsabilité morale, il n'en est pas de même de l'idée de responsabilité sociale... Peu importe que le criminel ait agi avec conscience ou avec inconscience : il est également dangereux dans un cas comme dans l'autre et il doit être chassé de la société pour laquelle il est un danger. Nul ne doit échapper à la responsabilité sociale. Elle est et doit rester un fait inattaquable, un fait sacré. Sans la responsabilité sociale, aucune civilisation n'est possible.

Jusqu'ici, dit le savant criminaliste Garofalo, les peines sont graduées d'après une idée fausse de libre arbitre et de responsabilité morale. Il nous faut changer tout cela, nul n'étant libre. Nous ne punissons plus en raison du degré de liberté, mais en raison de l'intérêt de la société et en proportionnant la peine au danger que présente le criminel.

Le docteur Bard, de Genève, a été encore plus loin en disant : «Si j'étais législateur, je n'hésiterais pas à faire de la demi-folie une circonstance aggravante du crime, car les demi-fous sont de tous les criminels les plus dangereux pour la société.

Les médecins sont presque tous d'accord pour abandonner l'idée de responsabilité morale, mais ils affirment unanimement la responsabilité sociale des criminels et la nécessité d'une répression de plus en plus attentive descrimes dont plus que jamais souffre la civilisation.

Ce ne sont pas seulement les médecins et les criminalistes qui défendent ces théories. Voici comment s'exprime monsieur Faguet :

Soleilland est-il coupable moralement ? Pas du tout, pas plus qu'un chien, tant il est évident qu'il est une brute, tant on le voit n'avoir aucun remords, aucun regret, aucune inquiétude de conscience. Dès lors, il n'est pas coupable. Absolument pas... Il n'est pas coupable, seulement il est furieusement dangereux.

Gustave Le Bon

Pour faire ce qu'a fait Soleilland, il faut une moelle épinière tout à fait particulière. Mais c'est justement parce qu'il a une moelle tout à fait particulière qu'il convient de la lui couper.

... Quand il s'agit de malades, de pauvres malades, bien dignes de pitié, certes, mais dont la maladie consiste à égorger leurs semblables, je ne vois pas du tout pourquoi on ne s'appliquerait qu'à prolonger leur existence.

... Pour moi, la peine de mort est une question d'opportunité. Elle sert ; 1°/ à supprimer la bête féroce qui est un danger permanent ; 2°/ à terroriser les autres bêtes féroces.

Je suis pour la répression très sévère des criminels et tout particulièrement des criminels malades parce que ce sont les plus dangereux. Soyez sûrs que cela fera sur certains malades un effet très curatif.

Il est indiscutable que la plupart des dégénérés, demi-fous, alcooliques, déséquilibrés, etc., sont très influençables par la crainte du châtiment et que plus ce châtiment sera sévère, plus ils le redouteront.

Il existe une catégorie de gredins, pour lesquels la guillotine devrait être rigoureusement appliquée sans exception, alors qu'elle ne l'est jamais. Je veux parler de ces sinistres brutes, terreur de nos faubourgs, tuant uniquement pour le plaisir de tuer. Le passant attardé, la femme et l'enfant rencontrés par hasard, tombent indifféremment sous leurs coups. Arrêtés, ils s'en tirent avec quelques mois de prison et recommencent aussitôt relâchés.

Ce besoin de tuer par simple dilettantisme se développera encore plus si l'on ne prend soin de le vigoureusement réprimer, parce qu'il est un résidu ancestral des temps primitifs toujours prêt à renaître. Le demi-civilisé et même le civilisé lui donnent satisfaction par la chasse, qui n'a guère d'autres motifs que le besoin de tuer. Un magistrat distingué, grand chasseur lui-même, a très bien décrit cette psychologie du chasseur, qui ne se distingue souvent de celle du voyou meurtrier, que parce que leur férocité s'exerce sur des êtres différents.

Ah les remords d'un chasseur, quel douloureux chapitre ! Tuer impitoyablement, et (c'est plus atroce encore), trouver un plaisir intense, violent, magnifique à tuer, à tuer encore ces animaux de douceur, ces oiseaux charmants, ces merveilles de grâce, de beauté... et ne pas pouvoir s'en empêcher, ne pas pouvoir renoncer à verser ce sang in-nocent, à répandre ces injustes souffrances, quelle misère !

Comme le chasseur, le voyou trouve à tuer «un plaisir intense, violent, magnifique». Pas plus que le chasseur, «il ne peut s'empê-cher de tuer». Voilà pourquoi nous devons le supprimer afin d'évi-ter d'être supprimé par lui.

Remarquons en passant combien se sont modifiées en quelques années les idées des médecins et des criminalistes. Il y a peu de temps encore, tous les criminels étaient des fous irresponsables qu'il fallait se borner à soigner. Aujourd'hui, on les considère en-core comme des détraqués mais parfaitement responsables. Au point de vue de l'intérêt social, on réclame maintenant, à leur égard, l'application de toutes les rigueurs du Code. Se contenter de les enfermer ne servirait à rien, car au bout de peu de temps jugés guéris, ils seraient relâchés et recommenceraient aussitôt.

Je suis d'accord avec l'école nouvelle sur la nécessité de la répres-sion, mais je voudrais qu'elle s'étendit à toutes les variétés de délin-quants sans cesse récidivistes. Rappelons à ce sujet ce que j'écrivais dans la Revue Philosophique, bien avant l'éclosion des idées ac-tuelles, dans le but de montrer que «tous les criminels sont res-ponsables». J'arrivais alors à cette conclusion pour les criminels d'occasion, des peines corporelles énergiques. Pour les criminels d'habitude qui sont des êtres incurables dont une société doit se défaire, la déportation dans un pays lointain. C'est le traitement qu'on appliquait jadis aux lépreux considérés, eux aussi, comme dangereux et incurables. On pourrait utiliser d'ailleurs les récidi-vistes en les incorporant dans des compagnies de discipline em-ployées à construire des routes et des chemins de fer au centre de l'Afrique.

Ce qui précède nous conduit à examiner notre pénalité. La peine de mort n'en est qu'un élément d'influence toujours restreinte parce que rarement appliquée.

Le problème est autrement vaste, en effet, que celui discuté a la Chambre. La criminalité croît énormément et quelques douzaines d'exécutions annuelles ne sauraient contribuer notablement à la ralentir. L'assassinat et le meurtre resteront toujours les crimes les moins nombreux. Ce sont donc les autres qu'il faut apprendre à combattre.

Nous les réprimons actuellement de la plus misérable façon, par le seul moyen des bagnes et des prisons. Nos idees humanitaires ont transformé les premiers en véritables villégiatures et les secondes en demeures de luxe.

Un avocat général me parlait récemment des résultats produits aujourd'hui par certaines prisons modèles dont le confortable dépasse de beaucoup celui de la plupart des petits bourgeois. Electricité, chauffage central, eau chaude et froide, salle de bains, promenades dans de beaux jardins ombragés, etc. Il a vu plusieurs fois des individus commettre des délits, uniquement pour se faire enfermer pendant six mois de l'hiver dans ces asiles princiers où se rencontrent tous les luxes, sauf celui de la liberté.

Tout autre est le système de l'Angleterre, pays des peines brèves, mais énergiques, et par conséquent très efficaces sur des âmes criminelles. Dans la prison, c'est le travail forcé et l'application rigoureuse du fouet à neuf queues.

Cette méthode a vite réduit la criminalité. Monsieur Lacassagne remarque qu'on n'a connu à Londres qu'une seule bande de voyous. L'emploi du fouet et du **hart labour** aux membres capturés la fit disparaître en quelques semaines et depuis cette époque on n'entendit plus parler de ces bandits dont le nombre est de 30.000 à Paris.

Monsieur Lacassagne ajoute :

On sait ce que Paris devient sous l'influence du régime contraire, c'est-à-dire grâce à une excessive indulgence des magistrats et du parquet. Les neuf/dixièmes des malandrins raflés la nuit sont chaque matin remis en circulation après une paternelle admonestation. La mise en parallèle des deux systèmes : peines physiques et tolérance abusive, montre où sont la raison et le bon sens pratique. Les châtiments corporels seuls sont efficaces pour les criminels professionnels.

En 1905, au Danemark, comme il y avait de nombreuses attaques contre des personnes, on rétablit la bastonnade. En peu de temps les crimes de cet ordre ont cessé.

Nous estimons, conclut le professeur Lacassagne, qu'il faudrait introduire l'usage des châtiments corporels : ce sont les seuls qui agissent, l'expérimentation anglaise l'a bien prouvé. Il est plus sûr et plus efficace, nous dirons même plus hygiénique, d'infliger des coups de fouet que d'appliquer des mois ou des années de prison.

Assurément, devant la nullité de la répression et l'incapacité, parfois excessive, de nos magistrats, la criminalité est destinée à s'élever encore. Les lois dites humanitaires, et en réalité féroces, sur le travail dans les manufactures contribuent fortement à augmenter le nombre des criminels. Elles ont eu pour résultat, comme je l'ai dit déjà, de jeter sur le pavé des milliers d'adolescents qui, par désœuvrement, adoptent vite la profession de souteneur et de voyou.

Le peu de risques qu'entraînent le meurtre et l'assassinat, les bons soins attendant les condamnés dans les prisons ou dans les bagnes provoquent également l'accroissement de la criminalité.

Au cours d'une séance récente du Conseil municipal de Paris, deux conseillers se plaignirent de la fréquence des attaques nocturnes à Paris. Le préfet, monsieur Lépine, répondit en montrant que la faiblesse de la magistrature et les amnisties continues avaient entièrement désarmé la répression et conclut par ces mots :»Le vent d'humanitarisme qui souffle depuis quelques années sur le pays porte aujourd'hui ses fruits.»

Seul l'excès du mal pourra engendrer le remède. Les cervelles les plus dures, celles dominées par la plus plaintive sentimentalité, sont bien obligées de se rendre aux leçons de l'expérience. Lorsque certains quartiers des grandes villes seront devenus des coupe-gorges redoutables que des bandes de chauffeurs de toutes races infesteront les campagnes, qu'il sera impossible de sortir le soir dans Paris sans être armé jusqu'aux dents, peut-être se décidera-t-on à prendre des mesures pour nous défendre.

Mais alors, les lois répressives sérieuses n'existant pas encore et chacun étant obligé de se protéger lui-même, nous verrons, ainsi que l'a très bien montré à la Chambre le rapporteur de la commission, se déchaîner les fureurs populaires et devenir usuel le lynchage des criminels.

La justice de la foule est impulsive, brutale, sommaire, aveugle parfois et les pouvoirs publics seraient coupables s'ils abdiquaient entre les mains d'irresponsables le droit social d'infliger la peine de mort pour la défense des honnêtes gens. Les pouvoirs publics seraient cou-

pables s'ils amenaient à se munir d'armes pour se faire justice eux-
mêmes les citoyens qui n'auraient plus confiance dans la protection
de la loi.

La pusillanimité excessive de notre magistrature qui redoute la
vengeance des criminels, et ne sévit avec rigueur, que lorsque de
bas policiers lui amènent des femmes sans défense, coupables de
légers délits, est aussi une cause active d'accroissement de la criminalité. Ce point à été bien marqué par un magistrat dans une
interview dont je reproduis ici un fragment :

Vous parlez procédure, dit-il, et vous n'envisagez jamais la répres-
sion. Savez-vous que depuis 20 ans l'échelle des peines a été abaissée
de 50%, que la libération conditionnelle et la défalcation de la prison
préventive ont énervé l'action de la justice. La loi sur la relégation
n'est pas appliquée, et ainsi chaque jour grossit le nombre des récidi-
vistes. Vous voulez la procédure anglaise. Soit ! mais alors prenez la
répression anglaise, le fouet, le **hart labour**. *Punissez sans pitié les*
délits et les crimes de nature à affaiblir l'autorité. Entourez les agents
du pouvoir d'une telle sollicitude qu'ils soient intangibles. Les police-
men n'ont ni sabre ni révolver et ils circulent isolés à Londres dans
des quartiers où nos agents n'iraient qu'en troupe et armés jusqu'aux
dents. Alors, quand vous aurez supprimé le crime par la terreur du
châtiment implacable, nous parlerons de la procédure.

La terreur du châtiment est, au demeurant, l'unique moyen
d'arrêter les progrès de la criminalité, comme l'a également fort
bien montré Maxwell dans son beau livre **Le Crime et la Société**.
L'aliéné lui-même est parfaitement sensible à la menace du châtiment.

Pour arriver aux répressions nécessaires, il faudra guérir le public
de son humanitarisme maladif et la magistrature de ses craintes.
Quelques indices, bien insuffisants encore, permettent cependant
d'espérer un peu cette guérison.

A l'enterrement d'un brave sergent de ville assassiné par un voyou,
le président du Conseil municipal disait très justement :

«Mais, ce qui importe surtout, c'est de ne pas nous laisser envahir
par ces doctrines soi-disant humanitaires qui n'aboutissent qu'à
énerver toutes les énergies et sont plus pernicieuses que les malfai-

teurs eux-mêmes.»

Je suis absolument de cet avis. Les humanitaires sont, indirectement mais sûrement, beaucoup plus dangereux que les bandits.

En attendant la vulgarisation de ces vérités, l'humanitarisme continue à s'étendre. Une de ses plus funestes manifestations fut l'incorporation des criminels de profession dans l'armée.

On se demande dans quelle cervelle de bureaucrate borné a pu germer l'idée d'introduire les repris de justice dans nos casernes. Certains régiments, comme le 82° de ligne, ont renfermé à certain moment une centaine de voyous ayant subi de nombreuses condamnations. Le **Journal** du 28 décembre 1909 indiquait les conséquences de leur présence.

Depuis le mois d'octobre dernier, deux vols à l'esbrouffe, spécialité jusqu'alors inconnue des Montargeois, ont été commis en plein jour, au centre même de la ville. La villa d'un lieutenant fut cambriolée selon toutes les règles de l'art. Un habitant fut nuitamment frappé «au lancé» d'un coup de couteau entre les deux épaules par 2 militaires qu'il ne put malheureusement pas reconnaitre. Enfin, il y a huit jours à peine, on retrouvait dans le canal le cadavre d'un soldat noyé «accidentellement», conclut le parquet, à la suite d'une discussion avec un camarade, dit-on ouvertement en ville. La conduite de ces soldats-voyous n'autorise-t-elle pas les pires soupçons ?..

Si l'opinion publique n'avait fini par se revolter et obtenir l'abrogation de cette funeste loi, la pernicieuse engeance des humanitaires, aurait achevé de désorganiser entièrement l'armée.

Malheureusement, les tendances actuelles nous poussent plus en France vers la protection des criminels que vers leur répression. Les divagations de certains professeurs de droit sur la criminalité atteignent le ridicule. Ils font raisonner le criminel comme ils raisonneraient eux-mêmes et agir d'après les mêmes motifs. N'est-ce pas enfantin de vouloir assimiler l'état d'esprit d'un bandit à celui d'un professeur de droit ?

Monsieur Chaumet, député de la Gironde, s'est montré beaucoup plus intelligent en écrivant les lignes suivantes sur la nécessité des peines corporelles, pour limiter les progrès effrayants de la criminalité :

Je m'excuse de scandaliser les âmes sensibles. Mais je le déclare tout net : je demande qu'on punisse de châtiments corporels les jeunes voyous qui commettent tant de lâches et d'odieux attentats contre les personnes.

Avant de philosopher, il faut vivre. La question n'est pas de savoir si les criminels sont responsables, mais s'ils sont dangereux. Hélas à cet égard, il n'y a point de contradiction. Il n'est pas de jour où nous n'ayons à enregistrer des agressions sauvages, des meurtres, des guets-apens, des assassinats, commis le plus souvent par de tout jeunes gens, et parfois sans motif apparent, par bravade, pour rien, pour le plaisir.

Faites l'analyse psychologique de ces voyous. Elle n'est guère compliquée. Ce sont des paresseux, des jouisseurs, mais surtout des cabotins. Au lieu de travailler dans l'usine ou sur le chantier, ils trouvent plus commode de se faire entretenir par des filles. Ils promènent leur prétentieuse oisiveté de cabarets en cabarets, plastronnant devant leurs pareils, désireux de paraître plus audacieux, moins scrupuleux que le voisin, jaloux de provoquer l'admiration particulière de leur milieu très spécial.

Le voyou tue souvent pour voler, mais plus encore par gloire. Que de fois avons-nous lu dans les journaux ces exploits significatifs : «Parie un litre que je dégringole le premier bourgeois qui passe !» Le pari est tenu... et gagné. Voici un brave homme, un père de famille lâchement assassiné par un gamin affolé de cabotinage.

Il faut donc, quand nous songeons à nous défendre contre les voyous, tenir compte de ce trait essentiel de leur caractère. Les pénalités, pour être efficaces, doivent d'abord n'être pas de nature à ajouter un rayon à l'auréole qu'ils ambitionnent.

Le principal avantage des châtiments corporels est précisément qu'ils sont, en même temps que douloureux, humiliants. Un voyou se vantera de risquer le bagne ou même l'échafaud. Il ne se vantera pas d'avoir reçu 10 ou 20 coups de fouet.

Or, si nous ne considérons pas la peine comme un châtiment ni comme une rédemption, si elle nous apparaît, ce qu'elle doit être : un moyen de préservation, un procédé d'intimidation de nature à décourager les tentatives criminelles, quelle objection pourrait-on élever contre les châtiments corporels ?

En attendant, le voyou commence déjà à recruter des défenseurs.

Livre VI : L'évolution anarchique et la lutte contre la désagrégation...

Un journal a publié le manifeste d'une brave doctoresse racontant qu'elle fut convertie au «voyouisme» par un jeune gredin, lui ayant fait comprendre que «l'honnêteté ne sert qu'à sauvegarder les riches». Etre ouvrier, ajoutait, le triste vaurien, «c'est ennuyeux». La profession de voyou au contraire, est pleine d'imprévus agréables.»

Séduite par d'aussi lumineux arguments, l'aimable dame arrive à cette conclusion «qu'il ne serait pas mal qu'il y ait dans notre armée révolutionnaire quelques voyous conscients.»

Bel exemple des troubles que peut déterminer l'instruction sur de faibles cervelles.

L'expérience seule pourra nous renseigner sur les conséquences de notre humanitarisme.

Lorsque le danger sera devenu trop aigu, et qu'un nombre suffisant de philanthropes aura été éventré, notre sentimentalité s'évanouira rapidement. Alors, comme les Anglais, nous emploierons des moyens efficaces, les peines corporelles surtout. Quand les 30.000 voyous qui infestent Paris auront acquis la solide conviction qu'au lieu d'une villégiature en Nouvelle-Calédonie ou dans une prison bien chauffée, ils risquent le fouet, un labeur forcé et la guillotine, le travail leur semblera préférable au vol et à l'assassinat. En quelques semaines, Paris sera purgé de son armée de bandits. Nos législateurs découvriront alors que de toutes les formes d'imbécilité connues, l'humanitarisme est la plus funeste, aussi bien pour les individus que pour les sociétés. Il a toujours constitué un énergique facteur de décadence.

CHAPITRE III
L'assassinat politique

Les assassinats politiques, devenus si fréquents aujourd'hui, sont une des manifestations de l'anarchie sociale actuelle. Ils trahissent un déséquilibre mental profond.

L'impression la plus frappante pour le public dans les meurtres politiques, après l'horreur qu'ils inspirent, c'est leur absurdité pratique. Que la victime soit empereur de Russie, roi d'Italie, impératrice d'Autriche, président de République, roi de Portugal, etc., il est évident que les souverains assassinés seront immédiatement remplacés et que le régime qu'ils représentent ne changera pas. Ces assassinats produisent même des réactions fortifiant le régime combattu. Il est également certain que l'assassin n'a rien à espérer personnellement de son crime.

De telles évidences semblent dérouter toutes les notions de psychologie courante qui montrent le crime comme conséquence d'un intérêt personnel quelconque : vengeance, cupidité, etc.

Ces crimes politiques dérivent donc de mobiles paraissant étrangers à l'intérêt personnel et à l'utilité générale. Comment la psychologie actuelle peut-elle les expliquer ?

Pour les comprendre, il faut rechercher le mode de propagation de certaines convictions dans les esprits et leur puissance.

La nécessité de se soumettre à une foi quelconque, divine, politique ou sociale, constitue pour beaucoup d'âmes un très impérieux instinct. Elles ont besoin de croyances pour diriger machinalement leur vie et s'épargner tout effort de raisonnement. C'est à l'esclavage de la pensée, et non à la liberté, que la plupart des hommes aspirent.

Les croyances fortes échappent entièrement à l'influence du raisonnement et deviennent de puissants mobiles d'action. Aucune des grandes croyances qui régirent l'humanité et au nom desquelles s'établirent de durables religions, de solides empires, ne fut fille de la raison. Elles eurent pour auteurs un petit nombre d'hallucinés et furent propagées par des apôtres imbus de convictions, assez intenses pour transformer en vérités éclatantes les plus manifestes erreurs, et asservir entièrement les âmes.

Les convictions de ces apôtres sont si puissantes qu'ils obéissent à leurs suggestions dans se soucier de leur intérêt personnel. Hypnotisés par la foi qui les a subjugués, ils sacrifieront tout pour en établir le règne.

Ces demi-aliénés, dont l'étude relève surtout de la pathologie mentale, jouèrent cependant un rôle immense dans l'histoire.

Ils se recrutent principalement, comme je l'ai montré dans ma **Psychologie du socialisme**, parmi les esprits doués à un haut degré d'instinct religieux, instinct dont la caractéristique est le besoin d'être dominé par un être ou par un**Credo** quelconque, et de se sacrifier pour faire triompher l'objet de leur adoration. Tous rêvent une société paradisiaque bien proche du paradis céleste de nos pères. Les terroristes russes et les diverses variétés d'anarchistes en fournissent de curieux exemples. Dans ces cervelles rudimentaires, entièrement dominés par l'atavisme religieux, et qu'aucun raisonnement ne saurait effleurer, le vieux déisme ancestral s'est objectivé sous la forme d'un paradis terrestre, gouverné par un Etat providentiel réparant toutes les injustices et doté de la puissance illimitée des anciens dieux.

L'incapacité de l'apôtre à raisonner, son besoin de propager sa croyance, son ignorance des nécessités et des réalités le rendent très dangereux, parce qu'il agit sur des foules incapables, elles aussi, de raisonner et dont les opinions se forment surtout par voie de contagion.

Une des grandes erreurs de l'âge moderne est de croire que l'on persuade les foules avec des raisonnements. L'affirmation, la répétition, le prestige et la contagion sont, je le rappelle de nouveau, les sources à peu près uniques de leurs convictions. Que ces dernières contrarient leurs intérêts les plus certains, qu'elles se heurtent à des impossibilités évidentes, peu importe. Les croyances acceptées, si absurdes soient-elles, deviennent de puissants mobiles d'action. C'est au nom de croyances fort contraires à la raison que le monde fut bouleversé tant de fois et le sera sans doute encore.

De semblables vérités, qui devraient être élémentaires, expliquent les assassinats politiques. Ils peuvent nous indigner, mais non pas nous surprendre. La caractéristique de l'apôtre convaincu est de faire partager à tout prix sa croyance et de détruire sans pitié tous ceux qui, dans son esprit, y font obstacle et sont, par conséquent, les ennemis évidents de l'humanité. L'apôtre éprouve un ardent besoin de propager sa foi et d'apporter au monde la bonne nouvelle qui sortira l'humanité de l'océan de misères où elle avait végété jusqu'ici.

Cette soif de destruction est, je le répète, un des éléments constitutifs de la mentalité de l'apôtre. Pas de véritable apostolat sans le besoin intense de massacrer quelqu'un ou de briser quelque chose. Pour détruire les ennemis de sa foi, l'apôtre n'hésite pas à faire périr des milliers d'innocentes victimes. Il lance ses bombes dans un théâtre rempli de spectateurs ou dans une rue populeuse. Qu'importe de telles hécatombes quand il s'agit de régénérer le genre humain, d'établir la vérité et de détruire l'erreur !

Ces apôtres meurtriers ne se recrutent pas principalement dans les éléments inférieurs d'un peuple. Ils se rencontrent souvent chez des demi-intellectuels, ayant reçu une éducation universitaire mal adaptée à leur mentalité simpliste. Ce sont parfois de doux philanthropes dominés par l'idée fixe de rénover la société. Torquemada, Ravaillac, Marat, Robespierre se considéraient comme des amis du genre humain, ne rêvant que son bonheur et prêts à sacrifier leur vie pour lui.

Les amenés et les passionnés à tendances altruistes ont surgi de tous temps, écrit Lombroso, même à l'époque sauvage, mais alors ils trouvaient un aliment dans les religions. Plus tard, ils se rejetèrent dans les factions politiques et les conjurations antimonarchiques de l'époque. D'abord croisés, puis rebelles, puis chevaliers errants, puis martyrs de la foi ou de l'athéisme.

De nos jours, et surtout chez les races latines, lorsqu'un de ces fanatiques altruistes surgit, il ne trouve d'autre aliment possible à ses passions que sur le terrain social et économique.

Ce sont presque toujours les idées les plus discutées et les moins sûres qui laissent le champ libre à l'enthousiasme des fanatiques. Vous trouverez cent fanatisés pour un problème de théologie ou de métaphysique. Vous n'en trouverez point pour un théorème de géométrie. Plus une idée est étrange et absurde, plus elle entraxe derrière elle d'aliénés et d'hystériques, surtout dans le monde politique où chaque triomphe privé devient un échec ou un triomphe public, et cette idée soutient jusqu'à la mort les fanatiques à qui elle sert de compensation pour la vie qu'ils perdent ou les supplices qu'ils endurent.

Les doctrines anarchiques multiplient de plus en plus le nombre des assassinats politiques. On connaît celui tout récent du colonel aide de camp du ministre des Indes, par un jeune étudiant hindou, imbu des doctrines d'un journal où se lisaient les lignes suivantes :

«Au risque de perdre l'estime et la sympathie de nos vieux amis, nous répétons que l'assassinat politique n'est pas un crime. Toutes les personnes libres de préjugés traitent l'assassin politique, non comme un criminel, mais comme un vengeur de l'humanité.»

En un an, on a signalé dans le Bengale 329 crimes, dont beaucoup ne sont peut-être que des actes de simple brigandage, mais qui se qualifient de crimes politiques.

Le nombre des meurtres commis depuis trente ans par les anarchistes, les terroristes et diverses variétés de convaincus est considérable. Rien n'indique qu'il doive diminuer. Tout porte à croire, au contraire, qu'il augmentera encore. Les mystiques et les hallucinés, absorbés jadis par les religions, se reportent aujourd'hui vers la politique. Inutile de discuter avec ces dangereux hallucinés. Il faut les supprimer ou être supprimés par eux.

CHAPITRE IV
Les persécutions religieuses

Les haines religieuses sont une des nombreuses causes des progrès de l'anarchie sociale en France. Poussé par de bruyants sectaires, le gouvernement est entré, malheureusement pour lui, dans cette phase des persécutions religieuses qui n'ont jamais profité à personne. Elle indique d'ailleurs une ignorance parfaite de la psychologie et de l'histoire.

Ces persécutions se sont manifestées surtout par la loi de séparation de l'Église et de l'État, et par celle d'expropriation des congrégations.

La haine aveugle toujours. Il fallut en vérité un aveuglement excessif pour voter cette loi de la séparation, dont le vrai but était de dépouiller le clergé des modestes traitements qui le faisaient vivre, et dont le résultat sera tout autre.

Aucune mesure ne pouvait être plus dangereuse pour la République. Le clergé eut tort de s'en plaindre, car elle lui a octroyé une liberté et lui donnera une puissance que le plus catholique de nos rois n'aurait jamais tolérée. Peut-on imaginer mesure aussi inopportune que de soustraire le clergé à l'autorité séculière, laisser le pape nommer des évêques, choisis autrefois en fait par le gouvernement, qui les tenait en main grâce à ce choix et au traitement qu'il leur servait ?

Rien ne pouvait être plus maladroit également, que la persécution mesquine des membres du clergé chassés de leurs presbytères et privés de leurs moyens d'existence. Combien plus intelligente la conduite du gouvernement allemand en Alsace. C'est par le clergé qu'il a entrepris la conquête morale du pays, le comblant d'égards au lieu de le persécuter, et augmentant notablement son traitement.

Bien peu d'efforts étaient nécessaires pour rallier à la République un clergé pauvre, n'ayant guère d'opinions politiques à défendre. Aveuglés par notre imprévoyant fanatisme, nous avons agi contre nos plus évidents intérêts. Les puissances morales ne se combattent pas avec des violences. C'est à l'école primaire que devraient être enseignées d'aussi rudimentaires vérités.

Quant aux lois d'expropriation des biens des congrégations, elles ne furent pas seulement maladroites, mais d'une iniquité sauvage et trahissent une incapacité prodigieuse à comprendre certaines notions d'équité. Elles ont montré aussi à quel point les lois immorales, étaient génératrices d'immoralité chez ceux qui les appliquent.

Chacun sait que l'origine de ces lois fut le projet de s'emparer du milliard, supposé appartenir aux congrégations, pour le distribuer en partie aux ouvriers sous forme de retraites afin de s'assurer leurs votes. Le seul résultat obtenu a été de s'assurer leurs haines, car le milliard s'est vite évanoui. La liquidation finale ne produira guère plus d'une dizaine de millions et l'opération sera tout à fait désastreuse, les innombrables œuvres d'assistance entretenues par les congrégations et où passaient tous leurs revenus retombant maintenant à la charge de l'Etat.

Les seules personnes qui aient gagné quelque chose à l'opération sont des liquidateurs et des spéculateurs. Ils y ont réalisé de brillantes fortunes et le principal auteur de cette loi, monsieur Combes, eut raison de reconnaître, dans une interview, que son exécution avait été un acte de banditisme.

Les chiffres donnés dans son rapport au Sénat par monsieur Regismanset, jettent les plus tristes lueurs sur cette sombre aventure. Certains liquidateurs se voyaient allouer par de complaisants tribunaux 100.000 francs d'honoraires sur un actif de 600.000

francs. Un autre se fait donner 10.000 francs sur un actif de 28.000 francs. A Nice, un liquidateur se fait attribuer 16.000 francs, alors que l'actif est nul, etc.

Mais ces sommes englouties par les liquidateurs et leurs protégés sont bien peu de chose, auprès des bénéfices colossaux réalisés par des industriels se portant acquéreurs, à la suite d'adjudications faites sans publicité, au moment de l'année où les acheteurs possibles étaient absents. Dans la séance du 14 décembre 1909, monsieur de Villaine a cité des faits typiques qui n'ont pu être démentis et qui d'ailleurs se sont multipliés dans d'immenses proportions.

C'est ainsi que l'Abbaye-aux-Bois a été vendue 2.600.000 francs à un personnage qui en a retiré immédiatement 8.000.000. Un autre amateur, de même origine, qui faisait le guet a vu son tour de faveur se réaliser avec l'acquisition, à un prix trois fois au-dessous de sa valeur réelle, du couvent aux Oiseaux et ses dépendances.

Aujourd'hui, on espère continuer cette série scandaleuse. La propriété du Sacré-Coeur représente 52.000 M². La mise à prix est de 5.200.000 francs. On peut supposer que les enchères ne monteront guère, parce que chacun sait que derrière l'achat global, attend un financier tout prêt à entrer en scène.

Il est donc à prévoir que l'enchère définitive et globale ne dépassera pas 6.000.000. Par conséquent vous allez vendre à X..., pour 6.000.000, c'est-à-dire sur le pied de 100 francs le mètre, une propriété qui, par sa situation dans Paris, vaut au moins 400 francs le mètre carré. Vous allez livrer pour 6.000.000 (ajoutons encore 2.000.000 de frais, soit pour 8.000.000 au total), à une société ou à un individu, une propriété qui vaut, au bas mot, 20.000.000.

Ainsi interpellé, le président du Conseil fut forcé de reconnaître que l'adjudication qui devait produire d'aussi énormes bénéfices, n'avait pas été régulière.

Voici comment il s'exprima

La vente avait été fixée en plein été, à la fin de juillet, à une époque peu propice à des opérations de ce genre. De plus le ministre de la justice a constaté que l'adjudication n'avait pas été précédée d'une publicité suffisante. Il a soumis des observations, à ce sujet, au parquet :

le procureur de la République a partagé sa manière de voir et il a, en conséquence, présenté au tribunal civil de la Seine des conclusions auxquelles celui-ci, dans la liberté de son appréciation, a fait droit.

On connaît les manœuvres dont le récit a révolté la Chambre et les complicités, faisant dire au ministre de la Justice lui-même en plein Parlement, qu'il y avait décidément quelque chose de gangrené dans notre organisation judiciaire. Grâce à elles, furent adjugées pour cinq cent mille francs aux amis d'un liquidateur, l'usine et la marque de la Grande Chartreuse évaluées officiellement à 8 millions. On sait également que, malgré de trop persistantes protections, et devant la pression de l'indignation générale, il fallut arrêter pour vol de 5 millions un des membres de la sinistre bande qui vivait sur le milliard des congrégations.

Quant aux expropriés, personne ne songea à s'en occuper. La plupart de ces malheureux sont tombés dans une noire misère. Certains attendent vainement depuis cinq ans les pauvres secours promis par leurs spoliateurs, qui n'ont pas osé proposer de les laisser entièrement mourir de faim. Leurs promesses ont été vite oubliées, à en juger par l'extrait suivant d'une lettre que le président du Conseil, adressait en juillet 1908 à son collègue de l'Instruction publique :

Permettez-moi d'ajouter que je ne puis assumer jusqu'à la fin de l'année la responsabilité de laisser dans la plus atroce misère des femmes qui, après avoir obéi à la loi, se voient priées, par le fait de l'Etat lui-même, de l'indemnité alimentaire que prétendait leur assurer cette loi.

On a rapporté à la Chambre, et sans être démenti, d'autres faits jetant un bien triste jour sur la mentalité de certains législateurs. Elle fait songer à celle de Torquemada. Si le socialisme triomphant les dépouille à leur tour, trouveront-ils beaucoup d'historiens pour s'apitoyer sur leur sort ? J'espère qu'ils n'en rencontreront aucun. Quand pour satisfaire aux exigences de quelques braillards fanatiques on se livre à de pareilles spoliations on ne mérite ni excuses ni pitié.

Après avoir cité un ministre qui semble reconnaître, que l'extrême fanatisme confine à l'extrême maladresse, je donne maintenant un passage reproduit à **l'Officiel** du discours d'un autre orateur :

Livre VI : l'évolution anarchique et la lutte contre la désagrégation...

Dernière question capitale que j'adresse à monsieur le Président du conseil : Qui, aujourd'hui, va nourrir ces religieux et religieuses dépouillées par vos liquidateurs et comment allez-vous subvenir à leurs besoins ?

Ils n'ont pas de retraite, ils n'ont pas de ressources ! A l'heure actuelle, le directeur de Stanislas, un prêtre âgé de plus de 60 ans, n'a pas un morceau de pain et donne des leçons pour vivre. A six reprises j'ai demandé une retraite pour ce vieillard !

On a volé 2 millions à cette maison, alliée cependant à l'Université, et où les années de professorat comptaient pour la retraite.

Et celui qui la dirigeait végète à un sixième étage, ayant inutilement tendu la main et fait valoir ses années de service ! N'est-ce pas odieux ?

Qui donnera du pain à ces frères des écoles chrétiennes auxquels on a pris l'argent qui leur servait à donner l'instruction aux enfants du peuple ? N'ayant pas trouvé grâce devant vous, ils n'ont pas davantage trouvé grâce devant vos liquidateurs !

Nous connaissons maintenant la première utilisation du fameux milliard des congrégations. Nous savons à quoi il a servi : à chasser de saintes filles, de braves gens qui ne demandaient qu'à faire le bien, étant les soutiens des malheureux et les protecteurs de l'enfance.

Ainsi, vous avez chassé, traqué, dépouillé, ruiné, mis dans l'impossibilité de vivre, si ce n'est en s'expatriant, les meilleurs d'entre nous, et pourquoi faire ? Pour permettre à quelques Duez de fourrer de l'argent dans leurs poches. Ah ! messieurs, quelle tristesse pour nous, mais pour vous quelle responsabilité !

Je ne saurais reproduire ici les articles de très légitime indignation, que cette révoltante expropriation provoqua dans le monde entier. Je me bornerai à citer les paroles d'un grand personnage, candidat à la présidence de la République de son pays, et reproduites dans un journal brésilien non suspect de cléricalisme :

La France, obsédée par l'éternel fantôme du cléricalisme, va sans cesse de réaction en réaction, inquiète, agressive, despotique. Avec elle, sous l'apparence de la liberté républicaine, le XX° siècle assiste à un épouvantable accès de régalisme, qui a déjà banni du pays les congrégations religieuses. Au sein de l'Amérique, se réunissent les exilés de la persécution d'outre-mer, et les collectivités religieuses se

Gustave Le Bon

développent tranquilles, prospères, fécondes, sans le moindre nuage à leur horizon. C'est dans la plus parfaite cordialité que les prélats romains et les membres du Sacré Collège s'asseyent à la table du protestant Theodor Roosevelt.

Aucun esprit indépendant ne peut nier la perturbation du sens de la justice et la démoralisation que comporte la mainmise par l'Etat sur des propriétés privées comme l'usine de la Grande Chartreuse, appartenant à une association d'individus qui l'avait créée avec ses capitaux et son labeur. C'est une monstruosité de déposséder des hommes de leurs biens, uniquement parce que leurs opinions religieuses ne cadrent pas avec les idées des gouvernants détenant le pouvoir.

Avec un pareil mépris du droit, sur quelle base une société peut-elle vivre ? C'est un retour aux âges de barbarie où n'existait que le droit du plus fort.

Quelques députes de la gauche (très peu hélas !) commencent à reconnaître combien sont odieuses ces persécutions religieuses qui nous ramènent en plein Moyen-Age. Voici comment s'exprimait devant la Chambre l'un d'eux, monsieur Labori :

Une bonne part de la besogne effective depuis 20 ans se ramène à une guerre religieuse, déclarée ou sourde, selon l'heure. L'anticléricalisme, tel qu'il est compris, n'est plus la dépense du pouvoir contre les empiètements du cléricalisme. Sous prétexte de tolérance ou de liberté de conscience, sous le couvert de ces mots magnifiques, dont rarement il a été fait plus grand abus, il s'agit de brimer qui garde une foi ou une conception philosophique qu'on ne partage point. Je me suis élevé et je m'élève encore contre l'hypocrisie de ceux qui veulent détruire les religions, alors qu'eux-mêmes ou leurs proches observent, dans les circonstances solennelles, les rites de la leur. Il n'appartient pas à l'Etat de tenter de faire l'unité morale de la nation dans un athéisme officiel que même les hommes au pouvoir ne respectent pas quand il s'agit d'eux.

La France a souffert assez jadis quand Louis XIV voulut faire cette unité morale dans la foi catholique, pour que l'Etat républicain n'essaie pas aujourd'hui un effort analogue, au nom de je ne sais quel dogme matérialiste, de tous le moins satisfaisant, selon moi, pour la raison.

Les générations de l'avenir jugeront sûrement les persécutions religieuses d'aujourd'hui, le dépouillement du clergé et des ordres monastiques comme nous jugeons l'Inquisition et la Révocation de l'Edit de Nantes. Nos gouvernants ont invoqué d'ailleurs exactement les mêmes raisons que Louis XIV obtenir l'unité morale et politique du pays. Les conséquences de leur œuvre seront aussi néfastes que celle des édits du grand roi.

Un seul motif d'apparence scientifique pouvait être invoqué, non pas pour justifier d'injustifiables expropriations, mais pour expliquer l'expulsion des congrégations. Ces dernières enseignaient des théories religieuses erronnées, donc répandaient des erreurs. De bons professeurs saturés de manuels scientifiques devaient les remplacer.

Ce sont là conceptions de primaires fort étrangers à l'évolution de la psychologie moderne. Cette dernière a montré, en effet, que les dogmes ne doivent pas être jugés d'après leur valeur rationnelle, mais par les actes qu'ils inspirent. Peu importe donc, leur degré de vérité ou d'erreur. Seules peuvent nous intéresser les actions provoquées par leur influence. On voit naître chaque jour aux Etats-Unis des religions nouvelles utiles comme mobiles d'activité et pour cela même respectées. La religion des Mormons, par exemple, a été un bienfait pour l'Amérique, puisqu'elle a déterminé la fondation de plusieurs grandes cités prospères dans des pays jadis incultes.

Ce point de vue utilitaire est pratiquement capital. Les libres penseurs s'attaquant à des dogmes, sous prétexte qu'ils sont erronés, ne comprennent rien au rôle des religions. Il est évident qu'au point de vue rationnel, elles ne contiennent que de faibles parcelles de vérité. L'histoire nous montre cependant que c'est avec l'appui des grandes croyances que les civilisations les plus importantes furent fondées. Elle nous apprend aussi que la foi dans les dogmes, a embelli la vie de millions d'hommes, et que jamais doctrines philosophiques n'inspirèrent pareilles abnégations, semblable dévouement, aussi intense altruisme. Les religions constituent une force à utiliser, non à détruire. Leurs disciples ne doivent être combattus que lorsqu'ils veulent persécuter d'autres croyances.

Gustave Le Bon

Créatrices des longs espoirs, soutiens des faibles et des déshérités du destin, les religions furent toujours l'asile de ceux que le sort condamnait à souffrir. Seules elles ont su adoucir la désespérante horreur de la mort. Considérons comme de grands bienfaiteurs de l'humanité les rêveurs, dont l'imagination charmeuse inventa et glorifia les dieux. Jugées par les œuvres dont elles furent les soutiens, ces augustes ombres méritent toute la vénération des penseurs.

La science qui les connaît mieux, renonce à les combattre et proclame la grandeur de leur rôle. Elles furent dans le passé les éléments les plus sûres de la stabilité morale des peuples. L'avenir les transformera sans doute, mais tant que l'âme humaine aura besoin d'espérance elles ne pourront périr.

CHAPITRE V
Les luttes sociales

Située dans ces régions brumeuses que les anciens considéraient comme les confins du monde, Stockholm est une ville de réputation discrète qu'on ne visite guère. Les guides prétendent qu'elle rappelle Venise, mais les touristes restent mal persuadés de la justesse de cette comparaison. Ils jettent un coup d'œil distrait sur les points intéressants de la cité et n'y séjournent pas.

Stockholm, cependant, connut la célébrité pendant quelque temps. Les voyageurs, amenés par le hasard de leur fantaisie, y assistèrent à un spectacle que nous reverrons peut-être, mais que, depuis l'origine des âges, aucun œil humain n'avait pu contempler encore.

L'inédite vision que cette capitale donna durant de longs jours, fut un monde où les antiques hiérarchies sociales se trouvaient renversées. Le maçon devenu rentier et le grand seigneur remplissant les fonctions du maçon. Des ingénieurs remplaçant les conducteurs de tramways, des banquiers balayant les rues, des étudiants chargeant et déchargeant les bateaux, de graves magistrats exerçant la profession utile, mais sans éclat, d'égoutier. Contemplant ce spectacle d'un œil étonné, de lentes théories d'ouvriers oisifs flânaient le long des rues et des canaux.

De quel pouvoir magique résultaient pareilles transformations ? Étaient-elles l'œuvre de ces sombres génies, qui, au dire des légendes scandinaves, peuplent le ciel, la terre et l'onde ? Non certes. Les génies ne sont pas assez influents pour bouleverser à ce point les pensées qui nous dirigent et le farouche Odin lui-même y eût échoué.

Plus puissante qu'eux, une de ces forces invisibles et souveraines qui conduisent le monde, avait suffi pour renverser en un instant hiérarchies sociales et conditions normales de l'existence.

Cette force était la nécessité de la défense sociale, apparue brusquement à tous les citoyens. Elle seule pouvait réussir à modifier aussi complètement leurs âmes et imposer la pratique immédiate des plus durs métiers.

Fier de son pouvoir croissant, certain d'être toujours obéi par des travailleurs asservis, un syndicat ouvrier international venait, par une grève générale, de déclarer une guerre sans merci à la société. Chacun sentit aussitôt que, sous peine de voir périr la patrie, la défense devenait urgente contre les prétentions de ces nouveaux barbares.

Sans doute, pouvait-on, malgré l'absurdité des exigences syndicales, céder, comme le fit en France un président du Conseil dans la première grève des postiers, mais cette pusillanimité ne fût parvenue qu'à reculer le danger et l'accentuer. C'était, en perspective, de nouvelles grèves générales, engendrant fatalement la destruction du commerce et de l'industrie et la substitution aux couches supérieures, créatrices de tous les progrès, d'éléments inférieurs. La nécessité de la résistance s'imposait, et sans rien demander à l'Etat, ne comptant que sur son initiative et son courage, la classe bourgeoise se substitua presque instantanément à la classe ouvrière.

Après trois mois de lutte, la formidable grève fut vaincue. Elle le fut malgré les efforts désespères du syndicat pour réduire la société et l'asservir à son joug.

Par cette courageuse défense, la Suède rendit un immense service à la civilisation. Elle apprit aux classes dirigeantes, dont la résistance dans d'autres pays est si faible, comment on se protège.

En dévoilant à une foule d'humanitaires bornés de quels dangers le socialisme nous menace, cette grève eut une autre utilité incontestable. Un important journal suédois écrivait : «que son résultat le plus tangible a été de souder dans un bloc compact tous les éléments non socialistes, c'est-à-dire les cinq sixièmes du pays, tournés de toutes leurs énergies hostiles contre le danger socialiste.»

La défense ne fut d'ailleurs possible que grâce à la cohésion admirable des syndicats patronaux, encore si peu coordonnés chez nous, et à la sympathie de l'opinion publique.

Elle fut favorisée aussi, parce que la plupart des bourgeois avaient reçu cette précieuse éducation manuelle qui apprend à se servir de ses mains, éducation leur permettant, lorsqu'ils habitent les campagnes un peu éloignées, d'entreprendre une foule de petits travaux urgents : limer, tourner, raboter, souder, forger, etc. Un tel enseignement devrait faire partie de toute éducation. Nous ne pourrions malheureusement le demander à notre Université.

Il faut considérer encore qu'en Suède la bourgeoisie n'a pas ce caractère résigné et veule si commun en France et qui facilite son dépouillement, sans autre protestation que de vains discours. Si elle ne songe pas à s'associer pour se défendre, la bourgeoisie française arrivera vite à être complètement spoliée, puis à disparaître.

Nous vivons a une époque, écrivait récemment monsieur S. Lauzanne, oùvis-à-vis de l'Etat, il ne sert à rien de se montrer éloquent, humilié ou attendrissant : il faut se montrer fort. Regardez tout ce que les ouvriers obtiennent chaque jour ; c'est qu'ils sont unis, puissants et rudes.

Regardez au contraire comment, chaque matin, on s'assoit un peu plus sur les bourgeois, les industriels et les commerçants : c'est qu'ils sont divisés, timides et mous. Ils appartiennent à ce qu'un ancien président des Etats-Unis appelait «type flasque».

Ces tentatives de grève générale, les révoltes de fonctionnaires comme celle des postiers, les prononciamentos militaires en Grèce, etc., peuvent sembler issus de causes diverses. En réalité, ce sont des phénomènes semblables, résultats d'une même loi psychologique vérifiée par l'histoire chez tous les peuples, à toutes les époques.

Cette loi peut se formuler ainsi : chaque fois que dans une société une classe quelconque voit par un motif quelconque son influence s'accroître, elle tend aussitôt à devenir prépondérante et asservir les autres.

La prépondérance initiale, qui précède l'absorption finale, se produit dès que les divers éléments constitutifs de la vie sociale, cessent de se faire équilibre. La vie d'un peuple, comme celle d'un individu, ne peut se maintenir que par l'équilibre des forces en présence. Le trouble de cet équilibre, c'est la maladie. La persistance du trouble, c'est la mort. Il existe des maladies sociales comparables aux maladies individuelles. Un traité de pathologie sociale complet formerait certainement un gros livre. Mais si les empiriques proposant des remèdes pour ces maladies sont innombrables, les savants capables de déterminer leur genèse demeurent singulièrement rares.

Un coup d'œil très sommaire, jeté sur l'histoire, suffit pour justifier cette loi de la tendance constante à dominer des diverses classes sociales par celle devenue prépondérante. Rome, qui domina le monde par ses armées, finit par les avoir pour maîtres, dès que la puissance du Sénat leur faisant équilibre fut annihilée par les empereurs. Au déclin de l'Empire, les soldats seuls possédaient le pouvoir de créer des Césars.

La même action absorbante a été exercée plus tard par des éléments sociaux divers devenus trop prépondérants : féodalité, clergé, monarchie, etc. L'excès même de leur prépondérance, rompant par l'effacement des classes antagonistes l'équilibre qui leur était nécessaire, en amena la perte. La Monarchie française périt pour n'avoir pas compris l'importance de cet équilibre.

C'est donc un principe politique primordial, de maintenir toujours la balance entre les divers éléments d'une société et, par conséquent, de ne pas favoriser l'extension des uns aux dépens des autres.

Si la monarchie périt pour avoir méconnu cette loi, notre république périrait également en continuant à la méconnaître. Il suffirait qu'elle laissât les pouvoirs nouveaux que nous voyons grandir : Confédération Générale du Travail, syndicat de fonctionnaires, etc., prendre trop d'influence. Qui exerce un tel rôle devient bientôt l'unique maître.

Cette loi générale se vérifiera toujours, et nous en avons vu une preuve bien frappante en Grèce. Elle explique comment une classe d'officiers, qu'on a trop insoucieusement laissée se développer, a pu finir par établir une véritable dictature militaire.

Les vaines parlotes humanitaires, les perpétuelles capitulations devant toutes les révoltes, deviennent inutiles. Nous sommes maintenant en présence d'ennemis dont le programme de destruction est absolument clair et desquels, en cas de défaite, aucun quartier ne serait à espérer.

«Le syndicalisme révolutionnaire, dit un de leurs écrivains, a pris nettement position contre l'armée et la patrie», et dans un récent discours, un député socialiste de Paris «a montré en exemple aux jeunes gens appelés sous les drapeaux la conduite des ouvriers de Barcelone qui ont refusé de répondre à l'ordre de mobilisation et se sont révoltés contre l'autorité militaire.»

Voici donc la guerre vigoureusement déclarée à l'ordre social par les meneurs de la classe ouvrière, dont la rouge bannière est suivie par un certain nombre de députés et beaucoup de fonctionnaires et d'instituteurs. Pactiser avec eux, comme le font quelques riches bourgeois dans l'espoir d'attendrir ceux qu'ils considèrent comme leurs futurs vainqueurs, est d'une pauvre psychologie. Toutes ces lâches et très honteuses faiblesses ne font qu'accroître l'audace des assaillants. De telles luttes ne comportent d'autre alternative que vaincre ou périr. Pactiser n'éviterait pas la défaite et engendrerait, outre la ruine, la honte dans le présent et le mépris de nos fils dans l'avenir.

Rien ne servirait donc de continuer à masquer sa peur sous d'hypocrites discours philanthropiques auxquels ne croient plus, ni ceux qui les débitent, ni ceux qui les entendent.

La tactique actuelle des socialistes révolutionnaires est très simple : menacer toujours, et par la menace tout obtenir. J'ai montré dans un autre chapitre que la peur qu'ils inspirent, constitue aujourd'hui un des plus puissants facteurs psychologiques des décisions du Parlement.

Les incidences de toutes les mesures que font adopter les socialistes sont fatales. C'est notamment la ruine prochaine de nos finances. Mais qui s'intéresse aujourd'hui à cette échéance, en apparence lointaine et, en réalité, si proche ?

On peut cependant constater chaque jour les conséquences de lois votées sous la pression des anarchistes et des collectivistes. Le fameux rachat des Chemins de fer de l'Ouest, effectué malgré l'opposition à peu près unanime des chambres de commerce et qui devait, assuraient ses promoteurs, créer une ère de prospérité, a creusé dans le budget un nouveau gouffre. Monsieur Doumer a montré que le déficit de cette ligne a été de 31 millions en 1909 et sera de 50 millions en 1910. C'est d'ailleurs une loi générale pour toutes les exploitations privées passant dans les mains de l'Etat, et dont nous avons déjà donné les causes défaut de responsabilité des employés, indifférence totale des fonctionnaires pour une bonne gestion, etc.

Les pertes financières causées par des théoriciens, que domine leur chimère, grandissent chaque jour. Le rachat des Chemins de fer de l'Ouest a simplement montré une fois de plus leur funeste rôle. Dans l'espoir de satisfairele fanatisme de quelques collectivistes, et, sans que personne puisse en retirer aucun bénéfice, l'Etat s'est créé une charge nouvelle de 50 millions par an et qui, d'après les calculs de monsieur le sénateur Boudenoot, représentera dans 10 ans une perte totale d'un milliard.

Mais ce n'est là qu'un modeste commencement. Sous l'influence des idées qui mènent le Parlement va se creuser très rapidement le gouffre du déficit.

Ne parlons pas des lois encore non formulées, bien que figurant sur la liste des réformes socialistes, tel que le monopole de l'enseignement qui, d'après les calculs les plus modérés, exigera une dépense annuelle dépassant 150 millions.

On avait le secret espoir de pouvoir consacrer à cette réforme une partie de fameux milliard des congrégations, sans prévoir qu'aujourd'hui, presque rien ne resterait (sauf entre les mains des gens de loi), de cette gigantesque spoliation.

Entré dans la voie des expropriations autocratiques, on ne s'arrête pas. On ne s'est plus arrêté, en effet. Nombre de lois récentes constituent, sous couleur de mesures humanitaires, de véritables lois expropriatrices. Aucun juriste ne saurait qualifier autrement celle qui força les Compagnies de chemin de fer, servant déjà des retraites élevées à leurs employés (2.400 francs par an pour les mécaniciens), à les augmenter encore. Pour le Paris-Lyon-Méditerranée (P.L.M.) seulement, l'accroissement annuel des dépenses est de 10 millions environ. C'est donc 10 millions dont on dépouille chaque année cette compagnie, autrement dit, ses actionnaires.

L'obtention de pareille loi d'expropriation n'exigea des syndiqués qu'une menace de grève. Comme toujours, le Parlement céda. Il serait naïf de compter sur lui pour assurer la défense sociale.

Les agents des Compagnies de chemin de fer, voyant avec quelle docilité on leur obéissait, se réunirent afin d'élaborer un nouveau projet destiné à obtenir, sous peine de grève toujours, des augmentations de traitement. Le chiffre total de ces augmentations s'élèverait, d'après leur propre estimation, à 80 millions pour l'ensemble des chemins de fer. C'est ce qu'ils appellent «enfoncer d'un vigoureux coup de bélier le coffre-fort capitaliste.»

Il est intéressant de rechercher combien la nouvelle expropriation coûtera aux Compagnies. Prenons la plus importante, celle qui passe pour la plus intelligemment administrée, la Compagnie du Paris-Lyon-Méditerranée. Sa part contributive exigerait une dépense annuelle de 25 millions. En divisant ce chiffre par les 800.000 actions de la Compagnie, on voit que la charge, par action, serait de 31,25 francs.

L'actionnaire, au lieu de toucher, comme aujourd'hui, 56 francs, ne toucherait donc plus que 24,75 frs., soit beaucoup moins de la moitié de son ancien revenu annuel. Inutile de compter sur la garantie d'intérêt de l'Etat, puisqu'elle expire, pour cette Compagnie, en 1914.

Naturellement, les socialistes se réjouiront de la perte subie par les actionnaires, oubliant que ces derniers sont souvent d'anciens ouvriers, de petits fonctionnaires ayant mis de nombreuses années pour économiser de quoi acheter quelques titres.

Que ces actionnaires apprennent à se défendre. Qu'ils aient assez d'initiative pour provoquer, le moment venu, un mouvement d'opinion, des réunions publiques et surtout découvrir des députés assez influents pour protéger leurs petits revenus, si durement et si prochainement menacés.

Si toutes ces menaces de ruine pouvaient sortir de son apathie notre bourgeoisie, il faudrait les bénir.

Nos actes visibles sont le plus souvent la conséquence des forces invisibles qui nous mènent. Nous ne les connaissons, ordinairement, que par leurs effets. Elles inspirent cependant non seulement nos actes, mais encore les raisons imaginées après coup pour les expliquer.

Cette loi s'applique surtout aux esprits ne possédant guère que des convictions sentimentales. Les hommes politiques n'en ayant guère d'autres ne sauraient y échapper.

Les motifs donnés par eux pour justifier leur conduite diffèrent très fort, généralement, de ceux qui les ont inspirés. Ces derniers restent ignorés parce qu'élaborés dans l'obscure région de l'inconscient.

Les principes directeurs des savants d'une génération ne sont jamais bien nombreux. Ceux qui conduisent les hommes politiques d'une époque ne le sont pas davantage.

En recherchant les facteurs des actes de nos gouvernants depuis une trentaine d'années, on découvre les trois suivants, dominant tous les autres, bien qu'ils ne soient jamais avoués : 1°/ une peur intense des électeurs. 2°/ la croyance que, pour leur plaire, il faut persécuter vigoureusement les minorités, alors même qu'elles comprennent des classes entières de citoyens. 3°/ l'influence dés doctrines collectivistes.

Montrons maintenant, par de clairs exemples, l'action de ces trois facteurs.

En ce qui concerne la peur, j'ai déjà consacré un chapitre à ses effets. Nul ne prétendrait, je crois, en contester l'énorme influence. Son rôle, visible dans l'élaboration de la plupart des lois récentes, s'est manifesté sur une grande échelle, lors de la première grève des postiers, où l'on vit les ministres et le Parlement céder, en s'inclinant bien bas, aux injurieuses menaces de fonctionnaires révoltés.

Le second des facteurs énoncés, l'esprit de persécution, est également trop apparent pour avoir besoin d'être discuté. Des persécutions de tout ordre constituèrent le principal levier de la plupart des ministères qui se sont succédé.

«Waldeck-Rousseau, écrivait récemment un grand journal, a vécu trois ans avec la loi contre les congrégations. Monsieur Combes a vécu autant avec la fermeture des écoles et l'expulsion des moines. Monsieur Rouvier avec la loi de séparation des Eglises et de l'Etat. On a espéré calmer la surexcitation populaire en lui donnant, en pâture, les biens des fabriques et des églises.»

Des trois facteurs politiques précédemment énumérés, le dernier, l'influence collectiviste, joue, comme je l'ai déjà montré, un rôle des plus actifs. Par suggestion, répétition et contagion, les théories collectivistes ont fini par constituer une religion aux dogmes plus intolérants que les vieilles croyances. Ceux mêmes qui ne les acceptent pas en sont fortement imprégnés et osent à peine les combattre. Nous assistons à une réédition des débuts du christianisme, alors que déjà très répandu, il n'avait pas complètement triomphé.

L'influence collectiviste a inspiré nombre de lois désastreuses. Tel ce ruineux rachat des Chemins de fer de l'Ouest, dont j'ai parlé plus haut. Pour flatter les collectivistes, beaucoup de radicaux l'avaient fait figurer sur leurs programmes, et cette unique raison les poussa à le voter, sans s'inquiéter des conséquences d'une semblable opération, conséquences prévues par tous les économistes et réalisées immédiatement.

Sont également filles des théories collectivistes et du vague humanitarisme qu'elles utilisent comme soutien, beaucoup de lois dont le résultat fut, comme je l'ai montré dans un autre chapitre, de désorganiser profondément aussi bien nos croyances morales que notre commerce, notre marine et notre industrie. Telle, par exemple, celle sur le travail dans les manufactures qui, par la suppression de l'apprentissage, transforma en voyous une foule d'anciens apprentis inoccupés.

Tant que les membres éclairés, des classes encore un peu dirigeantes, persisteront dans un découragement aussi terne, une indifférence aussi profonde pour le sort qui les menace, les facteurs politiques énumérés plus haut, continueront à agir avec régularité et constance.

Nous allons les voir bientôt s'exercer encore dans la sinistre loi de l'impôt sur le revenu, basé sur l'inquisition fiscale. Voté par la Chambre avec une écrasante mais humiliante majorité, il est discuté maintenant au Sénat. De son succès ou de son rejet dépendra peut-être la durée du régime républicain. La France a supporté bien des tyrannies, mais l'inquisition bureaucratique dont on la menace serait trop vexatoire pour être tolérée longtemps.

Personne n'ignore plus d'ailleurs que le dégrèvement annoncé, de quelques catégories de citoyens, serait tout à fait insignifiant et obtenu uniquement au prix d'intolérables investigations dans la vie privée.

S'il en est ainsi, quels mobiles poussèrent le Parlement à voter une loi dont le premier résultat sera de désorganiser entièrement nos finances déjà si ébranlées ? Nous l'avons dit, mais il ne sera pas inutile de le répéter encore.

Ce vote eut plusieurs causes psychologiques. D'abord la menace des comités électoraux qui, dans leur épaisse ignorance des lois économiques, s'imaginaient qu'on pourrait faire peser tous les impôts sur une classe unique de citoyens en dégrevant totalement les autres. L'inquisition fiscale, sans laquelle la loi serait inexécutable, fut également une cause de son succès. On devine de quelle utilité pourra devenir pour les factions politiques, cette inquisition dans nos petites villes de province, déjà si divisées. On voit aussi quelles indications précieuses elle fournirait aux collectivistes sur la fortune des citoyens et quel parti les socialistes pourront en tirer le jour ou, à la tête d'une majorité suffisante, il leur deviendra possible d'appliquer aux capitalistes, par un simple décret, les procédés sommaires d'expropriation déjà employés contre les congrégations.

Les doctrines collectivistes, l'esprit de persécution et la peur furent donc les générateurs de cette loi. Ainsi se retrouvent à sa base les trois grands facteurs des convictions politiques, dont nous avons étudié précédemment les effets.

Notre avenir dépend de ce que pensera, dira et fera la jeunesse que nous voyons grandir. Celle d'hier est arrivée à la vie sociale sur un entassement de ruines. Elle a contemplé l'évanouissement des croyances du passé, la désagrégation des antiques conventions sociales. Ne trouvant plus d'idéal à défendre, voyant les vieilles hiérarchies, la famille, la propriété, la patrie et l'armée battues en brèche sans relâche, elle a fini par se convaincre de l'inutilité de tout effort. Semblable persuasion devait rapidement conduire à cette usure des caractères qui fait supporter avec résignation les persécutions et les violences.

Une aussi passive attitude encouragea l'audace de révolutionnaires hardis, sans traditions ni scrupules, ne songeant qu'à l'heure présente et ne concevant d'autres sources de richesse que le pillage de fortunes péniblement acquises par autrui. Le fanatisme du mal devient vite très puissant quand le fanatisme du bien ne lui est pas opposé.

La jeunesse bourgeoise reste cependant toujours l'élite parce que la science, l'industrie, la littérature et les arts demeurent encore entre ses mains, mais une élite sans caractère n'est bientôt plus une élite.

Très raffinée aussi était l'élite romaine, à la fin de l'Empire, mais, ayant perdu toute énergie morale, elle ne sut pas résister à l'avidité de Barbares, possédant une volonté forte. Quand les classes, jadis dirigeantes, se laissent de plus en plus diriger, elles sont bien proches de leur fin.

Malgré tant d'apparences contraires, les luttes de l'avenir ne seront pas uniquement des conflits d'intérêts économiques, mais aussi des luttes de races, des luttes d'idées, ou plutôt de sentiments engendrés par ces idées.

Les sentiments dont l'ensemble constitue le caractère d'une nation ne changent que très lentement. Cependant, au cours des âges, on les a vus plusieurs fois évoluer.C'est ainsi, par exemple, que l'éducation, qui continue à jouer en France un rôle si nuisible, parvint, dirigée par des mains habiles, à transformer l'Allemagne en moins d'un siècle. Les maîtres d'écoles ne gagnent pas les batailles, comme on le dit quelquefois, mais ils peuvent créer la mentalité qui les fait perdre. Modifier les sentiments d'un peuple serait changer le cours de son histoire.

CHAPITRE VI
Le fatalisme moderne et la dissociation des fatalités

On pressent les destinées d'une génération par l'étude des idées directrices qui orientent ses volontés et déterminent sa conduite.

Mais où les rechercher, ces idées ? Ce n'est certes pas dans les actes des multitudes. Elles possèdent des appétits et non des pensées. Sera-ce chez les intellectuels qui font des livres et prononcent des discours ? Ils ne nous donnent le plus souvent que le reflet d'opinions adoptées pour séduire auditeurs ou lecteurs.

Malgré la difficulté de dégager nettement les idées d'une époque, on peut s'en faire une notion approximative par l'enseignement des maîtres les plus écoutés.

De récents discours académiques, ceux notamment de messieurs Lavisse et Pierre Loti, trahissent clairement les préoccupations actuelles des guides de la jeunesse.

Ils ne sont pas réconfortants, ces discours. Un pessimisme attristé les domine. Ce qu'on y lit surtout, c'est la conviction de l'inutilité de l'effort, une résignation passive devant les événements, la proclamation de l'impuissance de la science à éclaircir les mystères qui nous enveloppent. Un fatalisme sombre semble envahir, au déclin de leurs jours, l'âme de penseurs qui, à l'aurore de leur activité mentale, étaient tout rayonnants d'espérances.

Cette note fataliste constatée chez les professeurs et les académiciens, nous la retrouverions également chez les hommes politiques actuels. Dans une interview, un ancien président de la République, monsieur Loubet, s'exprime ainsi :

«La force inéluctable des choses l'emporte sur la volonté des hommes. Une logique mystérieuse nous conduit.»

Nous verrons bientôt de quels éléments se composent cette force inéluctable et cette logique mystérieuse.

Parmi les académiciens dont je viens de parler, Pierre Loti s'est montré le plus attristé. Dans une langue harmonieuse, il réédite la vieille plainte de l'Ecclésiaste, tant de fois répétée au cours des âges.

C'est à l'impuissance de la science, créatrice cependant de tous les progrès civilisateurs, que s'en prend monsieur Loti. Il lui reproche de ne savoir rien expliquer.

Nous ne savons ni ne saurons jamais rien de rien : c'est le seul fait acquis. La vraie science n'a même plus cette prétention d'expliquer, qu'elle avait hier. Chaque fois qu'un pauvre cerveau humain d'avant-garde découvre le pourquoi de quelque chose, c'est comme s'il réus-

sissait à forcer une nouvelle porte de fer, mais pour n'ouvrir qu'un couloir plus effarant, plus sombre, qui aboutit à une autre porte plus scellée et plus terrible. A mesure que nous avançons, le mystère, la nuit s'épaississent, et l'horreur augmente..

*C'est alors que le «résidu» chrétien essaye encore de protester doucement au fond de nos âmes. Nous voyons bien que ce n'est pas cela, qu'il n'est pas possible que ce soit cela. Mais derrière l'ineffable symbole (infiniment loin derrière, si l'on veut, là-bas aux confins de l'incompréhensible), nous nous disons qu'il y a peut-être la **vérité**, avec l'espérance.*

Peu confiant dans la puissance explicative de la science, le célèbre écrivain ne croit pas davantage à celle de l'effort pour se défendre contre la menace des événements. «Il n'y a pas de lutte possible, dit-il, contre ce souffle moderne qui se lève pour tout abattre en nivelant tout.»

Je doute fort de ce nivellement, admettant au contraire une dénivellation croissante entre les individus, et par conséquent entre leurs situations, à mesure qu'évolue la civilisation. J'ai donné, il y a longtemps, les raisons psychologiques de cette différenciation progressive, dont j'ai déjà parlé dans un précédent chapitre. Avec les complications de la science et de la technique industrielle, la distance entre les mentalités du savant et de l'ignorant, entre celles de l'ingénieur et du manœuvre devient immense et s'accroît chaque jour. On égalisera de plus en plus les apparences, mais de moins en moins les hommes. Le capitaine sachant lire dans les astres la direction que doit suivre son navire, pour éviter les écueils des mers ténébreuses, ne sera jamais l'égal de l'obscur matelot, infailliblement perdu s'il est abandonné à lui-même.

Les inégalités mentales sont des fatalités irréductibles qu'aucune violence ne saurait effacer.

Le pessimisme et le fatalisme de monsieur Lavisse n'apparaissent pas moindres que ceux de monsieur Loti. Recevant monsieur R. Poincaré, il commença d'abord par le gourmander de son demi-optimisme, lui reprochant «l'usage de formules un peu défraîchies». «Je serais fâché pour vous et aussi pour moi, ajoute monsieur Lavisse, si vous croyiez que quelques principes anciens et simples puissent suffire à conduire les hommes dans leur politique d'aujourd'hui.»

Quels seraient alors les nouveaux principes directeurs ? Monsieur Lavisse ne les indique pas, sans doute parce qu'il les ignore. Mais il les appréhende beaucoup. Les fantômes lointains paraissent toujours dangereux.

L'Etat et la société, continue l'orateur, sont en question et en péril. Une démocratie commence par être un tumulte énorme d'instincts, de passions et d'idées. Elle ne sait ni ne peut savoir au juste ce qu'elle veut, et personne n'est en état de proposer à ses obscures volontés le plan de la cité future. Gênée, irritée par les institutions, lois et coutumes, elle s'attaque à tous les états de la cité présente et tout s'ébranle et semble pencher vers la ruine.

...Un jour, il faudra dans tous les Etats du monde, choisir entre les dépenses militaires et les dépenses sociales. Ce jour viendra, il approche. Il mettra en présence deux mondes, deux conceptions différentes de l'humanité. Ce sera le grand jour.

L'éminent prophète est-il bien sûr que ses craintes ne soient pas un peu vaines ? A-t-il vraiment oublié que les mêmes problèmes se sont posés sous les mêmes formes, chez tous les peuples, à Athènes, à Rome, à Florence, de l'antiquité aux temps modernes ? Répétés dans des termes presque identiques, ils ont abouti partout aux mêmes solutions. La barbarie changea souvent de nom, mais force fut sans cesse de lutter contre celle du dedans et celle du dehors. Cette lutte constitue d'ailleurs un des facteurs du progrès. Elle n'est dangereuse que si, les défenseurs d'un ordre social établi, se résignent d'avance à la défaite. Fatalement vaincus alors, ils méritent l'écrasement qui termine leur inutile existence.

L'hétérogène alliance des pacifistes, des socialistes et des universitaires de race latine, pourra peut-être faire éclore dans un pays, le «grand jour» de monsieur Lavisse, mais il aurait son lendemain, ce grand jour rêvé. Ce serait l'asservissement immédiat et le pillage du peuple désarmé par des voisins avides d'encaisser des milliards et de supprimer la concurrence des vaincus.

Ces fâcheuses réalités sont fondées sur des passions que les rêveries humanitaires ne sauraient enrayer. Elles ont jusqu'ici gouverné le monde et sans doute le gouverneront toujours.

Les tendances pessimistes et fatalistes, dont nous venons d'indiquer les symptômes, ne se rencontrent pas seulement dans les discours académiques. Elles envahissent de plus en plus notre enseignement universitaire.

Les professeurs qui ne sont pas des résignés deviennent bientôt des révoltés. Beaucoup se mettent aujourd'hui à la tête du socialisme révolutionnaire.

La lecture de leurs œuvres montrent quel mélange d'humanitarisme, de religiosité et d'envie sature leurs âmes. Les écrits récents d'un professeur au Collège de France sont typiques à ce point de vue. Dans son livre, **Paroles d'avenir**, écrit en style apocalyptique, nous apprenons que la liberté de l'ouvrier consiste à «crever dans un fossé comme un chien ou dans un lit d'hôpital comme un gueux qu'il est. Il a la liberté de mourir de faim et de misère.»

Quant aux riches, l'auteur révèle à ses lecteurs qu'ils n'ont guère d'autres occupations que «des orgies stupides et immondes». On doit les dépouiller de leurs richesses. «Délivrer ces bons à rien des tares et des misères morales qu'engendre l'extrême opulence serait leur rendre un signalé service.»

C'est, on le voit, dans les temples de la science pure que grandissent aujourd'hui les futurs Marat.

Des élucubrations aussi haineuses sont assurément trop dépourvues de style, de pensée et de vérité, pour exercer quelque influence sur des esprits éclairés. Mais n'oublions pas que leurs auteurs sont les guides de la jeunesse. Quelle génération sortira des mains de pareils maîtres ?

La résignation fataliste d'une part, la révolte envieuse de l'autre, semblent devenir chaque jour davantage les dominantes des éducateurs latins.

L'influence de l'esprit révolutionnaire n'amène que des violences éphémères, celle du fatalisme est plus durable et pour cette raison plus dangereuse. Le fatalisme est la religion des faibles, incapables d'effort. Appuyé en apparence sur des bases scientifiques, il semble un monstre redoutable. Sa force cependant n'est qu'illusoire.

Le fatalisme est un héritage antique, continué par les religions et les philosophies. Au sommet des choses, dominant les dieux et les hommes, les anciens plaçaient un pouvoir souverain nommé destin. Ses arrêts étaient inviolables. «Tu tueras ton père et épouseras ta mère», avait dit l'oracle à Œdipe et Œdipe, malgré tous ses efforts, dut subir sa destinée.

Les religions ont perpétué cette tradition. Dans la doctrine de la prédestination, encore chère à plusieurs sectes protestantes, et qui fait le fond du jansénisme, Dieu, dès l'origine des choses, a décrété que certaines âmes seraient sauvés et d'autres damnées.

Si le déterminisme de la science moderne paraît justifier pour beaucoup leur fatalisme atavique, c'est qu'ils confondent fatalisme et déterminisme, choses en réalité fort différentes. Le déterminisme enseigne qu'un phénomène est la conséquence rigoureuse de certaines causes antérieures. Il se répète quand les mêmes causes se reproduisent et sans que les volontés d'aucun être supérieur puissent intervenir dans cet enchaînement. Les anciens avaient divinisé toutes les forces naturelles parce qu'ignorant leur engrenage invariable, ils espéraient, avec des prières, en modifier le cours.Rejeter l'intervention d'êtres supérieurs, voilà tout le déterminisme.

Le fatalisme comporte une définition tout autre. Alors que le déterminisme échappe à notre volonté, beaucoup de fatalités peuvent, au contraire, être dominées par elle.

Laissons aux métaphysiciens les discussions subtiles sur le libre arbitre, puisque le problème est philosophiquement insoluble. En se plaçant à un point de vue exclusivement pratique, il devient facile de prouver que la fatalité n'est le plus souvent que la synthèse de nos ignorances et s'évanouit dès qu'on sait désagréger les éléments qui la composent.

Trois classes distinctes peuvent être établies dans la grande famille des fatalités :

1°/ Les fatalités naturelles, irréductibles.

Telles sont la vieillesse, les phénomènes météorologiques, le cours des astres. Tout au plus pouvons-nous en déterminer les lois, les prévoir et quelquefois nous protéger un peu contre elles.
2°/ Les fatalités réductibles.

Des que les progrès de la science permettent de dissocier leurs éléments et de les attaquer séparément, elles s'évanouis-

sent. Les grandes épidémies, les famines, qui faisaient autrefois périr des millions d'hommes, en sont des exemples.
3°/ <u>Les fatalités artificielles.</u>

Créées par nous, ces dernières remplissent l'histoire. Lutter contre elles est difficile, parce qu'une cause étant constituée, ses effets ont un déroulement nécessaire. Pour les dominer, il faut savoir opposer, à la cause possédant un certain poids, une autre cause d'un poids plus lourd. C'est ainsi généralement que les grands hommes surent briser les fatalités.

L'examen sommaire du rôle de la science sur des phénomènes, considérés jadis comme d'inexorables destins, enseigne clairement de quelle façon peuvent être désagrégées et anéanties certaines fatalités.

En 1870, c'était une inéluctable fatalité, que tout sujet amputé dans un hôpital parisien succombât en quelques jours. C'était également une fatalité que les habitants de diverses contrées fussent victimes de fléaux comme le paludisme et la fièvre jaune.

Aujourd'hui, les éléments de ces fatalités étant dissociés, on a pu les anéantir. Les amputés périssaient par l'action de certains microbes. Dès que les méthodes d'aseptie permirent de supprimer cette action, les opérations jadis mortelles devinrent inoffensives.

De même pour le paludisme et la fièvre jaune. Aussitôt qu'on les sut produits par des parasites, qu'introduisaient dans les globules du sang les piqûres de certains moustiques, on entrevit le moyen de faire disparaître ces épidémies et la fatalité commença à se dissocier. Elle ne le fut entièrement que lorsque, étudiant les conditions d'existence de ces moustiques, on découvrit qu'ils se reproduisaient seulement dans les mares ou flaques d'eau. Mares et flaques d'eau desséchées, les moustiques disparurent et du même coup les épidémies. Des pays, comme la Havane, au séjour si souvent mortel, devinrent habitables sans danger. La fatalité s'était évanouie.

Même observation pour la peste, dont certaines explosions firent jadis périr jusqu'à 25 millions d'hommes. Nous la savons maintenant résultant d'un bacille, produit par la morsure des puces ayant abandonné les cadavres de rats pesteux. De même encore pour la maladie du sommeil qui dépeuplait diverses régions de l'Afrique, etc.

Les faits analogues sont innombrables. Les Hollandais surent se soustraire par un énergique effort à la fatalité d'inondations dont la mer les menaçait. La Prusse transforma les sables de Poméranie et les tourbières du Brandebourg en forêts magnifiques et en champs fertiles. Tous ces dominateurs de la nature ont lutté contre des fatalités et les ont vaincues, parce qu'ils se refusèrent à la résignation.

Ce que nous venons de dire de la désagrégation de certaines fatalités naturelles peut s'appliquer egalement aux fatalités historiques. Quoique parfois très lourdes, lorsqu'elles dérivent de la race et du passé politique d'un peuple, elles n'échappent pas à cette loi de l'évanouissement par dissociation de leurs éléments. C'est principalement notre ignorance de la nature des éléments d'une fatalité qui fait sa force.

Chaque page de l'histoire vérifie ces assertions. Considérez un événement important, la guerre de 1870, par exemple, analysez-en tous les facteurs psychologiques immédiats et surtout lointains, vous découvrirez vite que, si notre défaite était devenue inévitable, les divers éléments qui la rendirent telle auraient pu être successivement annulés par des intelligences supérieures, avant que leur accumulation devînt trop écrasante.

Les erreurs de psychologie dans le présent et l'incapacité de prévision pour l'avenir, sont toujours l'origine de fatalités ruineuses qui pèsent ensuite sur plusieurs générations. Que de fatalités créées par les aveugles conseillers du souverain, qui présidait à nos destinées, il y a 50 ans. Des erreurs analogues, l'absence complète d'esprit d'observation, une ignorance invraisemblable de la psychologie des Japonais engendrèrent les défaites des Russes et des conséquences destinées peut-être à transformer l'avenir de l'Europe.

Les fatalités artificielles qui nous enveloppent sont innombrables. Tel, par exemple, l'alcoolisme. Nous savons à quel point il nous envahit et que près du 1/4 des conscrits sont éliminés en raison des tares héréditaires dues à des parents alcooliques. Sur cette fatalité, nous avons peu d'action. L'Etat, d'ailleurs, est presque obligé de l'encourager, sous peine de provoquer un énorme déficit dans son budget.

Toutes ces fatalités, que nous créons sans relâche, finissent par devenir si puissantes qu'il devient presque impossible de les dissocier.

Un livre récent de monsieur Cruppi, ancien ministre du commerce, en fournit un excellent exemple. On y voit comment un ministre, en apparence tout-puissant, peut demeurer très impuissant à rien réformer dans son propre ministère, et se trouve obligé de subir l'anarchie qu'il y constate. L'auteur nous révèle le désordre prodigieux des services administratifs qu'il espérait vainement pouvoir diriger : disputes perpétuelles des employés, confusions des responsabilités, manque d'unité dans le commandement, organismes vieillis, etc.

Pendant les deux années qu'il resta en fonctions, ce ministre n'est parvenu à aucune modification utile, et on voit bien dans son livre qu'il n'a pas très nettement compris les motifs de son impuissance, puisque le seul remède proposé par lui est de «changer la morale même de la démocratie par la réforme électorale».

Pour réussir à combattre les forces réelles qui conduisent les choses, il faut mieux les connaître.

Les fatalités sentimentales sont peut-être les plus redoutables de toutes par leurs conséquences. C'est pourquoi l'humanitarisme, forme inférieure du christianisme, devient un des fléaux de la France moderne. Il ronge sans relâche les bases de l'édifice social. C'est par humanitarisme, je l'ai déjà montré, que nous avons créé tant de lois génératrices de révolutions redoutables. C'est par humanitarisme encore que furent introduit les voyous dans l'armée au risque de la désorganiser entièrement. Par humanitarisme toujours, nous réservons à ces voyous des prisons bien chauffées, pourvues de tout le confort moderne et fort supérieures au logement de la plupart des ouvriers.

Grâce aux humanitaires, les assassins se multiplient dans d'effrayantes proportions. En quelques années le nombre des meurtres a triplé. Il a fallu une véritable explosion d'indignation publique pour décider le gouvernement à laisser guillotiner des assassins ayant rôti leurs victimes à petit feu. Quand la funeste race des philanthropes s'abat sur un peuple, il est près des grandes catastrophes. On sait à quel point ils pullulèrent, la veille de la Révolution. Que d'invocations à l'Etre suprême, d'appels émus à la Fraternité, avant les massacres de Septembre et la permanence de la guillotine !

Le terme ultime de l'Evolution de l'humanitarisme fut invariablement de sanglantes hécatombes. Il faut craindre la peste, mais redouter beaucoup plus encore les philanthropes. Les sociétés n'eurent jamais de pires ennemis. Le philanthrope n'est nullement l'homme du progrès, mais celui qui détruit toutes les initiatives et entrave tous les progrès.

L'utilité des connaissances psychologiques pour désagréger les fatalités, apparaît clairement, je suppose. Un de nos plus éminents ministres des affaires étrangères, monsieur Hanotaux, consulté récemment par moi sur ce point, me disait qu'il ne voyait pour l'homme d'Etat aucune connaissance plus nécessaire, aucune qu'il ait eu à employer plus souvent pendant sa longue carrière.

La psychologie politique n'apprend pas seulement à combattre avec succès les fatalités qui entravent sans cesse la vie des peuples. Elle enseigne aussi à conduire les hommes et à diriger les événements.

Les grands hommes d'Etat : Richelieu, Cavour, Bismarck, le roi Edouard, etc., surent, non seulement gouverner, mais encore dissocier et détruire les éléments dont l'ensemble forme les fatalités de l'histoire.

Tous ces esprits éminents manièrent avec une précision merveilleuse les facteurs psychologiques qui nous mènent. Ils comprirent aussi le rôle des nécessités religieuses, sociales et économiques que chaque époque voit surgir et dont nous ne saurions être maîtres. Séparer les fatalités inévitables de celles qui ne le sont pas et ne jamais s'user dans d'inutiles luttes, est un des points fondamentaux de la psychologie politique.

On ne peut détruire en effet les fatalités créées par des conditions extérieures indépendantes de notre volonté, mais l'homme supérieur les utilise comme le marin utilise le vent malgré sa direction. C'est ainsi, par exemple, que devant le problème de la surproduction et des concurrences ruineuses qu'elle engendre, les Allemands, au lieu d'entrer en lutte contre des fatalités économiques, les ont utilisées par la création de ces syndicats de production dits**car-**

tells, qui empêchent concurrence et surproduction. Impuissants à comprendre les nécessités inéluctables de la concentration industrielle, nous combattons par des lois draconniennes ces syndicats, que l'empereur d'Allemagne aide au contraire de tout son pouvoir.

Clairvoyance d'un côté, aveuglement de l'autre.

Lorsque, incapable par ignorance d'utiliser les fatalités résultant de lois naturelles, on essaie de leur résister, il en résulte des calamités dont les générations futures subissent longtemps les conséquences. Chaque fatalité artificiellement créée implique, en effet, un déroulement nécessaire. Nous évoquions plus haut la guerre de 1870. Beaucoup de Français l'ont oubliée, à tel point qu'un professeur de l'Ecole Normale Supérieure signalait récemment, dans le **Temps**, que certains candidats à cette école l'ignoraient complètement. Et, pourtant, nous sommes tellement enveloppés encore de son influence que ses conséquences continuent à régir l'Europe. Au seul point de vue de ses incidences financières, nous payons toujours 450 millions par an, rente des 15 milliards que cette guerre a coûtés. Parmi les autres conséquences de notre défaite, figure encore celle-ci, que, pour éviter l'attaque dont nos voisins victorieux n'ont pas manqué, depuis 1870, une seule occasion de nous menacer, nous avons dépensé en armements, suivant les calculs de monsieur Cochery, 53 milliards.

On voit ce que pèse l'imprévoyance des hommes d'Etat, et combien sont précieux pour leur pays, les grands hommes politiques, qui savent dans le présent lire un peu l'avenir, et éviter de créer des fatalités. Ils sont malheureusement fort rares.

Depuis le développement du parlementarisme, beaucoup d'hommes d'Etat considèrent que la politique est simplement l'art de bien parler et se préoccupent peu de bien penser. Séduire son auditoire par le cliquetis charmeur des formules sonores, ne constitue pourtant qu'un succès éphémère.

Habitué à prendre les mots pour des réalités, le grand orateur est fréquemment un homme d'Etat médiocre. Nul besoin, en effet, pour discourir élégamment, de posséder cette connaissance des hommes et des choses qui permet les décisions justes, énergiques et rapides, ni cette continuité dans l'effort, génératrice des succès durables.

Pour l'orateur politique, obligé de satisfaire aux besoins d'explications d'un public peu capable de réfléchir, les événements sont engendrés par des causes très simples, paraissant évidentes.

La vérité est cependant tout autre. Ce n'est nullement par l'évident, l'immédiat, le clair et le simple que s'expliquent les phénomènes historiques. Ils sont créés au contraire par le lointain et le complexe.

Et c'est pourquoi la faculté de prévoir les conséquences de leurs actes échappe si souvent aux hommes d'Etat actuels. S'ils ne prennent pas constamment leurs idées pour des faits, ils croient volontiers que leurs idées modifieront les faits et vivent trop exclusivement dans l'heure présente pour tâcher de prévoir un peu.

Or l'homme d'Etat incapable de prévision est, je le répète, un créateur de fatalités désastreuses. Si l'Angleterre se débat actuellement contre les immenses difficultés qu'entraîne la nécessité d'accroître considérablement ses impôts, pour augmenter sa flotte et lutter contre la menaçante suprématie de l'Allemagne, c'est parce que, il y a 40 ans, en 1870, ses gouvernants ne surent rien prévoir. Pour satisfaire des rancunes, qu'un véritable homme politique devrait ignorer, elle nous refusa, après la guerre franco-allemande, de favoriser un congrès qui eût limité les prétentions de l'Allemagne et changé l'avenir. La crainte de voir se réunir ce congrès était le cauchemar de Bismarck. Il y pensait jour et nuit, dit-il dans ses Mémoires. Ce grand psychologue comprenait bien qu' un tel congrès eût réussi à «rogner le prix de ses victoires». C'est justement ce que fit, quelques années plus tard le congrès de Berlin, qui obligea les Russes, victorieux des Turcs, à renoncer à s'emparer des territoires convoités par eux.

Jamais en effet, et malgré nos défaites, un congrès n'aurait laissé troubler entièrement l'équilibre de l'Europe au profit d'une seule puissance. L'Angleterre, l'Autriche et la Russie n'avaient-elles pas un intérêt évident à empêcher la formation d'un Etat prépondérant au centre de l'Europe ? Les hommes d'Etat anglais expient aujourd'hui les fautes de prévision alors commises.

La destinée des peuples latins est devenue très incertaine aujourd'hui, parce que les politiciens, n'ayant chez eux qu'une existence éphémère, vivent uniquement dans le présent, sans souci de l'avenir. Une critique ne tenant compte que de l'heure actuelle, est toujours d'ordre inférieur, et condamnée à subir les coups de toutes les fatalités. En politique comme dans l'industrie, le succès appartient aux prévoyants.

L'histoire récente de la Belgique en fournit un bien frappant exemple. Il y a 40 ans, en 1870, l'Afrique était à peu près inconnue. Quelques explorateurs hardis commençaient a peine à la révéler. Un jeune roi, doué de vision lointaine, comprit que l'Asie, allant échapper à l'Europe, l'avenir des Européens était en Afrique. Alors, presque sans ressources, malgré l'opposition ou la mauvaise volonté de ses sujets, il commença au centre du continent africain la fondation d'un empire, le Congo, qui, progressivement agrandi, occupe maintenant une surface égale à la moitié de la Russie d'Europe. Il est finalement devenu pour la Belgique une source de richesse telle, que ce petit pays va compter parmi les plus grandes puissances économiques du monde.

Le lecteur qui a bien voulu nous suivre doit avoir maintenant de la fatalité une idée tout autre que celle donnée par les livres. Envisagée comme nous l'avons fait, elle perd son pouvoir inexorable et mystérieux. Beaucoup de fatalités naturelles sont des forces que nous devons vaincre. Celles engendrées par l'imprévoyance des aïeux sont destructibles par la volonté.

Nous ne cessons, malheureusement, de créer des fatalités artificielles dont les conséquences retomberont durement sur nos descendants. Croit-on, par exemple, que vainement se prêchent l'antipatriotisme, l'antinationalisme, l'antimilitarisme et l'anarchie. Que nous supportons les révoltes des fonctionnaires. Que nous entassons des lois de plus en plus oppressives pour l'industrie. Que les maîtres de l'Université donnent une éducation dont le niveau technique et moral s'affaisse chaque jour. Que l'égalité entre tous les hommes soit devenue un dogme obligatoire ?

Est-ce impunément que les membres de cette Université infiltrent dans l'âme de la jeunesse avec la haine des supériorités, créatrices cependant de la puissance d'un peuple, l'indifférence pour toutes les grandes causes, la résignation morne, l'esprit de négation et de dénigrement, l'absence de morale directrice capable d'orienter les volontés ? Comme conséquence, nous descendons rapidement alors que l'Allemagne, guidée par d'autres maîtres, ne cesse de grandir. C'est par l'éducation, que nous n'avons pas su manier, qu'elle parvint à désagréger des fatalités subies depuis des siècles.

Il est fort redoutable pour un peuple de s'engager dans une voie ayant le désordre et les révolutions pour inévitable issue. Or, cette voie si dangereuse, nous la suivons de plus en plus. Créer des privilèges à l'incapacité et au désordre, poursuivre d'une haine aveugle les élites et tenter de pratiquer l'égalité par en bas, persécuter les croyances, essayer par des lois vexatoires de s'emparer des fortunes qu'édifie le travail, méconnaître les nécessités naturelles, ignorer le rôle de la race dans l'histoire, exciter sans cesse les jalousies et l'envie, tel est actuellement le rôle des meneurs populaires. Toutes leurs tentatives constituent une œuvre de démagogues que devrait rejeter un grand peuple.

Et pendant que s'accumulent tant de causes de décadence, nous laissons se développer une armée de révolutionnaires fanatiques, sans traditions, sans principes, sans scrupules, n'ayant pour idéal que la violence de leurs appétits et un intense besoin de destruction. Nous leur opposons seulement nos pâles incertitudes, notre indifférence et notre résignation fataliste. A mesure qu'ils menacent, nous cédons davantage. Ne croyant plus à rien, nous ne savons rien défendre. Faiblesse grandissante d'un côté, puissance grandissante de l'autre. La balance oscille encore un peu dans le sens de l'ordre, mais bientôt elle n'oscillera plus.

Si cet ouvrage a pu éclairer quelques esprits, le lourd travail qu'il a demandé n'aura pas été perdu.

Je n'ai dit le plus souvent d'ailleurs que des vérités banales et, qu'avec un peu de réflexion, chacun pouvait énoncer. Les peuples qui nous suivaient jadis et nous précèdent aujourd'hui les connaissent parfaitement. Tous leurs guides les proclament. On les retrouvera dans le discours prononcé à la Sorbonne le 24 avril 1910 par un des plus illustres présidents des Etats-Unis monsieur Theodor Roosevelt. Lui aussi a montré l'absurdité de nos théories égalitaires, le danger des doctrines socialistes, la supériorité du caractère sur l'intelligence, dans la conduite de la vie, et bien d'autres vérités encore. Voici quelques extraits de sa magistrale leçon :

... Il ne nous faut jamais oublier qu'aucune acuité ou subtilité d'intelligence, aucune politesse, aucune habileté ne saurait compenser le manque des grandes qualités fondamentales de caractère. La maîtrise de soi-même, le pouvoir de se contraindre, le sens commun, la faculté d'accepter la responsabilité individuelle et cependant d'agir en union avec les autres, le courage et la résolution : voilà les qualités à quoi se reconnaît un maître peuple. Sans elles, aucun peuple ne peut se régir lui-même, ni s'éviter à lui-même d'être régi du dehors.

Devant l'intelligence, je m'incline, mais j'ajoute, que de plus d'importance encore, sont les qualités communes et les vertus de tous les jours.

... On ne saurait exagérer le funeste effet, sur aucune race, de l'adoption d'un système logique de socialisme poussé à l'extrême, on n'en pourrait sortir que destruction. Il produirait de plus grands maux et une plus grande injustice, une pire immoralité qu'aucun système actuel.

... Nous ne devons pas plus consentir à pratiquer un mensonge qu'à en dire un. Nous ne saurions déclarer que les hommes sont égaux, alors qu'en fait ils ne le sont pas, ni agir comme si nous tenions pour réelle une égalité non existante.

... Il y a eu bien des Républiques dans le passé. Elles tombèrent, et le premier facteur de leur ruine fut ce fait que les partis tendaient à se diviser selon la ligne de partage de la richesse et de la pauvreté. Peu importa quel parti réussit à dominer l'autre. Peu importa sous la règle de qui tomba la République, et que ce fût celle d'une oligarchie ou celle de la populace. Dans l'un et l'autre cas, quand la fidélité à une classe eut remplacé la fidélité à la République, la fin de la République était proche.

Ce sont là choses que depuis bien des années je n'ai cessé de répéter, mais qu'il faut constamment redire. La répétition seule peut les faire entrer dans l'esprit. Les idées s'imposent rarement par la démonstration de leur exactitude, elles s'imposent seulement, après avoir envahi ces régions profondes de l'esprit où s'élaborent les mobiles de nos actions.

CHAPITRE VII
La défense sociale

Livre VI : L'évolution anarchique et la lutte contre la désagrégation...

L'anarchie et les luttes sociales dont nous avons tracé le tableau se manifestent surtout chez les peuples ayant tenté de rompre avec leur passé et dont la mentalité a par conséquent perdu sa stabilité.

L'âme d'une nation est formée d'un réseau de traditions, de croyances, de sentiments communs, de préjugés même, fixés par hérédité. Cette âme oriente inconsciemment nos pensées et dirige notre conduite. Grâce à elle, les peuples pensent et agissent d'une façon semblable dans les conditions fondamentales de leur existence.

Une société n'est solidement constituée, et l'idée de patrie qui conduit à la défendre, ne peut exister que lorsque l'âme nationale est née. Jusqu'à sa formation, un peuple reste une poussière de barbares capable seulement de cohésion momentanée, et sans lien durable. Il retourne à la barbarie dès que l'âme nationale se désagrège. Rome périt en perdant son âme. Les envahisseurs qui héritèrent de ses ruines, mais non de sa grandeur, mirent plusieurs siècles pour acquérir cette âme nationale, dont la possession pouvait seule les sortir de la barbarie.

Or, nous sommes précisément à une de ces phases critiques de l'histoire où les croyances religieuses, politiques et morales, qui orientaient nos pensées et notre conduite, s'évanouissent progressivement et où celles qui doivent les remplacer ne sont pas formées encore. C'est une terrible chose pour un peuple d'avoir perdu ses dieux. Le scepticisme, possible chez quelques individus, est un sentiment que les foules ne sauraient connaître. Il leur faut un idéal créateur d'espérances. Comme l'a dit très justement un poète :

À l'Homme il faut toujours, incarnant son désir,
Héros, doctrine ou dieu, quelque fétiche étrange.
En vain, sans se lasser, un ténébreux archange
Jette à bas les palais qu'il s'épuise à bâtir.
En vain le Sort moqueur incessamment dérange
Les nuages fuyants qu'il s'obstine à saisir.

(E. Picard. Poésies philosophiques)

Les dieux changent quelquefois, mais ils ne peuvent mourir. Une croyance nouvelle vient bientôt se substituer à celle usée par les siècles.

Les dogmes socialistes tendent aujourd'hui à remplacer les

dogmes chrétiens. Leur principale force est de pouvoir se rattacher aisément aux croyances ancestrales. L'Etat providence est une forme affaiblie du ciel providence de nos pères. Les paradis socialistes sont proches parents de ceux des primitives légendes.

Il n'en fut jamais autrement. Les peuples très vieux, portant le poids d'hérédités très lourdes, ne peuvent guère posséder que d'anciennes croyances transformées et, par conséquent, changer simplement leurs noms. Les sentiments qui ont demandé des successions d'âges pour se fixer dans l'esprit ne sauraient brusquement disparaître.

C'est en partie pour cette raison que, malgré le peu d'élévation de son idéal, la foi socialiste, héritière immédiate de la foi chrétienne, progresse dans l'esprit des foules. Elle rend aux simples l'espérance, que les dieux ne leur donnaient plus, et les illusions que la science leur avait ôtées.

Ses apôtres poursuivent bien à tort d'une haine intense les vieux dogmes. Cléricaux, socialistes, anarchistes, etc., sont des variétés voisines d'une même espèce psychologique. Leur âme est ployée sous le poids de semblables chimères. Ils ont une mentalité identique, adorent les mêmes choses et répondent aux mêmes besoins par des moyens peu différents.

Si les propagateurs de la religion nouvelle se bornaient à prêcher pacifiquement leur doctrine, ils ne seraient pas trop dangereux, mais les socialistes partagent avec tous les apôtres ce caractère commun, de vouloir imposer par la force l'idéal qu'ils croient destiné à régénérer le monde.

La haine que la société inspire à des esprits, dominés par un atavisme religieux à peine laïcisé, se répand rapidement parmi les ouvriers. Le sort de ces derniers est beaucoup plus heureux aujourd'hui que jadis et cependant, leurs malédictions contre l'organisation actuelle, sont identiques à celles des premiers chrétiens envers le monde antique qu'ils finirent par détruire.

Bien que l'attaque de la société s'accuse chaque jour plus violente, sa défense reste aussi molle que celle du monde païen devant la foi nouvelle et tient aux mêmes causes. Maintenant comme alors, les esprits d'élite ne croient plus à la solidité des principes sur lesquels l'édifice social est bâti. Tiraillés par des influences ataviques, dont ils se défient, et par les nécessités de l'heure présente, ils sont incapables de volonté forte et finissent par céder à tous les mouvements de l'opinion populaire. Or, cette opinion est extrêmement changeante. Des explosions imprévues de fureur, d'indignation, d'enthousiasme, éclatent à propos des moindres événements.

N'ayant plus un fonds commun de principes susceptibles d'endiguer leurs oscillations mentales, aucun phare directeur pour orienter leur conduite, les gouvernants suivent les foules au lieu de les guider. L'action des élites perd ainsi graduellement sa force et sera bientôt sans poids.

Toutes les formules dans lesquelles se condensent maintenant les instincts populaires et qui visent à la destruction totale de la société, sont propagées par cette catégorie de demi-hallucinés désignés sous le nom de meneurs ou d'apôtres et dont la psychologie n'a pas varié à travers les âges.

Ce sont généralement des esprits très bornés, mais doués d'une ténacité forte, répétant toujours les mêmes choses dans les mêmes termes et prêts souvent à sacrifier leurs intérêts personnels et leur vie pour le triomphe de l'idéal qui les a conquis. Leur puissance sur l'âme des foules est considérable, parce qu'ils promettent sans trêve de lumineux paradis. Un paradis, c'est de l'espérance, et l'espérance fut toujours le grand mobile de l'activité des hommes.

Hypnotisés par leurs rêves, ils finissent par halluciner les multitudes et par les déchaîner furieusement contre tous les obstacles. La mentalité des masses ne s'est guère modifiée dans le cours des siècles. L'intelligence peut évoluer, mais les sentiments et les passions, qui sont nos vrais guides, n'ont jamais changé.

Les apôtres ne se combattent malheureusement qu'avec des apôtres. Or, si ceux du désordre sont nombreux, ceux de l'ordre demeurent bien rares. L'erreur passionne, les froides vérités n'enthousiasment pas.

La tâche est plus facile, d'ailleurs, de vanter des illusions que de défendre des réalités. Assurez à l'ouvrier que son patron est un voleur et qu'il faut en incendier l'usine, il vous croira aisément. Expliquez-lui que le patron est obligé de réduire les salaires, parce que de petits hommes jaunes fabriquent, au fond de l'Asie, à bien meilleur marché, les mêmes produits, vous ne serez nullement écouté.

Le monde a été jusqu'ici bouleversé par des chimères. De grands empires furent détruits sous l'influence de convictions sentimentales, dont l'insignifiance nous paraît aujourd'hui extrême. N'espérons guère que la raison joue dans l'avenir un rôle qu'elle n'a pas su exercer dans le passé et apprêtons-nous à subir encore l'invincible puissance des chimères. Les illusions pénètrent lentement dans l'âme des foules, mais lorsqu'elles y sont implantées, c'est pour longtemps, et il est impossible d'en prévoir les ravages.

Dans un des premiers chapitres de cet ouvrage, j'ai taché de montrer que les violences de la Révolution résultèrent de ce que l'instinct de barbarie primitive, sommeillant toujours au fond de l'âme d'un peuple, avait été, grâce à certaines théories philosophiques, accepté comme genèse d'un droit nouveau. On crut agir au nom de la raison, l'invoquant sans cesse, alors qu'on luttait en réalité contre elle et que des instincts ancestraux, libérés de tout frein, étaient les seuls guides. La Terreur représente la transformation en droits d'instincts inférieurs. Elle fut l'effort de l'instinctif pour dominer le rationnel et non une domination du rationnel, comme se l'imaginèrent les personnages qui en furent les auteurs et les historiens qui la racontent.

Ce triomphe légal, d'instincts ataviques, était chose assez neuve dans l'histoire, car tout effort des sociétés, (effort indispensable pour leur permettre de subsister), fut constamment de refréner par la puissance des traditions, des coutumes et des lois, certains instincts naturels légués à l'homme par son animalité primitive. Il est possible de les dominer, (et un peuple est d'autant plus civilisé qu'il les domine davantage), mais on ne peut les détruire. Sous l'influence d'excitants divers, le socialisme par exemple, ils reparaissent facilement. Les grands mouvements populaires ne sont jamais un résultat de la raison, mais le plus souvent une lutte contre la raison. Chercher à expliquer par la logiquerationnelle ce qui fut créé par la logique des instincts, est ne rien entendre à l'histoire.

Le mouvement révolutionnaire actuel n'est, comme tous ceux qui l'ont précédé, qu'une réaction d'instincts barbares aspirant à secouer le joug de liens sociaux assez affaiblis pour qu'on puisse espérer les détruire. Ce que beaucoup d'esprits aveuglés par des chimères, considèrent comme le progrès, est une simple régression vers des formes inférieures d'existence.

Toute civilisation implique gêne et contrainte. On ne devient même civilisé qu'après avoir appris à supporter cette contrainte et cette gêne. C'est en créant des freins sociaux puissants, que les peuples sortent de la barbarie, c'est en les laissant s'affaiblir qu'ils y retournent.

Les liens sociaux créés par la civilisation ne se maintiennent que par un constant effort. Une des grandes causes de décadence est de renoncer à l'effort, le croyant inutile.

Cette notion d'impuissance est surtout répandue dans les couches éclairées de la nation. Elles se résignent aux calamités sociales, comme on se résignait jadis à des épidémies, qu'une science soustraite au pessimisme, a fini par vaincre.

Le scepticisme indifférent, qui fait notre faiblesse, n'a pas du tout atteint les apôtres révolutionnaires. La confiance dans le succès est un des éléments de leur force.

Bien que la situation des travailleurs soit très prospère aujourd'hui, les doctrinaires les ont tellement persuadés de l'injustice de leur sort qu'ils ont fini par y croire. La véritable réalité des choses, c'est l'idée qu'on s'en fait.

Retournée progressivement aux instincts primitifs, la mentalité de l'ouvrier moderne est en voie de devenir celle d'un barbare.

La tâche sera lourde, de le ramener à la civilisation. Il faudra d'abord parvenir à lui démontrer la valeur respective de l'intelligence, du capital et du travail, puis lui faire saisir que l'ordre social nouveau offert comme un mirage à ses yeux, serait la misère pour les travailleurs. Mais où sont les maîtres capables d'enseigner ces choses ?

N'en possédant pas, ne pouvant s'appuyer sur une Université dépourvue de règles directrices, ni sur un gouvernement sans force, notre bourgeoisie doit compter seulement sur elle-même et apprendre à s'organiser pour se défendre comme le fit la Suède dans sa lutte contre l'insurrection de la classe ouvrière.

Instruit par l'expérience, le gouvernement suédois comprit que le droit de grève, tel qu'il est pratiqué aujourd'hui, accordant à une minorité de factieux le droit d'arrêter tous les services publics d'un pays et semer partout le désordre, était complètement incompatible avec les progrès de la civilisation. Il déposa devant le Parlement un projet de loi réglant les contrats collectifs et prononçant des pénalités sévères contre les grèves de nature à entraîner un danger public. Un tribunal spécial d'arbitrage réglera les différends. Avec une telle loi nous n'eussions connu, ni la grève des postiers, ni les grèves répétées des inscrits maritimes qui achèvent de ruiner notre marine marchande.

Un mouvement analogue commence à se dessiner en France devant les dures leçons de l'expérience. Mais notre mentalité devra subir quelques changements, avant qu'il aboutisse à des lois. On trouvera d'intéressants développements sur ce sujet dans le livre de monsieur Bouloc **Le Droit de grève**. Il montre clairement les illusions psychologiques et économiques d'un tel droit. J'engage l'auteur à se répéter souvent, s'il veut intéresser à sa cause d'influents orateurs.

Notre bourgeoisie est encore trop indécise et trop molle pour songer à se protéger, mais l'énergie de l'attaque amènera peut-être celle de la défense.

Monsieur Georges Sorel le montre fort bien :»Le jour, dit-il, où les patrons s'apercevront qu'ils n'ont rien à gagner par les œuvres de paix sociale ou par la démocratie, ils comprendront qu'ils ont été mal conseillés, alors il y a quelque chance pour qu'ils retrouvent leur ancienne énergie. Une classe ouvrière grandissante et solidement organisée peut forcer la classe capitaliste à demeurer ardente dans la lutte industrielle.»

Qui veut mériter de vivre doit rester le plus fort. Avec l'évolution moderne du monde, nul ne pourra conserver ce qu'il ne saura défendre.Pour triompher dans les luttes que nous voyons grandir, notre bourgeoisie devra acquérir certaines vertus et renoncer à certains vices. L'insolence du luxe de quelques parvenus oisifs, luxe que l'ouvrier croit composé d'une partie considérable de son travail, asuscité plus de haines que tous les discours socialistes.

Comparée soit à l'aristocratie anglaise, soit à l'ancienne aristocratie française, notre bourgeoisie vieillit très vite, et ne durerait guère, si presque à chaque génération elle n'était consolidée par les éléments empruntés à la classe placée au-dessous d'elle.

Il ne faudrait pas cependant s'en trop étonner. Les vieilles aristocraties ne se perpétuaient que par des droits héréditaires, ne nécessitant aucune supériorité. Les aristocraties de l'intelligence ne subsistent au contraire, qu'à la condition du maintien de leur supériorité intellectuelle. Or l'hérédité ne le permet guère. J'ai montré dans un autre ouvrage (Les lois psychologiques de l'évolution des peuples), que les élites sociales sont condamnées à se renouveler constamment, parce que les lois de l'hérédité ramènent bien vite au type moyen de la race, les descendants des individus qui s'en étaient trop écartés. La nature, elle aussi, est parfois égalitaire mais non comme le rêvent les socialistes. Loin d'égaliser les individus d'une génération, elle les différencie. C'est seulement les descendants des élites qui sont ramenés à l'égalité. La nature égalise donc seulement dans le futur, alors que les socialistes voudraient égaliser dans le présent.

Il ne semble pas aujourd'hui, que ce soit dans les couches élevées de la bourgeoisie que la défense sociale se dessine, mais dans ses rangs les plus humbles : boutiquiers, petits commerçants, etc. Toujours très menacés et jamais défendus, ils comprennent maintenant qu'ils ne peuvent compter que sur eux et commencent à s'organiser pour soutenir la lutte.

Ils se syndiquent, forment des associations et projettent même de constituer une milice pour les protéger. L'exemple donné par la Suède leur a servi de leçon. On ne saurait trop les encourager à persister dans cette voie.

La situation devenait d'ailleurs intolérable pour eux. Voici comment s'exprimait récemment à ce sujet le **Temps** :

Le commerçant, est livré par la surenchère démagogique des législateurs et la faiblesse des pouvoirs publics, aux loups du syndicalisme. Sous le régime de répartition fantaisiste, baptisé du nom de politique sociale, à lui les patentes, à lui les amendes. Les lois dites sociales, il les supporte doublement, en tant que patron.

Est-ce à dire qu'en échange de ces sacrifices croissants, on lui assure la protection à laquelle il a droit ? Nullement. De temps en temps, les volontaires de l'action directe vont lui rendre visite. Si le commerçant n'obtempère pas à leurs sommations, il y est contraint par la force. Des syndiqués se répandent dans ses locaux, envahissent ses «rayons», chassent les commis, épouvantent les acheteurs.

Les commerçants détaillants, race taillable et corvéable à merci, se rebiffent enfin. Ils se montrent fermement résolus à se défendre eux-mêmes s'ils ne sont pas défendus et projettent l'organisation d'une milice qui opposerait la force à la force. Voilà où l'indifférence des gouvernements qui se succèdent depuis des années nous conduit à la défense directe des citoyens molestés.

Ce qui précède ne concerne que la défense immédiate contre des violences. Il serait autrement important d'acquérir quelques principes fixes, capables de nous orienter un peu, au sein du désordre où nous sommes plongés, et de lutter contre les forces qui désagrègent de plus en plus l'édifice social.

Ce sont justement ces principes fixes qui nous manquent. Quelques-uns des faits enregistrés quotidiennement par les journaux, et qui constituent d'utiles fragments de notre histoire sociale, trahissent une psychologie que les hommes de l'avenir ne comprendront plus. Quelle aventure typique, celle de ces manifestants, conduits par leur député, arrêtant brusquement un train-express à Villeneuve-le-Roi, au risque de produire une catastrophe, dans le but d'obliger la Compagnie à leur donner une gare. Il faut une mentalité de sauvages pour en arriver là.

Quand le mépris des lois est général, que le principe d'autorité a disparu et que toutes les disciplines qui font la force d'une civilisation s'évanouissent, l'écroulement d'une société est proche. Rien n'est respecté aujourd'hui en dehors de la force. Le fonctionnaire est insolent devant ses chefs, le matelot devant son capitaine, l'ouvrier devant son patron.

Et il faut bien reconnaître aussi, que les vieilles autorités perdent chaque jour leur droit à être respectées. La magistrature ne rend plus la justice et semble réserver toute son indulgence à des forbans, que leur or protège. Les gouvernements obéissant aux pires sectaires, ne protègent plus les citoyens contre les violences, et ne manifestent d'énergie que pour dépouiller et persécuter de vieux moines sans défense.

C'est toute une civilisation qui s'écroule, un passé glorieux qui s'éteint. Des phénomènes du même ordre se manifestèrent à la fin du Directoire après dix ans d'anarchie. Sans doute, la rude main d'un despote suffit alors à rétablir l'ordre, mais à quel prix ! Pouvons-nous, en vérité recommencer des expériences semblables ?

Où donc chercher un frein ? Vers qui se retourner ? Vers nous-mêmes seulement, je le répète et non vers les gouvernants, moins encore vers les législateurs.

Que pourraient d'ailleurs ces gouvernants et ces législateurs sans liberté, sans dignité et sans force ? Ils ne songent qu'à obéir aux exigences de comités dont ils sont les esclaves.

Monsieur Raymond Poincaré montrait récemment que le député, parfois si altier devant le Parlement, n'était qu'un modeste courtier d'arrondissement «ne faisant pas un pas sans entendre le bruit des anneaux qui lui rappellent son esclavage» et prêt «à agenouiller les plus fiers desseins, devant ces divinités mystérieuses et redou-tables, qui s'appellent les comités d'arrondissement.»

Le législateur, tel qu'il est élu aujourd'hui, constitue un véritable danger social parce que, dépourvu de caractère et ne songeant qu'à sa réélection, il obéit aux plus bas instincts de la multitude.

Il serait inutile de se le dissimuler. La plèbe seule aujourd'hui nous gouverne. Or, ignorante de ses propres intérêts et rongée par l'envie, elle rêve uniquement de s'emparer des richesses conquises par l'intelligence, et de supprimer toutes les supériorités. Elle en arrive à exiger la confiscation brutale des fortunes, sans lesquelles aucune industrie ne saurait prospérer. Impôt inquisitorial sur le revenu, confiscation du quart des successions, etc. C'est vers la ruine com-plète de nos finances que, sous son impulsion, nous marchons à grands pas. L'histoire sera justement sévère pour les esclaves qui suivent de pareils maîtres, sans jamais chercher à les éclairer.

Les humbles serviteurs du gouvernement populaire croient re-faire avec des lois les sociétés, établir l'égalité et déposséder les détenteurs des richesses. Nous avons montré dans cet ouvrage la vanité et les dangers de ces tentatives auxquelles s'acharnent inlassablement nos législateurs.

Etudiant récemment les origines des grands progrès qui ont transformé les conditions d'existence des hommes, et fait de l'ouvrier moderne l'égal du riche d'autrefois, monsieur d'Avenel montrait, une fois de plus encore, que ces progrès ne furent jamais le résultat d'entreprises collectives, mais d'efforts individuels.

Ce que le libre jeu de ces derniers a réalisé, ni la charité chrétienne, ce socialisme facultatif d'hier, ni le socialisme moderne, cette charité obligatoire d'aujourd'hui n'auraient pu ni ne pourraient l'obtenir. les progrès futurs seront le résultat du libre effort individuel et non de la bonté collective, fût-elle érigée en système légal. La bonté sert beaucoup à l'amélioration morale de ceux qui l'exercent comme un devoir, et fort peu au soulagement de ceux qui la réclament comme un droit. Elle crée seulement de la vertu pour les uns, elle ne crée pas de richesses pour les autres. Au point de vue économique les bienfaiteurs effectifs de l'humanité ne sont pas les organisateurs de la bonté, mais les entraîneurs de travail.

Nos efforts pour changer des lois naturelles inéluctables, établir par exemple l'égalité, là où la nature impose l'inégalité, représentent d'aussi dangereuses tentatives que celles d'un chef d'usine qui voudrait violer toutes les lois de la physique et de la mécanique. La ruine lui montrerait bientôt le danger d'une telle entreprise.

Rechercher ici quelles règles morales dirigeront les sociétés de l'avenir serait bien inutile. Nous devons nous occuper surtout de celle où nous vivons et des moyens de la faire durer, en arrêtant la grandissante anarchie.

Les principes directeurs capables de guider un peuple n'ont pas besoin d'être nombreux, s'ils sont forts et universellement respectés. Le culte de Rome, idéal dominant des Romains, assura leur grandeur jusqu'au jour où il s'affaiblit dans l'âme des citoyens.

C'est précisément sur la défense de la notion de patrie, impliquant toute une organisation morale, que nos efforts doivent se concentrer. Elle est profondément sapée en France par la plupart des sectes socialistes qui sentent nettement que cette idée, pivot de l'édifice social étant détruite, l'édifice s'écroulerait d'un seul coup.

De cette notion fondamentale beaucoup d'autres découlent, et notamment celle-ci qu'un peuple ne peut vivre sans armée, sans hiérarchie, sans respect de l'autorité, sans discipline mentale. Ces éléments essentiels, aucun parti, sauf celui des révolutionnaires, ne saurait les rejeter, puisque tous aspirent nécessairement à la durée du pays où ils vivent.

L'amour de la patrie forme le véritable ciment social capable de maintenir la puissance d'un peuple. La patrie est le symbole des acquisitions héréditaires de toute notre existence ancestrale. Ne pouvant vivre que par elle, nous devons vivre pour elle. C'est en faisant appel au culte de la patrie que les auteurs de la récente révolution turque conquirent les âmes :

«Tout homme de cœur et de conscience, disait une de leurs proclamations, sait que la patrie est chose plus sainte, plus chérie que la mère, le père, en un mot que tout au monde.»

Malheureusement, le culte de la patrie, qui créa jadis la puissance de Rome, et a tant contribué de nos jours au développement rapide de la prospérité allemande, est bien faiblement défendu chez nous maintenant. Il sera défendu de moins en moins si nous continuons cette politique d'immigration d'éléments disparates qui, ayant des hérédités différentes, auront des formes de pensée et des mœurs différentes. En Allemagne, au Japon, en Russie comme en Amérique, l'amour de la patrie est propagé par les universités dans les classes lettrées, et par les instituteurs dans les couches populaires. Pouvons-nous compter en France, sur la même catégorie de défenseurs auprès de la jeunesse et de l'enfance ? On a trop de raisons d'en douter.

Monsieur Bouglé faisait remarquer récemment que ce que les «jeunes» comprennent de plus clair, ce qui les émeut et les attire le plus dans le socialisme, c'est «l'hervéisme». On sait avec quelle vigueur il fut repoussé par les Allemands, au dernier congrès socialiste international. Pareille leçon n'a pas corrigé nos professeurs.

Si cette mentalité se perpétue, si les instituteurs s'agrègent progressivement aux syndicats prêchant la haine de la patrie et de l'armée, que devrons-nous attendre des générations ainsi formées ? Quand les hommes renient leur patrie et s'insurgent contre ses lois, sur quels éléments une société pourrait-elle s'étayer pour continuer à vivre ?

Vérités évidentes sans doute, mais qu'il ne faut pas cependant se lasser de redire. Les socialistes se répètent sans cesse, et à force de vociférer contre le capital et l'organisation actuelle, ils ont fini par persuader les foules de la justesse de leurs théories. Une vérité ne s'incruste dans les âmes qu'après des répétitions innombrables. Si les défenseurs de la société étaient animés d'une foi aussi ardente et propageaient leurs doctrines avec le même zèle que les révolutionnaires, la défaite de ces derniers se dessinerait rapidement.

Nous sommes arrivés à cette heure décisive où chacun devra se résigner à être un apôtre pour défendre l'édifice social contre la barbarie destructive des sectaires. Le triomphe de ces derniers conduirait vite à la ruine générale, aux guerres civiles et aux invasions. Défendre la patrie, combattre l'anarchie est devenu un devoir auquel nul ne doit se soustraire.

Les lois morales dérivées de la notion de patrie suffisent à constituer l'armature sociale d'un peuple. Leur force dépend uniquement de l'action qu'elles exercent sur les âmes. Soutenue seulement par les codes, cette force serait bien faible.

Ce ne sont ni les constitutions, ni les flottes, ni les armées qui donnent de la cohésion à une nation et maintiennent sa grandeur. Sa vraie force, c'est son idéal. Puissance invisible, créatrice des choses visibles, il dirige les âmes. Un peuple met des siècles pour acquérir un idéal et retombe dans la barbarie dès qu'il l'a perdu.

De la décadence qui nous menace, le plus sûr symptôme est l'affaiblissement général des caractères.

Nombreux, aujourd'hui, sont les hommes dont l'énergie faiblit, surtout parmi les élites qui en auraient justement le plus besoin. Chez les grands maîtres placés à la tête des nations comme chez les petits chefs qui en gouvernent les détails, l'indécision et la mollesse deviennent dominantes.

Les fanatiques révolutionnaires, dotés d'énergie par leur fanatisme même, sont pour cette raison redoutables. Devant une volonté forte, toute volonté faible doit plier.

Ces agitateurs ne sont pas encore aussi dangereux qu'ils pourront le devenir, parce que les traditions sociales créées par un long passé, maintiennent un peu l'édifice journellement sapé. Dans l'ombre des tombeaux se trouvent nos vrais maîtres. Contre les fantaisies des vivants se dresse le despotisme des morts.

Il semblerait même aujourd'hui que les morts seuls aient de l'énergie pour nous. Cependant ils ne pourront nous aider toujours. Le pouvoir du passé ne se maintient que si le présent lui fournit un apport constant.

Arrivé au terme de ce long travail, il faut conclure. Je le ferai en essayant de montrer, dans une brève synthèse, que les phénomènes physiques, biologiques et sociaux sont conditionnés (quelles que soient les lois diverses qui les régissent), par des nécessités générales du même ordre. Ces nécessités supérieures semblent constituer l'ultime philosophie accessible des choses.

Le monde de la connaissance a pris depuis un siècle une extension plus vaste que durant toute la série des âges antérieurs.

Aux découvertes réalisées dans les faits, se sont ajoutées les théories proposées pour les interpréter.

La science moderne renonce à découvrir un élément fixe dans l'univers, un repère invariable dans l'écoulement des phénomènes. Tous se sont évanouis tour à tour, et la matière elle-même, le dernier sur lequel on croyait pouvoir compter, a perdu son éternité. L'instabilité succède ainsi à la fixité. Des fluctuations perpétuelles d'équilibre ont remplacé le repos.

La raison première des choses recule dans un infini inaccessible. Seuls sont connaissables les rapports des phénomènes. L'ensemble des expériences conduit à cette conclusion si profonde de Poincaré :

«Dans notre monde relatif, toute certitude est un mensonge.»

Abandonnant les explications trop sommaires, la science substitue maintenant aux grandes lois générales l'accumulation de causes infiniment petites, mais infiniment nombreuses. Elle enseigne que le monde physique, le monde biologique et le monde social sont l'œuvre de minimes individualités, sans action quand elles restent isolées, mais fort puissantes dès qu'elles sont associées. Les infiniment petits font surgir les continents, germer les moissons et maintiennent la vie. Les multitudes humaines font évoluer les civilisations.

Mais en montrant ce rôle de la multiplicité et de l'addition des causes dans la genèse et l'évolution des phénomènes, la science a prouvé également (démonstration capitale), que toutes ces individualités diverses : atomes physiques, cellules vivantes, unités humaines, etc., demeurent sans effet, si des forces directrices ne viennent provoquer et canaliser leurs actions.

Que les éléments considérés appartiennent au cycle physique, biologique ou social, il n'importe. Les agents directeurs sont toujours indispensables pour les orienter. Dès qu'ils cessent de subir leur influence les éléments individuels deviennent une vaine poussière. Pour les cellules d'un être organisé, l'orientation directrice c'est la vie, son arrêt c'est la mort. Pour les unités de l'être social, la loi est la même.

Dans le cycle humain (seul à considérer ici), nous voyons les forces directrices croyances, idéal, etc. se succéder sans jamais disparaître. Elles peuvent changer de nom, mais persistent toujours. Orientation par la foi, l'épée, la science ou l'idée, il en fallut à toutes les phases de l'histoire. Priver une société de puissances directrices ou la soumettre à des forces capricieuses oscillant constamment, serait la condamner à périr.

Le rôle des gouvernants dans la conduite des peuples est tout à fait comparable à celui du savant dans le maniement des phénomènes. Comme ce dernier, l'homme d'Etat ne peut qu'utiliser, en les orientant sagement, des forces naturelles qu'il ne saurait créer. De même que le savant encore, il peut lutter contre elles en leur opposant des forces antagonistes.

Parmi les forces diverses dont l'homme dispose, pour lutter victorieusement contre les puissances qui l'étreignent, la volonté fut toujours la plus active. Divinité souveraine, elle fit sortir du néant avec les merveilles des sciences et des arts, tout ce qui fait l'éclat des civilisations.

En remontant la chaîne de l'histoire, et recherchant comment certains peuples acquirent leur grandeur, comment les maîtres de la pensée obligèrent l'univers à livrer ses mystères, on retrouve toujours, à la base de leurs succès, une volonté forte.

Si nous tâchons de découvrir ensuite, pourquoi tant de nations périrent après un long déclin, pourquoi Rome, jadis reine du monde, finit par tomber sous le joug des Barbares, nous constatons que ces chutes profondes eurent généralement une même cause, l'affaiblissement de la volonté.

Cette faculté est donc la qualité maîtresse des individus et des peuples. Le but primordial de l'éducation devrait être de la fortifier et non de l'affaiblir. Le difficile n'est pas de vouloir un instant, mais de vouloir sans trêve. Une volonté forte ne désespère jamais.

«J'en réchapperai malgré les dieux», s'écriait Ajax, déjà enveloppé par les vagues que déchaînait la fureur de Neptune. La foi qui soulève les montagnes s'appelle la volonté. Elle est la véritable créatrice des choses.

Et si l'histoire moderne nous montre des nations s'élevant chaque jour, alors que d'autres restent stationnaires ou déclinent, la raison s'en trouve dans les quantités variables de volonté que ces nations possèdent. Ce n'est pas la fatalité qui régit le monde, c'est la volonté.

Mai 1910

ISBN : 978-1518644566

Gustave Le Bon